Lars Geiges, Stine Marg, Franz Walter
Pegida

In Zusammenarbeit mit Julia Kopp – gemeinsam mit Verena Hambauer,
Klaudia Hanisch; Daniel Albrecht, Felix Butzlaff, Hanna Feesche, Florian
Finkbeiner, Julika Förster, Jens Gmeiner, Alexander Hensel, Daniela Kalli-
nich, Hannes Keune, Jöran Klatt, Leona Koch, Robert Lorenz, Danny Michel-
sen, Teresa Nentwig, Tobias Neef, Karl Felix Oppermann, Marika Przybilla,
Julian Schenke, Johannes Sosada, Robert Müller-Stahl, Christopher Schmitz,
Karin Schweinebraten, Julia Tilly, Katharina Trittel, Andreas Wagner, Julia
Walter.

X TEXTE

X TEXTE

Das vermeintliche »Ende der Geschichte« hat sich längst vielmehr als ein Ende der Gewissheiten entpuppt. Mehr denn je stellt sich nicht nur die Frage nach der jeweiligen »Generation X«. Jenseits solcher populären Figuren ist auch die Wissenschaft gefordert, ihren Beitrag zu einer anspruchsvollen Zeitdiagnose zu leisten. Die Reihe X-TEXTE widmet sich dieser Aufgabe und bietet ein Forum für ein Denken ›für und wider die Zeit‹. Die hier versammelten Essays dechiffrieren unsere Gegenwart jenseits vereinfachender Formeln und Orakel. Sie verbinden sensible Beobachtungen mit scharfer Analyse und präsentieren beides in einer angenehm lesbaren Form.

Denken für und wider die Zeit

Lars Geiges (Dr. disc. pol.), geb. 1981, ist Journalist und Politikwissenschaftler. Er arbeitet als wissenschaftlicher Mitarbeiter am Göttinger Institut für Demokratieforschung und ist überdies Redaktionsmitglied der INDES. Zeitschrift für Politik und Gesellschaft.
Stine Marg (Dr. disc. pol.), geb. 1983, ist Mitarbeiterin am Göttinger Institut für Demokratieforschung und Mitherausgeberin der BP-Gesellschaftsstudie.
Franz Walter (Prof. Dr.), geb. 1956, ist Leiter des Instituts für Demokratieforschung in Göttingen sowie Herausgeber von INDES. Zeitschrift für Politik und Gesellschaft. Er publiziert vor allem zur Geschichte und Entwicklung der deutschen Parteien, u.a. regelmäßig auf SPIEGEL ONLINE.

Lars Geiges, Stine Marg, Franz Walter

Pegida

Die schmutzige Seite der Zivilgesellschaft?

[transcript]

Göttinger Institut für
Demokratieforschung

Bibliografische Information der Deutschen Nationalbibliothek
Die Deutsche Nationalbibliothek verzeichnet diese Publikation in der Deutschen Nationalbibliografie; detaillierte bibliografische Daten sind im Internet über http://dnb.d-nb.de abrufbar.

© 2015 transcript Verlag, Bielefeld

Umschlaggestaltung: Kordula Röckenhaus, Bielefeld
Umschlagabbildung: Felix M. Steiner
Korrektorat: Julia Wieczorek, Bielefeld
Satz: Michael Rauscher, Bielefeld
Printed in Germany
Print-ISBN 978-3-8376-3192-0
PDF-ISBN 978-3-8394-3192-4
EPUB-ISBN 978-3-7328-3192-0

Gedruckt auf alterungsbeständigem Papier mit chlorfrei gebleichtem Zellstoff.
Besuchen Sie uns im Internet: *http://www.transcript-verlag.de*
Bitte fordern Sie unser Gesamtverzeichnis und andere Broschüren an unter:
info@transcript-verlag.de

Inhalt

Vorwort

Mit dieser Publikation möchten wir eine Studie vorlegen, die im Gang eines Forschungsprojekts entstanden ist, nicht schon am Ende der hier untersuchten Vorgänge. Zumindest war zu der Zeit, als wir das Manuskript verfassten, nicht unzweifelhaft abzusehen, was aus den neuen Protesten, die unter dem Namen Pegida firmierten, werden mag, ob sie zerbröseln und zerfallen, eine Pause einlegen, um sich neu zu orientieren und in veränderter Gestalt später zurückzukehren. In einem solchen, nicht abgeschlossenen Prozess Ergebnis und Reflexionen, die ebenfalls im Fluss sind, in die öffentliche Debatte hineinzugeben, gehörte von Beginn an gewissermaßen zum Programm des »Göttinger Instituts für Demokratieforschung«. Gesellschaftliche Konvulsionen, soziale Konflikte und politische Auseinandersetzungen erst im weiten Nachhinein, wenn alles längst gelaufen ist, zu erklären, ergibt wegen des Vorzugs der für Wissenschaft sicher bekömmlichen Distanz viel Sinn und birgt nicht das Risiko, sich mit ersten und vorläufigen Interpretationen durch einen danach entgegengesetzten Verlauf der Ereignisse zu blamieren. Aber auf diese Weise bekommt man vor allem wohlfeile rückwärtsgewandte Prophetie, die nicht nur durch die Ex-Post-Allwissenheit fade und unsympathisch wirkt, sondern häufig zum Zeitpunkt des Erscheinens kaum noch jemanden interessiert.

Nun muss Wissenschaft keineswegs auf die Aufmerksamkeitskonjunkturen und Neugierdezyklen des Publikums schielen. Das könnte, würden alle Forscher vorwiegend rezeptionsorientiert denken und handeln, zu einem bedenklichen Verlust an Autonomie und Eigensinn wissenschaftlichen Seins und Tuns führen. Aber gerade Politikwissenschaftler, besonders Demokratieforscher sollten doch ein Interesse daran haben, die res publica nicht nur von den fernen Höhen einer in sich ruhenden und sich selbst genügenden Politologen-Warte zu betrachten, sondern als teilnehmende Analytiker und Deuter in der engen Berührung mit Akteuren und Auseinandersetzungen zu lernen, vielleicht auch zu intervenieren, um mit den eigenen Ergebnissen und Überlegungen Erkenntnisse zu fördern, doch auch in Gefolge harter Kritiken und skeptischer Fragen sich zu korrigieren, um sodann mit veränderten Hypothesen zu operieren.[1]

In aller Regel – und das scheint uns der größte Vorzug zu sein – bekommt man durch eine solche explizit öffentliche Wissenschaft etliche Hinweise auf Ereignisse oder Zusammenhänge, die sonst möglicherweise unentdeckt geblieben wären. Man stößt, geht es etwa um historische Recherchen, auf interessante Zeitzeugen, auf private Sammlungen und Archivalien, auf die graue Literatur von Briefen, Tagebüchern, Mail-Ausdrucken, privaten Zirkularen aller Art. Kurz: Die Quellenbasis erweitert sich enorm. Die Studien, die am Ende entstehen, werden – wenn alles gut geht – dichter, facettenreicher, ja: lebendiger.

Die Zugänge, die in einer öffentlichen Politikwissenschaft gewählt werden, sind – und müssen es sein – vielfältig. An unserem Beispiel der Pegida-Demonstrationen: Man ist als Einstieg bei den Kundgebungen dabei, schaut hin, erkundet sich, gerät in Gespräche, auch in Dispute. Die Erfahrungen und Beobachtungen sind in dem vorliegenden Buch in Reportagen, in narrativ gehaltene sozialwissenschaftliche Inspektionen des Feldes eingegangen. Der eher subjektiven Schau folgen hernach die empirischen Zahlen, als Resultate von Interviews und Onlinebefragungen. Am Ende dieses methodischen Weges stehen, auch in dieser Schrift, Tabellen, Diagramme, Kurven, inklusive eher nüchtern gehaltenen Zusammenfassungen. Im Feld stoßen die Forscher auf Personen verschiedener Herkunft und differenter politisch-biographischer Prägung, die sich bereit erklären, an mehrstündigen qualitativen Gesprächsrunden teilzunehmen. Im Laufe der Debatten in solchen Fokusgruppen bleibt es nicht bei den anfänglich vorgetragenen Statements, die oft noch im Rahmen vermuteter positiv sanktionierender Rezeptionen verharren. In den Kontroversen, welche Emotionen hochspülen und zunächst verborgen gehaltene anstößige Ansichten freilegen, werden die tiefer liegenden Einstellungsschichten erkennbar, Widersprüche und Analogien zwischen den Teilnehmern deutlicher, Zusammenhänge von Lebensgeschichte und aktuellen Dispositionen rekonstruierbar, zu denen man bei rein seriellen Ja-Teils-/Teils-Nein-Befragungen nicht durchzudringen vermag.

Die unterschiedlichen Methoden und Sichtweisen im Forschungsprozess erfordern, ermöglichen zumindest auch verschiedene Darstellungsweisen, in diesem Fall: von der Reportage über die dichte narrative Beschreibung bis hin zur Präsentation des statistischen Befunds und der analytischen, einen größeren Kontext einbeziehenden, auch Begriffe und Kategorien diskutierenden Gesamtbilanz. Insofern variieren die Stilmittel zwischen den Kapiteln ebenfalls in dieser Publikation – und das mit Absicht.

ANMERKUNGEN

1 | So auch und pointiert Peter Graf Kielmansegg: »Die Politikwissenschaft ist nicht die Ägyptologie. Sie muß sich die Frage gefallen lassen, wie präsent sie in den politischen Diskursen des Landes ist; was sie an Erkenntnis in die Diskurse einzubringen hat. Und muß sich, wenn diese Frage gestellt ist, wohl sagen lassen: Politikwissenschaft in Deutschland – das ist, alles in allem, eine Veranstaltung um ihrer selbst willen; ein Fach, das ängstlich und angestrengt darum bemüht ist, sich selbst von seiner Wissenschaftlichkeit zu überzeugen. Politikwissenschaftler schreiben für Politikwissenschaftler, Politikwissenschaftler werden von Politikwissenschaftlern gelesen, die Zunft produziert für die Zunft – viel mehr ist leider nicht zu vermelden.« Peter Graf von Kielmansegg, Notizen zu einer anderen Politikwissenschaft, in: Merkur 55. 2001, S. 436–443, hier S. 436.

1. Pegida, was?

Entstehungsgeschichte und Organisatoren von Pegida

Plötzlich waren sie da, die »Patriotischen Europäer gegen die Islamisierung des Abendlandes«. Aus dem Nichts entstanden, brachten sie Tausende auf die Straße, um gegen »Wirtschaftsflüchtlinge«, Salafisten, »Glaubenskriege« und die »Lügenpresse« zu demonstrieren. Dieses Bild zeichnen nicht nur einige überraschte politische Beobachter[1], sondern so stellt auch gerne das sogenannte »Orgateam« von Pegida in den wenigen Interviews, zu denen sie sich bereit erklärten, ihren Gründungsmythos dar.[2] Waren auf der ersten Demonstration, zu der das »Aktionsbündnis« am Montag, den 20. Oktober 2014, in Dresden aufrief, lediglich 350 Demonstranten erschienen, kamen vier Wochen später bereits 3.200 und weitere vier Wochen darauf, also am 15. Dezember, schon 15.000 »patriotische Europäer«, die bei nasskaltem Wetter in der Dunkelheit durch die Elbmetropole »spazierten«.[3]

Entstanden ist die Demonstrationsidee bei Lutz Bachmann, Kathrin Oertel und einigen anderen als Reaktion auf eine andere öffentliche Kundgebung: Am 10. Oktober 2014 wurde nicht nur in Dresden, sondern auch in weiteren Städten Deutschlands, auf Veranstaltungen mit einem äußerst heterogenen Teilnehmerfeld, auf die Lage in der Kurdenstadt Kobane aufmerksam gemacht und gegen eine direkte, sowie indirekte Beteiligung der Bundesrepublik an den Kriegen in Syrien und im Irak demonstriert. Die Pegida-Gründer waren an diesem Freitag offenbar nicht selbst in der Nähe der Prager Straße/Ecke Waisenhausstraße zugegen, sondern haben von der Kundgebung, auf der – so zumindest ihrer Wahrnehmung nach – Waffen für die »verfassungsfeindliche und verbotene PKK« gefordert worden seien, über ein YouTube-Video erfahren.[4] Daraufhin versammelten sich neben Bachmann und Oertel auch spätere Mitglieder des Organisationsteams, wie beispielsweise René Jahn, Siegfried Däbritz, Tom Balasz oder Thomas Tallaker in einer zunächst offenen, später geschlossenen Facebook-Gruppe. Ein Name war auch schnell gefunden: »Friedliche Europäer gegen die Islamisierung des Abendlandes«. Hierüber gab es anscheinend jedoch bereits am Tag darauf erste Unstimmigkeiten: Offenbar auf Migranten und ausländische Mitbürger bezogen, wurde darüber diskutiert, dass man »überhaupt kein Miteinander« wolle, sondern »Deutscher« sei, daher müsse doch »national« in den Namen aufgenommen werden. Woraufhin man sich dann offenbar auf die integrative Bezeichnung »Patriotische Europäer gegen die Islamisierung des Abendlandes« einigte, da sich nicht nur Deutsche an den geplanten Aktionen beteiligen wollten und das Problem der Islamisierung doch ganz Europa betreffen würde[5], wie diplomatisch argumentiert wurde. Sieben Mitglieder dieser Facebook-Gruppe, die sich bereits seit mehreren Jahren kannten, wollten es nicht bei einer reinen Missfallensbekundung im Internet belassen, sondern trafen sich, um eine erste öffentliche Veranstaltung zu planen.

Es entstand die Idee, »gemeinsam auf die Straße zu gehen, um gegen die Glaubens- und Stellvertreterkriege zu demonstrieren, die Zug um Zug auf unseren friedlichen deutschen Boden gebracht werden«.[6] »Lutz Hancock Bachmann«, wie sich der Pegida-Gründer im Netz häufig nennt, bemühte sich, den ersten Demonstrationstermin am 20. Oktober auf dem Dresdner Neumarkt über Facebook und lokale Eventinformationsplattformen bekannt zu machen.[7] Im Netz meldeten sich sogar ein paar Leute dafür an – unter ihnen gewaltbereite Fans von Dynamo Dresden, NPD-Abgeordnete und Personen, die eindeutig dem rechtsextremen Lager zuzuordnen waren.[8] Dabei waren die Erwartungen bezüglich der Teilnehmerzahl nicht besonders hoch: »Wir hatten«, so René Jahn, »bei der ersten Demonstration mit etwa 100 Leuten gerechnet; vor allem aus unserem privaten Freundeskreis. Zehn Minuten vor der ersten Demo waren dann vielleicht 50 Leute da, die sich hier in einem Café am Neumarkt getroffen hatten. Binnen 10 Minuten waren wir dann 350 Demonstranten. In den folgenden Wochen hat sich die Anzahl von Mal zu Mal verdoppelt«.[9] Doch tatsächlich dürfte bereits der 27. Oktober 2014 für die Veranstalter eine Enttäuschung gewesen sein, da sie 1.000 Teilnehmer für einen »Spaziergang« durch Dresden angemeldet hatten, aber lediglich knapp die Hälfte erschien. Unter ihnen offenbar erneut vorbestrafte Personen aus der rechten Szene, wie Ronny Thomas und Marko Eißler, ebenso Anhänger der rechtsextremen Gruppierung »Faust des Ostens«.[10] Daneben demonstrierten aber auch zahlreiche Personen, die diesem Umfeld nicht zuzuordnen sind, und die sich von den rechten Parolen und dem Habitus deutlich abgrenzen. Bekanntlich wuchs dieser Anteil der Demonstranten in Dresden in den letzten Wochen des Jahres 2014 stetig. Der Aufstieg und mittlerweile auch wieder Fall dieses Phänomens soll hier nachgezeichnet werden.

An dieser Stelle kann keine umfassende Entstehungs- und Verlaufsgeschichte von Pegida geschrieben werden, schon allein, weil interne Materialien nicht zugänglich und zentrale Personen nicht zu Interviews bereit waren. Dennoch soll ein rudimentärer Blick auf den Nährboden von Pegida, den Verlauf der Ereignisse, die Organisationsstruktur, die Ziele und die entscheidenden Akteure bis zum Zeitpunkt der Spaltung von Pegida Anfang Februar 2015 versucht werden. Dabei wird nicht nur die Heterogenität des Protestes deutlich, sondern auch ein gewisser Unterbau sichtbar, der zumindest einen Teil der

Erfolgsgeschichte des »Aktionsbündnisses«, wie sich die Gruppe zunächst nannte, begreiflich machen kann – wenn man Erfolg an der Teilnehmerzahl der Demonstranten in Dresden misst.

Daher ist der Band auch als eine sozialwissenschaftliche Bestandsaufnahme von Pegida zu verstehen. Quasi als »work in process« stellen wir die ersten Ergebnisse unserer qualitativen und quantitativen Erhebungen aus dem Januar 2015 in diesem Umfeld vor, möchten damit Thesen präsentieren, einen Materialaufriss zusammenstellen und mit vorläufigen Deutungsangeboten eine Diskussion anregen. Damit setzt der Band unsere bisherigen Arbeiten auf dem Feld der Protestforschung fort – stellt jedoch keine abschließende Arbeit zu Pegida dar, sondern ist als Auftakt gedacht.

WER STEHT HINTER PEGIDA?
DIE MITGLIEDER DES ORGANISATIONSTEAMS

Es ist nicht ganz einfach, etwas über diejenigen zu erfahren, die sich als das »Orga-Team« von Pegida bezeichnen. Angesichts der Entwicklung von Pegida und der medialen Aufmerksamkeit für die Proteste haben die Veranstalter selbstverständlich ein Recht auf den Schutz ihrer Privatsphäre. Eine zuvor unbekannte Öffentlichkeit in diesem Ausmaß verändert das Umfeld der Betroffenen und ihrer Angehörigen grundlegend: Am Arbeitsplatz, in der Schule, im Verein wird plötzlich alles anders, dabei nicht unbedingt besser. Allerdings präsentieren sich die Gesichter von Pegida, Bachmann, Oertel oder Jahn, als »normale Bürger« – eine Selbstbeschreibung, die sie auch auf die Teilnehmer der Demonstrationen projizieren und damit zugleich einen Legitimitätsanspruch ihrer Forderungen begründen. Sie bezeichnen sich zu »80 Prozent« als selbstständig, meist aus dem Dienstleistungssektor kommend, als ehemalige CDU- und FDP-Wähler, die bei der vergangenen Wahl mehrheitlich der AfD ihre Stimmen gegeben hätten, kurzum: als »liberal, konservativ, leistungsorientiert, freiheitlich«, wie es Oertel formulierte.[11]

Dass der Lebenslauf von Lutz Bachmann, dem »Frontmann«, jedoch weniger durchschnittlich ist, stellte sich rasch heraus, obwohl Bachmann und seine 31-jährige Ehefrau Vicky ihren gemeinsamen Alltag, vom Kennenlernen am 1. April 2011 über die Verlobung und schließlich die Hochzeit auf Facebook, beinahe spießbürgerlich-langweilig in Szene setzen.[12] Bachmann, der mit zunehmender Prominenz seine Öffentlichkeit in den sozialen Netzwerken schrittweise reduzierte, gibt sich als kümmernder Familienvater, der das von seinem Sohn zerlegte Motorrad von der Straße aufsammelt, der mit seinem Hund »Bärbl« kuschelt und am Wochenende gerne faulenzt.[13] Bachmann ist in einer Facebook-Gruppe namens »Latexliebe«. Er veröffentlicht, was er im Fernsehen sieht und postet persönliche Statusmeldungen wie: »moin... ... also das mit dem aufstehen und zur arbeit gehen ist auf dauer auch keine fetzige Lösung find ich…«. Auf Twitter wettert er gegen »die Journalisten«, höhnt vor allem gegen RTL, vermeldet regelmäßig die aktuellen Standorte der Geschwindigkeitskontrollen. Am 11. Juli 2013 twitterte er beispielsweise, dass NSDAP, NSA und NSU »bedenkliche Gruppierungen seien«, er beklagte sich über die Einschränkung der Meinungsfreiheit und über den Einfluss der Politik auf die Justiz. Er verlinkte Seiten wie »Preußischer Anzeiger« oder »Politically Incorrect«, beides gut besuchte (rechts-)populistische Plattformen, die von unterschiedlichsten Submilieus aus dem Spektrum der Neuen Rechten, Verschwörungstheoretikern oder Islamkritikern in Deutschland nachgefragt werden. Besonders als Pegida startete, wurde er immer mit dem Satz zitiert, dass er kein Rassist wäre und dass sein türkischer Trauzeuge und seine vielen muslimischen Freunde dafür der Beweis seien.[14]

Wer ist Lutz Bachmann? Am 26. Januar 1973 in Dresden geboren, machte er nach dem Abitur offenbar eine Ausbildung zum Koch und half gelegentlich in der Fleischerei und am Bratwurststand seines Vaters aus.[15] Bereits 1996 schaffte er es zu einer gewissen lokalen Prominenz. Die *Bild*-Zeitung betitelte ihn als »Panzerknacker von Dresden«. Bachmann wurde wegen 16-fachen Einbruchs mit Diebstahl zu drei Jahren Gefängnisstrafe verurteilt. Um dieser zu entgehen, reiste er nach Südafrika. Dort fiel nach ein paar Jahren sein ungültiges Visum auf, im Jahr 2000 kehrte er nach Deutschland zurück und musste eine Haftstrafe von 14 Monaten antreten. Später arbeitete er unter anderem im Dresdner Nachtclub »Angels«. 2008 wurde Bachmann wegen Kokainbesitz festgenommen und daraufhin auf Bewährung verurteilt.[16] Nebenbei arbeitet er in seiner bereits im Jahr 1992 gegründeten Foto- und Werbeagentur »hotpepperpixx«, die im November und Dezember des Jahres 2014 in einigen Zeitungsberichten als prosperierendes und bundesweit tätiges Unternehmen beschrieben und die Behauptung aufgestellt wurde, dass Bachmann im großen Stil mit der *Bild*-Zeitung zusammenarbeite. Anscheinend ist die Agentur doch eher ein Ein-Mann-Betrieb, der kleinere regionale Aufträge abarbeitet, während sich Bachmanns Verbindungen zur Springerpresse darauf beschränken, als Leserreporter tätig zu sein,[17] beziehungsweise als Aufhänger einer weiteren Provinzposse zu fungieren: Vor einigen Jahren berichtete man über ihn als Akteur im »Wurstkrieg auf dem Striezelmarkt«. Es ging um die »Original Sächsische Bratwurst« und um Preisabsprachen. Am Ende musste Bachmann mit dem Stand seines Vaters den Marktplatz verlassen.[18] Auch wenn die Bewährungsstrafe für das Rauschmitteldelikt in den letzten Monaten abgelaufen ist, steht für Bachmann gegenwärtig noch eine weitere juristische Auseinandersetzung im Zusammenhang mit Unterhaltszahlungen an.[19]

Doch Lutz Bachmann ist offenbar nicht der Einzige im Pegida-Team, der auf eine kriminelle Vergangenheit zurückblickt. Zum Kern von Pegida gehört Siegfried Däbritz. Der 39-jährige Betreiber eines privaten Wachdienstes kandidierte im Jahr 2009 für den Meißner Stadtrat auf der Freidemokratischen Liste. Auch er hat ein abgeschlossenes Strafverfahren hinter sich. Privat ist er mit Bachmann so eng befreundet, dass er im Sommer 2014 zu den Hochzeitsgästen des Paares gehörte. Bei Pegida kümmert sich der Motorradfreund Däbritz vorwiegend um die Sicherheit.[20] Daneben gehören noch Tom Balasz, Anmelder des »Weihnachtsliedersingens« am 22. Dezember 2014, und der im Jahr 1987 aus Mosambik in die DDR eingewanderte und oftmals abfällig als »Quotenneger« bezeichnete Hamilton George, sowie Stephan Baumann und Thomas Hiemann zum Team. Baumann, Elektrotechniker, war derjenige, der sich lieber unter einem nationalen statt friedlichen oder europäischen Bündnis versammelt hätte. Das Facebook-Profil des 44-Jährigen verrät, dass er Fußballfan von Dynamo Dresden ist, gerne Rammstein hört und Gefallen an PS-starken BMW findet.

Daneben ist Kathrin Oertel spätestens seit ihrem Besuch in der Sonntagabend-Talkshow von Günther Jauch am 18. Januar 2015 ein prominentes Gesicht des »Aktionsbündnisses«. Die schlanke Frau mit den langen blonden Haaren und dem prägnanten Gesichtsausdruck ist nach eigenen Angaben als Wirtschaftsberaterin tätig. Sie ist 37 Jahre alt, dreifache Mutter, ein bekennender Fan von Roland Kaiser, Leserin der *Jungen Freiheit* und von *blu-News*, die einem ähnlichen Spektrum wie die von Bachmann konsumierten Medien zuzuordnen sind. Neben Oertel erlangte René Jahn Ende Januar 2015 eine gewisse Bekanntheit. Der 49-Jährige war in der DDR Soldat und betreibt derzeit einen Hausmeisterservice. Er teilt mit seinen Mitstreitern die Leidenschaft für Dynamo Dresden. Er reiste der Sportgemeinschaft bereits zu Auswärtsspielen nach, als sie noch in der DDR-Oberliga auf Punktejagd ging. Überdies ist er Anhänger des Eishockey-Clubs Eisbären Berlin, die bereits seit Jahren einen großen Fanclub in und um Dresden haben.

Thomas Tallaker, Frank Ingo Friedemann, Achim Exner und Bernd Volker Lincke machen das Dutzend der Pegida-Führung komplett. Gegen Tallaker läuft seit 2014 ein Parteiausschlussverfahren. Der ehemalige Stadtratsabgeordnete der CDU in Meißen musste offenbar aufgrund von rassistischen Äußerungen sein Mandat 2013 niederlegen und wurde wegen Körperverletzung und Nötigung zu einer Bewährungsstrafe verurteilt. Friedemann, Jahrgang 1968, führte bis März 2014 den »Kleinen Muck«, ein Sauna- und Dampfbad, für das er wirtschaftlichen Konkurs anmelden musste. Seitdem schlägt er sich als Ein-Mann-Dienstleister durch. Exner leitet einen Wach- und Sicherheitsdienst, der Detektivdienstleistungen ebenso im Portfolio hat wie Veranstaltungs- und Objektschutz. Bis 2006 war er bei Dynamo Dresden als »Sicherheitschef« beschäftigt.[21]

Es ist deutlich, dass das Organisationsteam von Pegida aus benachbarten Milieus, wenn nicht gar aus dem gleichen stammt. Sie sind in ähnlichen Tätigkeitsfeldern im Dienstleistungsgewerbe, genauer im Bereich Sicherheit, Gastronomie und Hausmeisterservice beschäftigt, verbringen ihre Freizeit mit den gleichen Hobbys als Fans von Dynamo Dresden und den Eisbären Berlin, sind in etwa alle im gleichen Alter, besuchten in Dresden die gleichen Schulen. Sie kennen sich bereits seit vielen Jahren, kämpften teilweise Seite an Seite gegen die Elbehochwasser, wohnen zuweilen in den gleichen Stadtteilen beziehungsweise Gemeinden. All dies wird die Gründung von Pegida aus einer Facebook-Gruppe heraus, die Koordination der Treffen, die mühsame Abstimmungsarbeit, die Aufgabenverteilungen und die Organisation der Demonstrationen erleichtert haben.

ORGANISATION VON PEGIDA

Die Pegida-Demonstrationen waren – für anscheinend unerfahrene Bewegungsmanager – äußerst gut geplant, vorbereitet und durchgeführt. Die von Ende Oktober 2014 bis Mitte Januar 2015 Woche für Woche wachsende Zahl der Anhänger wurde recht spontan zu den wechselnden Demonstrationsorten dirigiert. Offenbar ist Pegida, die auf Facebook beinahe doppelt so viele »Gefällt mir«-Angaben haben, wie die im Bundestag vertretenen Parteien[22], eine der wenigen Protestgruppen, die gleichzeitig im Internet und auf der Straße funktioniert.[23] Durch die Vernetzung über Facebook konnten die »Fans« in Echtzeit auf dem Laufenden gehalten und Gerüchte über mögliche Demonstrationsausfälle in Minutenschnelle dementiert werden. Auch die Veranstaltungen selbst sollten wohlgeordnet ablaufen: Zu Beginn jedes »Spaziergangs« wurden die Demonstrationsregeln verlesen und die Anwesenden gebeten, Glasflaschen und Hunde zu Hause zu lassen, keinen Alkohol zu trinken oder Parolen zu skandieren, Reporter und Provokateure der Gegendemonstrationen zu ignorieren.[24]

Im Spätherbst 2014 wuchs nicht nur die Zahl der Pegida-Teilnehmer, sondern auch die der Gegendemonstranten. Der ausgedehnte »Spaziergang« durch die sächsische Landeshauptstadt legte im anlaufenden Weihnachtsgeschäft die Innenstadt Montag- für Montagabend lahm. Die Pegida-Organisatoren zeigten sich auch hier von ihrer verständnisvoll-bürgerlichen Seite und forderten ihre Anhänger auf, im Anschluss an den Marsch in der Dresdner Innenstadt einkaufen zu gehen. Sie ließen für diesen Zweck Visitenkarten drucken, auf denen »Ich wurde Ihnen als Kunde geschickt von Pegida« zu lesen war. Diese verteilten sie auf der Demonstration am 8. Dezember. Mit solchen Aktionen oder dem, letztlich gescheiterten, Spendenaufruf für die Dresdner Tafel sollte ein enger Schulterschluss zur bürgerlichen Mitte der Gesellschaft vollzogen werden.[25] Auch wiederkehrende Elemente, die Demonstrationsrituale, wie das Verlesen der »Presselügen der Mainstreampresse« aus der vergangenen Woche, die Schweigeminute für die Opfer »islamistischer Terrorangriffe« und die stolze Meldung der erneut gewachsenen anwesenden Menschenmenge, sowie die damit proportional zunehmende Anzahl an eingewiesenen Ordnern, die die Einhaltung der Demonstrationsregeln sicherstellen sollten und sich während der Veranstaltung per (Mobil-)Funk abstimmten und koordiniert wurden, gaben den Pegida-Veranstaltungen eine durchorganisierte Struktur. Einzig die Tatsache, dass die Redner als »Sachse aus Leipzig«, als »der Ingo« oder auch »der Weihnachtsmann« statt mit vollem bürgerlichen Namen vorgestellt wurden, mochte zu dem gesitteten Auftreten nicht recht passen.

DIE ZIELE VON PEGIDA – ODER: WAS WAREN DIE FORMALEN FORDERUNGEN DER PROTESTORGANISATOREN?

Die Anhänger von Pegida gaben sich gewaltlos, mittig, bürgerlich – doch was forderten sie? Zunächst war das Ansinnen vage: Man wolle als »überparteiliches Aktionsbündnis« die Eingriffe von religiösen Minderheiten – insbesondere des Islams – in die Gesellschaft zurückdrängen. Auf den Demonstrationen war von »Lügen- und Mainstreampresse«, »Volksverrätern statt Volksvertretern« oder »wir sind mündige Bürger« die Rede. Am 10. Dezember veröffentlichten die Organisatoren ein 19 Punkte umfassendes einseitiges Positionspapier. Um womöglich nicht wie die Stuttgarter Bahnhofsgegner (»Wutbürger«) als »Verhinderer« oder »Blockierer« dazustehen, beginnen die ersten 14 Punkte mit der Formulierung »Pegida ist für...«. Das Signal einer solch positiven Wendung ist, dass man konstruktiv und mit eigenen Ideen die Politik gestalten, statt einfach nur boykottieren will. Die Politikfelder, die Pegida mit diesem Positionspapier im Visier hat, sind jedoch äußerst beschränkt. Es geht um Integration und Zuwanderung, sowie um den »Schutz der christlich-jüdisch geprägten Abendlandkultur«. Schließlich ist man noch gegen Waffenlieferungen an »verfassungsfeindliche, verbotene Organisationen«, gegen »Geschlechtsneutralisierung unserer Sprache«, gegen Hassprediger und Radikalismus.[26]
    Während der Demonstration am 12. Januar verkündete Bachmann die Reduzierung der Pegida-Forderungen auf sechs Punkte, um den Anspruch von Pegida an die Politik zu konkretisieren. Die Forderungen umfassen ein »Zuwanderungsgesetz«, mehr direkte Demokratie in Deutschland und Europa, mehr Finanzmittel für die innere Sicherheit und Frieden mit Russland.[27] Diese – zumindest schriftlich – nicht näher begründeten oder argumentativ hergeleiteten Punkte wurden lediglich als der Redetext von Lutz Bachmann auf der Pegida-Facebook-Seite veröffentlicht. Sie sind letztlich Ausdruck der Heterogenität des »Aktionsbündnisses« und stehen so unvermittelt nebeneinander, wie letztlich auch die unterschiedlichen Strömungen auf den Kundgebungen, auf die im Folgenden noch näher eingegangen wird.

VON DER GRÜNDUNG BIS ZUM SCHISMA: DIE AUFREGENDEN WOCHEN VON PEGIDA

Der Grund für die fehlende separate Verschriftlichung der sechs neuen Forderungen von Pegida mögen auch die sich überschlagenden Ereignisse im Januar 2015 gewesen sein. So gelangten zunächst immer mehr Informationen über das Pegida-Organisationsteam an die Öffentlichkeit. Dies lag unter anderem auch an den Aktivitäten einiger Personen, die hinter der Aktion »oppegida« stehen. Anfang Januar 2015 rief in einem YouTube-Video eine deutsche Anonymusgruppe zum Kampf gegen Pegida auf[28] – die Seiten von Kagida (Pegida Kassel) und Legida (Pegida Leipzig) waren daraufhin für mehrere Stunden nicht zu erreichen. Überdies gab es Verwirrungen um zahlreiche -gida-Demonstrationen, da Falschmeldungen bezüglich Veranstaltungsausfällen und -verlegungen im Internet kursierten.

In dieser Phase nahm der Erfolg von Pegida zu – der nicht mehr nur anhand der Demonstrationsteilnehmer gemessen werden musste. Wurden die Veranstaltungsleiter und -anhänger anfänglich noch heftig geschmäht, kritisiert und beschimpft, veränderte sich die Haltung und der Blick auf die montäglich in Dresden stattfindende Versammlung und deren führende Persönlichkeiten zu Beginn des Jahres 2015 doch merklich: Funktionäre der Alternative für Deutschland (AfD) kamen am Mittwoch, den 7. Januar, erstmals mit einigen Personen aus dem Organisationsteam zusammen – zwar musste das Treffen aufgrund von Widerspruch aus der Fraktion der Linkspartei aus dem Landtag heraus in ein Dresdner Lokal verlegt werden, dennoch war das Signal eindeutig.[29] So kommunizierte Pegida es auch auf ihrer Facebook-Seite: Man danke der AfD für ihre »Dialogbereitschaft«. Man habe ein Gespräch über die »Ziele der Bürgerbewegung« geführt und »viele gemeinsame Schnittmengen bei den Themen Einwanderungs- und Asylpolitik festgestellt«. Außerdem sei man übereingekommen, dass bei dem »Thema Innere Sicherheit immense [sic!] Nachholebedarf« herrsche. Man werde den »Dialog fortsetzen« und würde sich freuen, wenn der AfD auch andere Parteien, die im Sächsischen Landtag vertreten sind, folgen würden.

Mit zunehmender Aufmerksamkeit für die wöchentlichen Demonstrationen und wachsendem Bekanntheitsgrad der Organisatoren schien – insbesondere seit den Anschlägen in Paris am 7. Januar – die Sicherheit der Dresdner Veranstaltungen immer schwerer organisierbar. So stiegen nicht nur Anzahl und Teilnehmerzahl der Gegenkundgebungen, die oftmals zeitgleich zu den einzelnen »Pegida-Spaziergängen« in den verschiedensten Städten stattfanden, sondern es häuften sich auch die Drohungen gegen die Gesichter von Pegida e.V. Unter viel Kritik von allen Seiten entschied die Dresdner Polizei für den 19. Januar alle öffentlichen Kundgebungen in Dresden abzusagen beziehungsweise zu verbieten, da islamistische Extremisten konkrete Terrordrohungen gegen Lutz Bachmann ausgesprochen hätten.[30]

Obwohl Pegida an jenem Montag nicht demonstrieren konnte, bekamen sie hinreichend öffentliche Beachtung, da sie in den Räumen der sächsischen Landeszentrale für politische Bildung ihre erste Pressekonferenz durchführten, bei der Kathrin Oertel bekannt gab, dass man sich mit der Presse ein anderes »Miteinander« wünsche.[31] Bereits einige Tage zuvor hatte der sächsische Ministerpräsident Stanislaw Tillich für den 21. Januar 2015 im Internationalen Congress Center unter dem Motto »Miteinander in Sachsen« eine Diskussionsveranstaltung mit Pegida-Teilnehmern ins Leben gerufen. Gemeinsam mit 300 Bürgern, die sich hierfür telefonisch oder im Internet anmelden konnten, sollte über die Themen Asyl, Integration und Zuwanderung gesprochen werden.[32] Tillich wollte die Sorgen der »Spaziergänger« ernstnehmen und ihnen ein Podium bieten.[33] Während sich der Innenminister des Freistaates, Markus Ulbig von der CDU, nicht ausschließlich mit den einfachen Demonstrationsmitläufern, sondern mit den Organisatoren Oertel und Exner zu Gesprächen traf.[34]

Dass Pegida zunehmend Zugang zur Politik fand, lag sicher auch an einer »bürgerlichen« Organisationsstruktur, die sich entwickelte. Aus der ursprünglichen Facebook-Gruppe »Patriotische Europäer gegen die Islamisierung des Abendlandes« wurde rasch ein »Aktionsbündnis«, welches sich als eingetragener Verein seit dem 14. November 2014 in Gründung befand. Die Entwicklung von einer losen Verbindung hin zu einer sich professionalisierenden Gruppe ist ein häufig beobachtetes Phänomen bei Protestgruppen.[35] Ein Verein soll nicht nur größere Seriosität und Verlässlichkeit nach außen demonstrieren, sondern auch Bindungskräfte nach innen entwickeln. Während man die Anhänger beispielsweise mittels Abstimmungen auf Inhalte und führende Personen einschwören kann, bekommt die Öffentlichkeit beauftragte Repräsentanten als Ansprechpartner. Im Falle von Pegida sollte durch die Vereinsgründung offenbar auch ein gewisser Markenschutz praktiziert werden. Die Dresdner Pegida-Organisatoren behielten sich vor, zwischen »echten« und »nicht echten« Ablegern ihrer Protestidee, den -gida-Demonstrationen, zu unterscheiden, die sich in zahlreichen Städten ab Dezember 2014 organisierten. Es sollten nur jene anerkannt werden, die bereit waren, eine Art »Verpflichtungserklärung« zu unterschreiben, in der sie die 19 Punkte von Pegida anerkennen.[36] Es entstand jedoch gleichzeitig der Eindruck, dass Pegida-Dresden sich zumindest Ende 2014/Anfang 2015 von solchen spontan entstandenen -gida-Gruppen distanzierte, deren Gründer und Initiatoren offensichtlich nicht in der »bürgerlichen Mitte«, sondern im rechtsextremen Spektrum zu verorten sind. So war beispielsweise, nachdem die 36-jährige Melanie Dittmer bei Bogida (Bonn) die Führung übernahm, eine klare Abgrenzung beobachtbar. Mit Dittmer[37], gegen die bereits als Teenager wegen Bildung krimineller Vereinigungen und Volksverhetzung ermittelt wurde, und die Anfang Dezember in einer Reportage von Spiegel TV postulierte, dass es »unerheblich« für sie sei, »ob es den Holocaust gegeben hat«[38], wollte man in Dresden nichts zu tun haben. Bezüglich der Abgrenzung zum rechten Rand führte die Vereinsgründung zu einer stärkeren Konzentration und inhaltlichen Festlegung.

Mit der Eintragung in das Vereinsregister waren für Pegida weitere Vorteile verbunden: Als Verein kann man juristisch als Kläger auftreten, man kann sich um die Anerkennung der Gemeinnützigkeit bemühen – womit Steuervergünstigungen und, im Falle von Spenden an den Verein, die Möglichkeit der steuerlichen Absetzung verbunden sind. Es können gemeinsame Aktionen über den Verein getragen werden, so dass sie nicht mehr privat übernommen werden müssen, wie beispielsweise die Kontoeröffnung oder die Veranstaltungsleitung. Die Gründung eines Vereins bedeutet jedoch auch das Festlegen von Strukturen. Alle Beteiligten müssen sich gemeinsam auf eine Satzung einigen, auf einen Vorsitzenden, einen Kassenwart oder ähnliches. Seit dem 19. Dezember 2014 war Pegida mit einer geprüften Satzung aus dem Gründungsstatus entlassen und fest ins Vereinsregister aufgenommen worden. Der Verein mit Sitz in Dresden kann von jeweils zwei Vorstandsmitgliedern gemeinsam vertreten werden. Vertretungsberechtigt waren Lutz Bachmann, René Jahn und Kathrin Oertel. Laut Satzung ist der Verein gemeinnützig, parteipolitisch unabhängig und nicht an Konfessionen gebunden. Vereinszweck ist die »Förderung politischer Wahrnehmungsfähigkeit und politischen Verantwortungsbewusstseins«, der erreicht wird »durch Durchführungen von Veranstaltungen wie z.B. Begegnung der Bürger zum Gedankenaustausch, Kultur- und Weiterbildungsveranstaltungen, Initiativen und Aufklärungsaktionen, Diskussionen«.[39]

Die stärkere organisatorische Verfestigung – im Falle von Pegida die Vereinsgründung – kann indes sowohl konstruktive, als auch destruktive Kräfte freisetzen. Bei Pegida besaßen letztere wohl die größere Energie. Am Dienstag, den 20. Januar, wurde bekannt, dass Bachmann massiv Ausländer beschimpft hatte. Überdies tauchte ein Bild von ihm auf, das man sowohl als Parodie, als auch als Apologie auf Adolf Hitler interpretieren kann.[40] Bereits am Mittwochmittag zirkulierte eine Pressemitteilung der sächsischen AfD, in der die Landesvorsitzende Frauke Petry den Rücktritt Bachmanns begrüßte. Laut den Berichten der *Süddeutschen Zeitung* habe es am Morgen ein Telefonat zwischen Kathrin Oertel und Frauke Petry gegeben, bei dem man sich auf den Rückzug von Lutz Bachmann aus dem Vereinsvorstand geeinigt habe. Erst einige Stunden später kündigte dieser seinen Rücktritt selbst an.[41] Zudem geriet Pegida durch Veranstaltungen in Leipzig, Hannover oder Duisburg in Bedrängnis. Ein äußerst kleiner Unterstützerkreis, extremistische Kundgebungsreden und rechtsradikales Publikum nährten immer mehr Zweifel an der bürgerlich-mittigen und verfassungskonformen Ausrichtung der in Dresden entstandenen Bewegung. Auf dem Hannoveraner Opernplatz verstießen beispielsweise einige Hagida-Teilnehmer gegen das Vermummungsverbot, während Legida den »Kriegsschuldkult« der Bundesrepublik thematisierte.[42]

In einem Wirrwarr von abgesagten und verlegten Demonstrationen Ende Januar 2015 trat mit Kathrin Oertel die zweite Person zurück, die ursprünglich neben Bachmann die Montagsdemonstration repräsentierte. Im Laufe der darauf folgenden Tage wurde immer klarer, dass Oertel gemeinsam mit René Jahn, Thomas Tallaker, Jens Ingo Friedemann, Achim Exner und Volker Lincke Pegida verlassen hatte, um eine neue Vereinigung zu gründen. Damit hatte sich die Pegida-Spitze selbst abgeschafft, wie Fabian Reinbold auf *Spiegel Online* titelte.[43] Die Schismatiker begründeten ihren Schritt damit, dass sie sich mit Pegida nicht mehr identifizieren könnten und den Trend zum rechten Rand nicht mittragen wollten. Überdies sei man persönlichen Anfeindungen ausgesetzt gewesen.[44] Offensichtlich verstrickte sich das Organisationsteam in zahllose Streitigkeiten, welche -gidas anzuerkennen seien, mit welchen Politikern man reden solle, letztlich sicher auch, wer den Verein anführen und in welche Richtung es gehen könne. Lutz Bachmann war augenscheinlich nicht bereit, sich aus der Vereinsführung komplett zurückzuziehen, auch Neid und Missgunst mögen eine Rolle gespielt haben – solche Szenarien sind in zahlreichen Bewegungen und Organisationen in Gründung zu beobachten. Schaut man in die Biographien der Pegida-Organisatoren, soweit diese zugänglich sind, scheint kaum jemand Erfahrungen mit Vereinsgründungen, sowie den damit zusammenhängenden Formalitäten und Dynamiken zu haben – auch so lassen sich die Schwierigkeiten bei der Kontoeröffnung und die zahlreichen, in kurzen Abständen erfolgten Rücktritte der Vereinsführung erklären.

Als Folge war Pegida e.V. gezwungen, die Demonstration am 2. Februar abzusagen. Man beteuerte in zahlreichen Statements, dass all diese Rück- und Austritte nicht wichtig seien, da es doch schließlich um »die Sache« und nicht um Personen gehe. Während Bachmann mit Däbritz, Balasz, Baumann und Hiemann bei Pegida blieb, gründeten Oertel und ihre Anhänger mit der DDfE (Direkte Demokratie für Europa)[45] eine neue Organisation mit der Forderung, Volksentscheide und Volksbegehren nicht nur bundesweit, sondern auch auf europäischer Ebene einzuführen und dabei die »bürgerliche Mitte« anzusprechen. Die DDfE wird in diesem Zusammenhang sicherlich nicht die letzte Ausgründung und Absplitterung von Pegida bleiben. Erwartungsgemäß führte die Teilung zu einer Schwächung der Organisation und zu einem drastischen Rückgang der Demonstrationsteilnehmer. Während die DDfE am Sonntag, den 8. Januar, gerade einmal fünfhundert Teilnehmer mobilisieren konnte[46], gelang es auch Pegida einen Tag später mit 2.000 Teilnehmern bei Weitem nicht mehr, an die zuvor erzielten Erfolge anzuknüpfen.[47] Ob sich Pegida – angesichts steigender Teilnehmerzahlen Mitte Februar und der Ankündigung einen eigenen Kandidaten bei der Bürgerschaftswahl aufzustellen – erledigt hat, bleibt abzuwarten.

»Spezielles Biotop« – Das Umfeld von Pegida

Die Pegida-Kundgebungen konnten ihre Größe und ihren Erfolg nicht nur aufgrund der Aktivitäten des Organisationsteams erreichen. Die montäglichen Demonstrationen speisten sich aus einem speziellen Biotop, verfügten über tiefgehende und verzweigte Wurzelgründe und wuchsen schließlich durch kräftigen Dünger. Kurzum, während Anlass und Verlauf einigermaßen rekonstruiert wurden, fehlt noch ein Blick auf Protestumfeld und -träger, sowie Katalysatoren. Zunächst: Natürlich war Pegida nicht plötzlich da. Auch in Dresden gab es, wie in zahlreichen anderen deutschen Städten, unter dem Eindruck der Ukraine-Krise seit Mai 2014 Montagsmahnwachen für den Frieden.[48] Wie die Untersuchung von Priska Daphi und anderen andeutet, gibt es trotz aller Heterogenitäten inhaltliche Überschneidungen zwischen diesen Veranstaltungen und Pegida. Auch scheinen beide eher männliche und mittelalte Demonstrationswillige anzusprechen. Darüber hinaus existieren auch personelle Schnittstellen innerhalb der beiden Protestformationen. Der einzige Redner, der auf einer der meistbesuchten Pegida-Demonstration am 22. Dezember »Zugabe«-Rufe erntete, ist Stephane Pierre Roger Simon.[49] Er wurde bei Pegida immer als der »Franzose aus Leipzig« vorgestellt. Simon sprach zu den rund 17.500 Teilnehmern vor der Semperoper über das »Ersatzgrundgesetz«, die »gleichgeschaltete Presse«, über Politiker, die ihre »eigene Bevölkerung als Rassisten« bezeichneten, über zu viel Geld, das für die Flüchtlinge ausgegeben werde und über seinen Lebensweg. Der 47-Jährige ist in La Rochelle geboren, kam nach eigenen Aussagen 1991 als Sprachassistent nach Altenburg (Thüringen) und wurde als EU-Bürger Beamter in der Bundespolizei. Nach seiner Rede im Dezember distanzierte sich Pegida von Simon, der bereits als Sprecher auf zahlreichen Montagsmahnwachen aufgetreten war. Daraufhin erklärte Simon in einem elfminütigen YouTube-Video, warum es ihm eigentlich nicht um Pegida, sondern um Pegada gehe, wobei nicht die Islamisierung, sondern die Amerikanisierung das zentrale Problem sei. Weil er jedoch die Namensähnlichkeit zu dem Dresdner Verein vermeiden wolle, rief er nun Endgame – »Engagierte Demokraten gegen die Amerikanisierung Europas« – ins Leben und warb um Unterstützer.[50]

Neben den Montagsmahnwachen bilden die Hogesa-Demonstrationen auch ein Element des Biotops, aus dem Pegida entstanden ist. Die »Hooligans gegen Salafisten« fanden sich im September 2014 zu ersten »Kennenlerntreffen« zusammen.[51] Hier wurden bereits Muster entwickelt, die drei Monate später ebenfalls in Dresden beobachtet werden konnten. So stehen beispielsweise Salafisten und radikale Islamisten für das gemeinsame Feindbild von Hogesa- und Pegida-Anhängern und auch den Hogesa-Teilnehmern wurde von ihren Rednern zugerufen, dass es wichtig sei, »cool zu bleiben«. Auf einer Hogesa-Demonstration, die wie alle Veranstaltungen unter diesem Label eigentlich gewalt-, sowie parolenfrei bleiben sollte, forderte Michael Stürzenberger den Stopp von medial verbreiteten Lügen und intonierte in Anlehnung an die Bewegung von 1989 den Ruf »Wir sind das Volk!«. So wie man damals ein »linkes diktatorisches Regime rausgefegt« habe, wolle man jetzt auch das »linke Denken« und Personal vertreiben.[52] Pikanterweise wurde der Blogger und Aktivist Stürzenberger, der gleichzeitig Bundesvorsitzender der Partei »Die Freiheit« ist und offenbar hinter Bagida (Pegida Bayern) steht, am 15. Dezember auf einer Pegida-Demonstration vom ZDF interviewt. Stürzenberger verkündete stolz, mit sieben weiteren Personen in einem Kleinbus aus Bayern nach Dresden angereist zu sein und beharrte darauf, nicht als politischer Funktionär in Sachsen zu sein, sondern als »Bürger, um gemeinsam mit Dresdner Bürgern zu demonstrieren«.[53]

Auch direkt aus dem Organisationsteam von Pegida lassen sich vermutlich personelle Verbindungen zur Hooliganszene nachweisen. So wurde beispielsweise Siegfried Däbritz auf einigen Hogesa-Kundgebungen gesichtet.[54] »Ed der Holländer« ist ebenso in diesem Milieu zu verorten und erlangte aufgrund eines kleinen Interviews, das am Rande einer Hogesa-Demonstration gedreht wurde, den Status einer »Internetberühmtheit«.[55] Ed, der sich gelegentlich auch Edwin Utrecht nennt, ist, genauso wie der »Franzose aus Leipzig« durch Reden auf Pegida-Kundgebungen sowie damit zusammenhängende Fernsehinterviews beziehungsweise -berichte und viel geklickte Internetvideos zu einem Gesicht von Pegida geworden. Am 22. Dezember beispielsweise sprach der gelernte Restaurantfachmann in seinem holländischen Akzent darüber, dass er ein »einfacher Vater« sei, ein »Mann, der Angst hat, dass es gegen den Islam in eine falsche Richtung gehe«. Gelegentlich lässt Ed, der sich nach der Abspaltung der DDfE klar zu Pegida bekennt, vom niederländischen Rechtspopulisten und PVV-Führer Geert Wilders grüßen. Ed, der eigentlich Edwin Wagensveld heißt und vermutlich mit seiner Frau und drei Söhnen in Bayern lebt, ist offenbar auch sehr eng mit einigen Personen des Organisationsteams von Pegida verbunden und betreibt einen Onlineshop, in dem man »Sportartikel«, wie er selbst sagt, ebenso erwerben kann wie Elektroschocker, Baseballschläger, Schlagstöcke und Pfefferspray.[56]

Obwohl es also inhaltliche, symbolische und personelle Querverbindungen zwischen Pegida und Hogesa gibt, passen die jüngsten Entwicklungen in das zersplitterte Bild der Dresdner Proteste: Am 18. Januar distanzierte sich Hogesa in einem kruden Statement mittels zahlreicher verschwörungstheoretischer Andeutungen von Pegida[57] – womit ein starkes Bündnis zwischen diesen beiden Strömungen zumindest gegenwärtig ausgeschlossen sein dürfte.

Derartige Verbindungen wie zwischen Pegida und den Hogesa-Kundgebungen sowie den Montagsmahnwachen, dürften ähnlich auch zu der »Bürgerbewegung Pro Deutschland« bestehen. Deren Bundesvorsitzender, Manfred Rouhs, drehte beispielsweise zahlreiche YouTube-Videos in Anmutung von Nachrichtensendungen, um über Pegida und deren Anhänger »aufzuklären«. In seinen Filmen, die von bis zu 30.000 Personen gesehen werden, wurden beispielsweise »normale« Bürger während Pegida-Demonstrationen interviewt, die sich mit ihrem Namen vorstellten und ihre Demonstrationsmotive erklärten.[58] Geht man diesen Namen nach, stellt man fest, dass nicht nur führende Funktionäre der rechtsextremen Partei Pro Deutschland oder ProNRW, sondern auch einige NPD-Funktionäre, wie beispielsweise der Meißner Stadtrat Mirko Schmidt oder André Hüsgen, Auskunft gaben. Rouhs, im Jahr 1965 geboren, wechselte von der Jungen Union zu den Jungen Nationaldemokraten, dem Jugendverband der NPD, später zu den Republikanern und wird unter anderem als »Multifunktionär des rechtsextremen Spektrums in Deutschland« bezeichnet.[59] Recherchiert man weiter, trifft man im Sympathisanten- und Unterstützerumfeld von Pegida deutschlandweit auf solche rechten Funktionäre, die ähnliche Karrieren in rechten Splitterorganisationen hinter sich haben. Einige von ihnen waren bereits im Oktober 2014 im Umfeld des Dresdner Organisationsteams zu finden, andere sprangen erst später auf die erfolgreicher werdenden Demonstrationen auf, die natürlich nicht ausschließlich aus Hooligans und rechten Kadern bestehen. Dennoch sind diese ein Teil der Demonstranten und Anhänger von Pegida.[60]

Auch politische Aktivisten und Journalisten, die man eher einer verschwörungstheoretischen Szene zuordnen würde, wie Jürgen Elsässer und Udo Ulfkotte, beteiligen sich bei Pegida.[61] Beide sind auf Pegida-Veranstaltungen als Redner aufgetreten und haben gegenwärtig unter den Anhängern der Proteste zahlreiche Fans. Während Ulfkotte seit Jahren vor einer Islamisierung warnt und jüngst ein Buch über bestechliche Journalisten und die Fehler im »Mediensystem« verfasst hat, das immerhin Platz drei auf der *Spiegel*-Bestsellerliste einnahm, ist der drei Jahre ältere Elsässer als Chefredakteur von *Compact* und durch seine Reden bei den Montagsmahnwachen bekannt. Trotz dieser Ähnlichkeiten könnte ihre Biographie nicht unterschiedlicher sein: Während Elsässer jahrelang im Umfeld des Kommunistischen Bundes agierte und regelmäßig für die linke Zeitschrift *konkret* publizierte, studierte Ulfkotte in Freiburg Rechtswissenschaft sowie Politik und berichtete unter anderem für die *Frankfurter Allgemeine Zeitung* lange Jahre aus dem Irak, Iran, Afghanistan, Saudi-Arabien oder Ägypten. Ulfkotte und Elsässer sind, gemeinsam mit »Dr. Alfons Proebstl«, die Stars der Bewegung. Ihnen folgen die Pegida-Anhänger, ihren Artikeln, Reden und Videos vertrauen sie ebenso, wie den stark frequentierten politischen Blogs »Politically Incorrect«, »Politikversagen.de«, »Volksbetrug.net« oder »Conservo«. Auch Thilo Sarrazin liefert ihnen gern zitierte Thesen. Demgegenüber hält man die Leitartikel von der *Frankfurter Allgemeinen Zeitung* bis zum *Spiegel* für unseriös und das Privatfernsehen, ebenso wie die öffentlich-rechtlichen Rundfunkanstalten, für inkompetent.

Zu den Protestkatalysatoren von Pegida gehört sicherlich, dass die Stadt Dresden am 24. Oktober 2014 ihr Konzept »zur Schaffung zusätzlicher Unterbringungskapazitäten« für Flüchtlinge für die Jahre 2015 und 2016 vorstellte.[62] Während zahlreicher Ortsratsitzungen, bei denen die Pläne präsentiert werden sollten, sahen sich die Stadtvertreter meist mehreren hundert Aktivisten, die gegen die Nutzungskonzepte Einspruch erhoben oder protestierten, gegenüber. Gegen die geplanten Flüchtlingsunterkünfte in Dresden-Klotzsche, Cunnersdorf und in der Nähe der sächsischen Landeshauptstadt, in Ottendorf, wurde mobilisiert. In einigen dieser Ortschaften hatten Bürgerinitiativen bereits etliche Monate vor Pegida protestiert, in anderen, wie am 5. November in Dresden-Laubegast, kamen beispielsweise gezielt Pegida-Vertreter, um für ihre Montagsdemonstration zu werben.[63]

Ein zusätzliches, die Teilnehmerzahl der Pegida-Kundgebungen in die Höhe treibendes Element waren, neben den lokalen Konflikten um Flüchtlingsunterkünfte, sicherlich auch die mitunter despektierlichen Äußerungen der politischen Eliten. So wurden die Organisatoren von Pegida als »Rattenfänger«[64], »komische Mischpoke«[65] und »Neonazis in Nadelstreifen«[66] bezeichnet. Besonders die Staatsoberhäupter mit ihrer ostdeutschen Herkunft schienen die Dresdner auf die Straße zu treiben: Sowohl die Mahnung der Bundeskanzlerin Angela Merkel anlässlich ihrer Neujahrsansprache, den Aufrufen der Pegida-Organisatoren nicht zu folgen, da dort »Kälte«, »Vorurteile« und »Hass« dominierten[67], sowie die Einschätzung des Bundespräsidenten Joachim Gauck, dass bei Pegida »Chaoten und Strömungen, die wenig hilfreich sind« zu viel Beachtung erhielten[68], erhitzten die Gemüter. Die zum Teil aus Unwissenheit und Desinteresse, aber auch unter dem Druck der medialen Aufmerksamkeit für einen Lokalprotest entstandenen Schmähungen, animierten zahlreiche Dresdner Bürger, sich selbst ein Bild zu machen, beziehungsweise Pegida zu unterstützen. Gleichzeitig führten die Angriffe von außen zu Solidaritätsbekundungen mit Pegida und letztlich auch dazu, dass all die heterogenen Elemente, die sich im Spätherbst in Dresden sammelten, nach innen – zumindest bis Ende Januar 2015 – auf eine gewisse Art zusammengeschweißt wurden.

ANMERKUNGEN

1 | Vgl. exempl.: Alexander Schneider u.a., Pegida persönlich, in: Sächsische Zeitung, 02.12.2014.
2 | Christian Jung, Pegida-Gründer im blu-News Interview, 11.01.2015, online einsehbar unter: www.blu-news.org/2015/01/11/pegida-gruender-im-blu-news-interview/ [zuletzt eingesehen am 06.02.2015].
3 | Die hier genannten Zahlen für Dresden beziehen sich auf die Angaben der Polizei. Die damit zusammenhängende Problematik, dass die Anzahl der Pegida-Demonstranten vor allem in Leipzig offenbar deutlich zu hoch eingeschätzt wurde, ist bekannt. Jedoch sind diese »offiziellen« Zahlen diejenigen, die die medialen Demonstrationsberichte und Selbstdarstellungen dominieren. Daher werden sie zur Orientierung hier benannt.

4 | Vgl. Kathrin Oertel und René Jahn im Fernsehinterview – Sachsenspiegel am 08.12.2014, online einsehbar unter: www.mdr.de/nachrichten/sternmarsch-gegen-pegida100_zc-e9 a9d57e_zs-6c4417e7.html [zuletzt eingesehen am 20.12.2014]; Christian Fischer, Wir hören erst auf, wenn die Asylpolitik sich ändert. Lutz Bachmann im Interview, in: Bild, 01.12.2014, online einsehbar unter: www.bild.de/regional/dresden/demonstrationen/pegida-erfinder-im-interview-38780422.bild.html [zuletzt eingesehen am 08.02.2015]; Jung, Pegida-Gründer im blu-News Interview; »Wir sind überparteilich«, schriftliches Interview mit René Jahn, n-tv, online einsehbar unter: www.n-tv.de/politik/Wir-sind-ueberpar teilich-article14121121.html [zuletzt eingesehen am 03.02.2015].

5 | Ein Screenshot dieser Diskussion zirkuliert auf mehreren Internetforen, beispielsweise auf: https://www.facebook.com/pegidawatch/photos/a.656696554439972.10737 41828.656545977788363/679215308854763/ [zuletzt eingesehen am 12.01.2015] und wurde in einigen Medien rezipiert.

6 | Jung, Pegida-Gründer im blu-News Interview. So auch die Ankündigung auf der Pegida-Facebook-Seite.

7 | Beispielsweise auf wherevent, vgl. www.wherevent.com/detail/Lutz-Hancock-Bach mann-GEWALTFREI-GEGEN-GLAUBENS-STELLVERTRETERKRIEGE-AUF-DEUTSCHEM-BODEN [zuletzt eingesehen am 10.01.2014].

8 | O.V., Wie hältst Du's mit den Rechten?, in: Sächsische Zeitung, 30.10.2014.

9 | Was nicht ganz richtig ist, denn dieser Rechnung folgend wären am Ende des Jahres nach zehn Pegida-Demonstrationen rund 180.000 Menschen auf die Straße gegangen. Zitat in: Jung, Pegida-Gründer im blu-News Interview.

10 | O.V., Demo in Dresden bleibt friedlich, in: Osterländer Volkszeitung, 27.10.2014.

11 | Jung, Pegida-Gründer im blu-News Interview.

12 | Vgl. das öffentlich einsehbare Facebook-Profil von Vicky Bachmann: https://www.facebook.com/vicky.angermann [zuletzt eingesehen am 08.02.2015].

13 | Noch im Dezember 2014 war das Facebook-Profil von Lutz Bachmann z.T. öffentlich einsehbar. Gegenwärtig ist kaum noch zwischen den zahlreichen Profilen ein authentisches, von Bachmann selbst betriebenes auszumachen.

14 | Christian Fischer, Wir hören erst auf, wenn die Asylpolitik sich ändert. Lutz Bachmann im Interview.

15 | Alexander Schneider u.a., Pegida persönlich.

16 | Christian Fischer und Bernhard Schilz, Die Strafakte des Pegida-Chefs, in: Bild, 02.12.2014.

17 | Vgl. hierzu: Michael Hanfeld, Die ausgezeichneten Kontakte des Pegida-Chefs, in: Frankfurter Allgemeine Zeitung, 27.12.2014.

18 | Alexander Schneider u.a., Pegida persönlich.

19 | O.V., Pegida-Mitbegründer Bachmann im März vor Gericht, abrufbar unter: www.t-on line.de/nachrichten/deutschland/gesellschaft/id_72510182/pegida-mitgruender-lutz-bachmann-muss-im-maerz-vor-gericht.html [zuletzt eingesehen am 13.01.2015].

20 | Zu den biographischen Informationen der Pegida-Organisatoren vgl. neben den jeweiligen z.T. öffentlich einsehbaren Facebook-Profilen im Folgenden: Dietmar Neuerer,

Für Pegida sind Merkel und Gauck »Verräter«, in: Handelsblatt, 21.01.2015; Anja Maier, Herr Bachmann wirft das Handtuch, in: taz, 22.01.2015; Claus Vetter, Saisonstart für die Eisbären – und ihre Fans, in: Der Tagesspiegel, 15.09.2011; Ulrich Wolf, Alexander Schneider und Tobias Wolf, Pegida – wie alles begann, in: Sächsische Zeitung, 22.12.2014; o.V., Interne Facebook-Gruppe: Pegida-Anführer nutzen Hitler-Zitate und rassistische Parolen, in: Spiegel Online, 10.01.2015, online einsehbar unter: www.spiegel.de/politik/deutschland/pegida-anfuehrer-hitler-zitate-und-rassistische-parolen-a-1012208.html [zuletzt eingesehen am 14.01.2015].

21 | Zu den Verbindungen von rechtsmotivierten Dynamo-Dresden-Fans und Pegida vgl. Olaf Sundermeyer, Die Pegida-Miliz aus dem Stadion, in: Zeit Online, 12.01.2015, online unter einsehbar unter: www.zeit.de/sport/2015-01/pegida-dynamo-dresden [zuletzt eingesehen am 11.02.2015].

22 | Anzahl der »Gefällt mir«-Angaben Stand 09.02.2015: Pegida – 160.026, CDU – 90.778, SPD – 82.119, Die Linke – 101.426; Bündnis 90/Die Grünen – 57.967 sowie FDP – 33.201 und AfD – 141.778.

23 | Sascha Lobo, Auf Facebook hat Pegida Zehntausende Anhänger. Sind sie alle dumm? Sicher nicht. Aber genau das ist Teil des Problems, online einsehbar unter: www.spiegel.de/netzwelt/web/sascha-lobo-ueber-pegida-der-latenznazi-a-1008971.html [zuletzt eingesehen am 08.02.2015].

24 | Die Zitate aus den Demonstrationsreden beruhen auf eigenen Beobachtungen – die Pegida-Demonstrationen am 22. Dezember 2014, 12. und 25. Januar 2015 wurden vor Ort beobachtet, während die Demonstrationen am 15. Dezember 2014 und 05. Januar 2015 komplett über Video ausgewertet werden konnten.

25 | Ähnlich auch: Christoph Sydow, Protest gegen Muslime und Flüchtlingsheime: Der Brave-Bürger-Fremdenhass, in: Spiegel Online, 25.11.2014, online einsehbar unter: www.spiegel.de/politik/deutschland/rassismus-gegen-fluechtlinge-in-dresden-hamburg-und-berlin-a-1004904.html [zuletzt eingesehen am 20.12.2014].

26 | Das 19 Punkte-Papier ist online auf der Facebook-Seite von Pegida abrufbar unter: https://www.facebook.com/790669100971515/photos/pb.790669100971515.-2207520000.1423422998./859188834119541/?type=1&theater [zuletzt eingesehen am 08.02.2015].

27 | Auch diese sechs Punkte sind auf der Pegida-Seite zusammengestellt, online abrufbar unter: https://www.facebook.com/permalink.php?story_fbid=848334451871646&id=790669100971515 [zuletzt eingesehen am 08.02.2015].

28 | Das Video ist beispielsweise online abrufbar unter: http://nr.news-republic.com/Web/ArticleWeb.aspx?regionid=9&articleid=34410061 [zuletzt eingesehen am 09.01.2015].

29 | Vgl. Günther Lachmann, AfD-Chefin Petry sieht »Schnittmengen« mit Pegida, in: Die Welt, 08.01.2015. Zu diesem Zeitpunkt tauchen auch die ersten Pressemitteilungen von Pegida auf, die unter www.i-finger.de ins Internet gestellt werden [zuletzt eingesehen am 09.01.2015].

30 | Vgl. hierzu: o.V., Demo-Verbot in Dresden wegen Terrorgefahr, in: Welt Online, 18.01.2015, online einsehbar unter: www.welt.de/politik/deutschland/article1364

96668/Demo-Verbot-in-Dresden-wegen-Terrorgefahr.html [zuletzt eingesehen am 10.02.2015]; Jörg Diehl und Severin Weiland, Drohungen gegen Pegida: Dresdens Angst vor den »Einsamen Wölfen«, in: Spiegel Online, 19.01.2015, online einsehbar unter: www.spiegel.de/politik/deutschland/pegida-in-dresden-angst-vor-einzeltaetern-a-1013754.html [zuletzt eingesehen am 10.02.2015].

31 | Vgl. hierzu: o.V., Dresden. Pegida gibt Lügenpressekonferenz, in: Spiegel Online, 19.01.2015, online einsehbar unter: www.spiegel.de/politik/deutschland/pegida-gibt-erstmals-pressekonferenz-zu-absage-der-montagsdemo-a-1013691.html [zuletzt eingesehen am 04.02.2015].

32 | O.V., Tillich lädt Bürger zu neuem Dialogforum ein, in: Welt Online, 14.01.2015, online abrufbar unter: www.welt.de/regionales/sachsen/article136382013/Tillich-la edt-Buerger-zu-neuem-Dialogforum-ein.html [zuletzt eingesehen am 10.02.2015]. Mittlerweile hat die Sächsische Staatsregierung zu einem 2. Dialogforum nach ähnlichem Muster am 10. März 2015 in das Albertinum in Dresden eingeladen. Die 300 verfügbaren Plätze werden erneut nach Anmeldung per Telefon oder im Internet via Los vergeben. Vgl. hierzu: die Homepage des Dialogforums, online einsehbar unter: http://dialogfo rum-sachsen.de/ [zuletzt eingesehen am 09.02.2015] sowie die Pressemitteilung der Sächsischen Staatskanzlei Dialogforum »Miteinander in Sachsen« vom 14.01.2015 online einsehbar unter: www.medienservice.sachsen.de/medien/news/196240 [zuletzt eingesehen am 09.02.2015].

33 | Melanie Amann, Markus Deggerich, Sven Röbel, Steffen Winter, Therapie an Tisch 26, Spiegel 5/2015.

34 | O.V., Sächsischer Minister trifft Pegida-Team. Auch Kathrin Oertel gehört zu Sachsen, in: Spiegel Online, 26.01.2015, online abrufbar unter: www.spiegel.de/politik/deutsch land/sachsens-innenminister-ulbig-trifft-pegida-sprecherin-kathrin-oertel-a-1015127. html#spRedirectedFrom=www&referrrer= [zuletzt eingesehen am 03.02.2015].

35 | Vgl. Franz Walter u.a., Die neue Macht der Bürger. Was motiviert Protestbewegungen? Reinbek 2013, insbesondere: Stine Marg u.a., »Wenn man was für die Natur machen will, stellt man da keine Masten hin«. Bürgerproteste gegen Bauprojekte im Zuge der Energiewende, S. 94–138, hier S. 112–114.

36 | Jens Bisky, Was bleibt, Süddeutsche Zeitung, 23.01.2015. Am 12. Januar verlas Frank Ingo Friedemann am Ende der Demonstration eine Liste mit echten -gidas: Legida (Leipzig), Hoygida (Hoyerswerda), Cegida (Celle), Erzgida (Erzgebirge), Kogida (Cottbus), Bärgida (Berlin), Magida (Magdeburg), MV-Gida (Mecklenburg-Vorpommern), Saargida (Saarland), Pegida Baden-Württemberg, Pegida Baden-Württemberg Ulm, Pegida Franken, Pegida Frankfurt-Rhein-Main, Hamgida (Hameln), Olgida (Oldenburg), HH-Gida (Hamburg), Bregida (Bremen), Pegida Würzburg, Mügida (München), Pegida Mannheim, Bragida (Braunschweig), Kagida (Kassel), Hagida (Hannover), Pegida Trier, Nügida (Nürnberg) und Pegida NRW. Demzufolge sind beispielsweise Bogida (Bonn), Dügida (Düsseldorf) oder Kögida (Köln) eine »Fälschung«.

37 | Vgl. exemplarisch zur Person: Roman Lehberger und Hendrik Vöhringer, Bogida-Initiatorin Dittmer: Es ist unerheblich, ob es den Holocaust gegeben hat, in: Spiegel

Online, 21.01.2014, online einsehbar unter: www.spiegel.de/panorama/gesellschaft/
bogida-initiatorin-dittmer-mit-brauner-vergangenheit-a-1009832.html [zuletzt eingesehen am 10.02.2015]; Alexander Brekemann, Ich kann das..., Melanie Dittmer: Eine
extrem rechte Aktivistin unter der Lupe, in: Lotta, 11.12.2014, online einsehbar unter:
https://nrwrex.wordpress.com/2014/12/11/lesetipp-melanie-dittmer-eine-extrem-
rechte-aktivistin-unter-der-lupe/ [zuletzt eingesehen am 10.02.2015].

38 | Video der Reportage online einsehbar unter: www.spiegel.de/video/bogida-akri
vistin-melanie-dittmer-hat-neonazi-vergangenheit-video-1544338.html [zuletzt eingesehen am 10.02.2015].

39 | Vereinssatzung von Pegida e.V. Auszug aus dem Vereinsregister Dresden VR 7750
(Amtsgericht Dresden).

40 | Vermutlich geht die Verbreitung der bis dahin unbekannten Informationen auf das
Konto der Aktion »oppegida«.

41 | Antonie Rietzschel und Jens Schneider, Wie die AfD den Rücktritt Bachmanns be-
einflusste, in: Süddeutsche Zeitung, 22.01.2015; Sven Eichstädt, Nähert sich Pegida-
Frau Oertel der AfD an?, in: Die Welt, 23.01.2015.

42 | O.V., Legida schrumpft drastisch, in: Frankfurter Rundschau, 30.01.2015; o.V.,
Anti-Pegida-Demonstranten greifen Polizei an, in: Die Welt, 27.01.2015.

43 | Fabian Reinbold, Zerwürfnis in Dresden. Pegida schafft sich ab, in: Spiegel Online,
29.01.2015, online einsehbar unter: www.spiegel.de/politik/deutschland/pegida-
schafft-sich-ab-a-1015510.html [abgerufen am 30.01.2015].

44 | Vgl. o.V., Keine Führung, keine »Pegida«?, online einsehbar unter: www.tagesschau.
de/inland/pegida-oertel-105.html [zuletzt eingesehen am 05.02.2015]; o.V., Oertel und
fünf Mitstreiter treten ab, online einsehbar unter: www.mdr.de/sachsen/pegida-oertel-
steigt-aus100_zc-f1f179a7_zs-9f2fcd56.html [zuletzt eingesehen am 08.02.2015];
Sven Eichstädt, Uwe Müller u. Johannes Wiedemann, Bachmann sprengt Pegida – Demo
am Montag abgesagt, in: Die Welt, 28.01.2015.

45 | Präsent ist die Bewegung derzeit auch nur auf der Facebook-Seite der DDFD seit
dem 02.02.2015.

46 | Vgl. o.V., Oertels Neugründung floppt bei Premiere, in: Zeit-Online, 08.02.2015, on-
line einsehbar unter: www.zeit.de/politik/deutschland/2015-02/oertel-dresden-ddfe-
pegida [zuletzt eingesehen am 10.02.2015].

47 | Vgl. o.V., Dresdner Bewegung rückt weiter nach rechts, in: Handelsblatt online,
09.02.2015, online einsehbar unter: www.handelsblatt.com/politik/deutschland/lutz-
bachmann-bei-pegida-demo-dresdner-bewegung-rueckt-weiter-nach-rechts/11350552.
html [zuletzt eingesehen am 10.02.2015].

48 | Hierzu und im Folgenden: Priska Daphi, Dieter Rucht, Wolfgang Stubbert u.a., Oc-
cupy Frieden. Eine Befragung von Teilnehmer/innen der »Montagsmahnwachen für den
Frieden«, online abrufbar unter: https://protestinstitut.files.wordpress.com/2014/06/
occupy-frieden_befragung-montagsmahnwachen_protestinstitut-eu1.pdf [zuletzt eingesehen am 08.02.2015].

49 | Vgl. zu Selbstdarstellung von Simon das Video mit Hagen Grell, online einseh-bar unter: https://www.youtube.com/watch?v=RMhAwn2Txac [zuletzt eingesehen am 12.02.2015]; vermutlich auch: http://de.wikimannia.org/Stephane_Simon [zuletzt eingesehen am 08.02.2015]; sowie: https://linksunten.indymedia.org/de/node/130267 [zuletzt eingesehen am 08.02.2015].

50 | Vgl. http://informisten.de/m/videos/view/ENDGAME-Veranstaltung-in-Erfurt-am-24-01-2015-von-Stephane-Simon-angek%C3%BCndigt [zuletzt eingesehen am 08.02.2015].

51 | Vgl. hierzu und im Folgenden die Videos der Demonstrationen unter: https://www.youtube.com/watch?v=5cOvofgrF3w; https://www.youtube.com/watch?v=aCpIpb-cOHc; https://www.youtube.com/watch?v=bBMUDa6nbvg; https://www.youtube.com/watch?v=HYTsgUqEbRE [zuletzt eingesehen am 08.02.2015].

52 | Vgl. die Rede von Stürzenberger unter: https://www.youtube.com/watch?v=pGYrRsFR5RE [zuletzt eingesehen am 08.02.2015]. Weiterhin zur Person: Felix Müller und Moritz Homann, Bagida nähert sich Ende – Anzeige gegen Stürzenberger?, online einseh-bar unter: www.merkur-online.de/lokales/muenchen/stadt-muenchen/demos-montag-bagida-naehert-sich-ende-4701000.html [zuletzt eingesehen am 06.02.2015]; Bernd Kastner, Agitator für Bagida, in: Süddeutsche Zeitung, 20.01.2015.

53 | Auch andere Medien interviewten Stürzenberger als Pegida Demonstrant, bei-spielsweise am 15. Dezember 2014 in Dresden. Interview des ZDF Heute Journals mit Michael Stürzenberger. Ein Teil davon wurde in den Sendungen des Heute Journals am 15.12.2014 um 19 Uhr und 21 Uhr 45 gesendet. https://www.youtube.com/watch?v=JHhgz6bnRnA [zuletzt eingesehen am 08.02.2015].

54 | Vgl. Ulrich Wolf u.a., Pegida, wie alles begann.

55 | Zur Person vgl.: Interview mit Edwin Utrecht, dem »mutigen Holländer«, über sein Engagement bei Pegida, online einsehbar unter: https://castorfiberalbicus.wordpress.com/2014/12/18/plotzlich-beruhmt/ [zuletzt eingesehen am 04.02.2015]; Tickerpro-tokoll der Sächsischen Zeitung anlässlich der Pegida-Demonstration am 25.1.2015, on-line abrufbar unter: https://www.facebook.com/nobagida/posts/724326884350089 [zuletzt eingesehen am 08.02.2015]; Artikel über Wagensveld auf der Facebook-Seite von NoBagida online abrufbar unter: https://www.facebook.com/nobagida/posts/724326884350089 [zuletzt eingesehen am 08.02.2015].

56 | Die Homepage des Internethandels: www.der-hollander.de/impressie-1.php [zuletzt eingesehen am 29.01.2015].

57 | Hogesa-Statement unter dem Titel: Pegida die Wahrheit, abrufbar unter: http://hogesa.info/?page_id=158 [zuletzt eingesehen am 01.02.2015].

58 | Vgl. das Video anlässlich der Demonstration am 12.01.2015 online unter: https://www.youtube.com/watch?v=6HWT2U3Ei1g [zuletzt eingesehen am 20.01.2015].

59 | Vgl. exemplarisch den wikipedia-Artikel, auf den offenbar die Bezeichnung in die-sem Zusammenhang zurückgeht: http://de.wikipedia.org/wiki/Manfred_Rouhs [zuletzt eingesehen am 08.02.2015].

60 | Ähnliche Einschätzungen auch (exemplarisch) bei: Katrin Rönicke, Zwischen Kat-zenbildern und Buchenwald, in: FAZ-Online, 20.12.2015, online einsehbar unter: http://

blogs.faz.net/wost/2014/12/20/zwischen-katzenbildern-und-buchenwald-1480/ [zuletzt eingesehen am 13.01.2015].

61 | Zur Person Ulfkottes vgl. Christian Hebel und Ferdinand Otto, Pegida-Demo: Die Trotzigen von Dresden, in: Spiegel Online, 06.01.2015, online einsehbar unter: www.spiegel. de/politik/deutschland/pegida-proteste-die-trotzigen-von-dresden-a-1011394.html [zuletzt abgerufen am 08.01.2015]; Selbstauskunft zu seiner Biographie: www.ulfkotte. de/8.html [zuletzt eingesehen am 03.02.2015]; Marc Reichwein, Ich weiß Dinge, die ihr niemals glauben würdet, in: Die Welt, 26.11.2014; Sven Eichstädt, Das Nazi-Vokabular der Pegida-Wutbürger, in: Die Welt, 05.01.2015; zu Elsässer: Sidney Gennies, Wahrheit gepachtet, in: Zeit Online, 23.11.2014, online abrufbar unter: www.zeit.de/politik/ deutschland/2014-11/russland-putin-egon-bahr-compact-magazin-verschwoerung-afd [zuletzt eingesehen am 03.01.2015]; Thomas Assheuer, Die nationale Querfront, in: Die Zeit, 52/2014.

62 | Vgl. hierzu und im Folgenden: aktuelle Berichte beispielsweise auf: www.netz-gegen-nazis.de/artikel/rassistische-hetze-am-und-um-das-wochenende-hannover-wuppertal-dresden-berlin-9818 und www.ottendorf-demo.de/aktuelles-archiv/; sowie einen Nachdruck eines ARD-Berichtes vom 14.11.20114 auf https://linksunten.indy media.org/de/node/127395 [alle Quellen zuletzt eingesehen am 08.02.2015]; o.V., Wie hältst Du's mit den Rechten?, in: Sächsische Zeitung, 30.10.2014; auch: Sebastian Kositz, Die Rechten haben mir Angst gemacht, in: Sächsische Zeitung, 29.11.2014; o.V., Dresdner verhindern Flüchtlingsheim, in: FAZ-Online, 14.01.2015 online abrufbar unter: www.faz.net/aktuell/politik/inland/dresdner-verhindern-fluechtlingsheim-13368973. html [zuletzt eingesehen am 09.02.2015].

63 | So wurde zumindest berichtet auf: o.V., Der Mob wächst – ARD-Bericht, online abrufbar unter: https://linksunten.indymedia.org/de/node/127395 [zuletzt eingesehen am 03.02.2015].

64 | Hannelore Kraft im Interview mit der Bild-Zeitung, Peter Poensgen, Pegida-Demos sind Bühnen für Rattenfänger, in: Bild, 18.12.2014.

65 | Cem Özdemir in der Talksendung Maybrit Illner am 11.12.2014, dokumentiert auf: https://www.youtube.com/watch?v=PkN4C7FhMio [zuletzt eingesehen am 08.02.2015].

66 | So NRW-Innenminister Ralf Jäger, o.V., NRW-Innenminister nennt Initiatoren »Neonazis in Nadelstreifen«, in: Zeit Online, 11.12.2014, online abrufbar unter: www.zeit.de/ politik/deutschland/2014-12/innenminister-strategie-salafisten [zuletzt eingesehen am 09.02.2015].

67 | Vgl. o.V., Neujahrsansprache der Kanzlerin. Merkel prangert Hass bei Pegida-Märschen an, in: Spiegel-Online, 31.12.2014, online einsehbar unter: www.spiegel.de/politik/ deutschland/merkel-kritisiert-pegida-bei-neujahrsansprache-scharf-a-1010785.html [zuletzt eingesehen am 10.02.2015].

68 | Vgl. o.V., Gauck: Pegida nicht so viel Beachtung schenken, in: Frankfurter Allgemeine Zeitung – Online, 12.12.2014, online abrufbar unter: www.faz.net/aktuell/politik/ inland/pegida-maersche-joachim-gauck-fordert-weniger-beachtung-13317280.html [zuletzt eingesehen am 10.02.2014].

2. Unter Pegidisten

Beobachtungen von »Abendspaziergängern«

Wer sich mit seinem Auto aus westlicher Richtung Dresden nähert, überquert einen langgezogenen Anstieg auf der Autobahn A4, bevor sich die Stadt mit ihren Lichtern vor einem ausbreitet. Man ist noch nicht einmal da, und Dresden ist bereits schön. Klingende Ortsnamen wie Oschatz, Triebischtal, Deutschenbora hat man auf der Strecke hinter sich gelassen – sächsisches Hügelland, Erzgebirgsvorland, dann hinab ins Elbtal. An der Ausfahrt Dresden-Altstadt wird scharf rechts abgebogen, man kurvt in die Stadt hinein: die Elbe als schwarzer Begleiter, der gelb strahlende Barock von Semperoper und Zwinger baut sich auf. Hier soll es sich befinden, das Zentrum von Pegida, die für diesen Montagabend ihren zwölften »Großen Abendspaziergang« durch die Stadt angekündigt haben. Man wundert sich, fährt auf einen nahegelegenen Parkplatz, stellt den Motor ab und ist da.

Dresden, 12. Januar 2015. Die Proteste haben einen neuen Höhepunkt erreicht. Mit rund 25.000 Teilnehmern, wie die Polizei berichtet[1], sind weder vorher noch nachher mehr Demonstranten bei einer Pegida-Veranstaltung. Nur fünf Tage nach den Terroranschlägen in Frankreich, verübt und inszeniert von Islamisten, stehen die »Patriotischen Europäer gegen die Islamisierung des Abendlandes« ganz besonders im Fokus des Interesses. Fernsehsender haben ihre Kamerawagen geschickt, um direkt zu berichten. Zeitungen haben ihre Reporter nach Dresden entsandt, um seitenfüllende Features anzufertigen. Onlinemedien veröffentlichen ihre Eindrücke in Echtzeit ins Netz und lassen teils über Nacht Vor-Ort-Berichte, Kommentare und Porträts folgen. Pegida beschäftigt die Medien und die Politik – seit Wochen. Es wird gerätselt, geraunt und gemutmaßt. Doch alle Fragen scheinen offen. Wer oder was ist Pegida? Was hat das Bündnis mitzuteilen? Was bewegt ihre Unterstützer?

Einen genaueren Einblick bekommt, wer mehrfach hinfährt, die Demonstrationen und Kundgebungen teilnehmend beobachtet. Gesehenes, Gehörtes, Erlebtes wird dabei zusammengetragen, verdichtet und reflektiert. Im Wortsinn beiläufig und zufällig Erfahrenes wird ebenso aufgeschrieben, wie Notizen zu vorab festgelegten Beobachtungsschwerpunkten. Dazu gehören unter anderem die Redebeiträge, die Schriftzüge auf Fahnen und Transparenten, der Demonstrationsort selbst, das Verhalten und Handlungsweisen der Teilnehmer gegenüber der Polizei, den anwesenden Gegendemonstranten und den Forschern, sowie die sozialen Interaktionen der Demonstranten untereinander. Während Interviews und Gruppendiskussionen im Allgemeinen eher Methoden der Befragung darstellen, über die Einstellungen, Wertesysteme und kollektiv geteilte Überzeugungen erfasst werden können, zielt die Beobachtung darauf ab, soziales Handeln und Verhalten von Individuen und Gruppen im Moment und am Ort des Geschehens – also in einer natürlichen Situation – selbst und unmittelbar analytisch zu betrachten und darüber zu verstehen.[2] Politikwissenschaftler stehen dieser Methode oftmals kritisch gegenüber und machen sie höchst selten zur Grundlage eigener Forschungsarbeit, vielmehr vertrauen sie als Sozialforscher auf das quantitative Paradigma. Dabei sind Beobachtungen insbesondere bei der Erforschung von Protesten überaus ertragreich. Man kann durch sie den Pulsschlag einer Bewegung fühlen, Stimmungen und Atmosphären spüren, das Protestambiente beschreiben. Objektiv ist das nicht. Wahrnehmungen sind das nie. Repräsentativ sind Beobachtungen auch nicht; sie können es gar nicht sein. Kontrolliert, geleitet vom Erkenntnisinteresse, sind sie indes durchaus. Und so beschreiben die einzelnen Berichte der bis zu 18 Wissenschaftlerinnen und Wissenschaftler, die während Pegida-Demonstrationen zeitgleich »im Feld« waren, Teile von dem, was Pegida und ihre Anhängerschaft ausmacht – nicht mehr und nicht weniger. Entstanden sind dabei Dokumente bewegter Wochen, die das Forscherteam nicht nur mehrfach in die sächsische Landeshauptstadt führten, sondern auch nach Duisburg, Hannover, Braunschweig und Leipzig, wo jeweils auf der einen Seite Pegida-Anhänger auf die Straßen gingen und sich auf der anderen Seite meist unter dem Namen NoPegida Gegenprotest organisierte. Die folgenden Ausführungen fußen auf diesen Beobachtungen, und sie beginnen in Dresden, am 12. Januar, dem Tag der größten Pegida-Kundgebung.

FLAGGEN UND »FÜHRUNGSBANNER«

Dem Skatepark an der Lingnerallee hat die Dunkelheit des Abends das letzte bisschen Farbe entzogen. Der altstadtnahe Platz besteht aus viel Beton, ist umgeben von klotzigen zweckmäßigen Bürogebäuden vergangener Zeiten, einzelne Bäume sind in den Asphalt drapiert. Die Skulptur »Proletarischer Internationalismus« von Vinzenz Wanitschke kann den Ort nur verhalten schmücken. Ihre drei Meter hohen Figuren setzen keinen Akzent – zu plan, zu weit, zu flächig ist der Platz. Das ist die Bühne des Protestes, auf der Pegida an diesem Abend zusammenkommt, ihren »Spaziergang« startet. Ostwind bringt eiskalte Luft in die Stadt. Vielleicht erscheinen deshalb die Menschen recht spät. Noch Minuten vor Beginn der Veranstaltung sieht man Ströme von Menschen entlang der Waisenhausstraße, der St. Petersburger Straße, vom Rathaus aus sich dem Versammlungsort nähern. Sie fließen zügig und still. Auch auf dem Platz ist es weitgehend ruhig. Man steht in Kleingruppen beieinander, zu fünft, zu viert, als Paar, wartet – und redet kaum. Die Blicke richten sich zu Boden, auf das eigene Handy, teils sich musternd, teils starr in Richtung Platzmitte, wo man die weiße Rednerkabine, nicht mehr als ein Plasteverhau, zu erkennen meint. Zahlreiche Fahnen – deutlich mehr als bei Pegida-Veranstaltungen andernorts – wurden mitgebracht. Die Länderflaggen Sachsens, Brandenburgs, der Bundesrepublik Deutschland, auch in ihren Farben invertiert, sind zu erkennen. Gelegentlich sieht man die Josef-Wirmer-Flagge, die die sogenannte German Defence League usurpiert hat. Die russische Trikolore in den panslawischen Farben ist häufig zu sehen, seltener die französische, dänische oder die polnische Nationalfahne. Kombinierte Motive fallen auf: die Fahnen Deutschlands beziehungsweise Europas und Russlands in diagonalen Vereinigungen. Auch eine schlichte schwarze Fahne, die an die Landvolkbewegung oder an nationalsozialistische Jugendorganisationen wie das »Deutsche Jungvolk« erinnern könnte, ist zu beobachten. Hammer, Zirkel und Ährenkranz auf schwarz-rot-goldenem Grund, kurz: Die Flagge der DDR, sieht man indes nicht. Auf den mitgebrachten Schildern und Transparenten wird die »Macht des Volkes« beschworen: »Alle Räder stehen still, wenn Dein starker Arm es will.« Regierung und »Lügenpresse« werden verspottet: »Die Regierung pisst auf uns und die Medien erzählen uns, dass es regnet« – ein Spruch, wie er wortgleich in deutschen Occupy-Camps Anfang 2012 ausgestellt wurde. Man blickt durch die Menge und liest Aufschriften, die beispielsweise davon künden, dass die BRD nicht das »wahre« Deutschland, die EU nicht das »wahre« Europa sei und dass »Multi-Kulti tötet«. Man sieht auf Banner geschriebene Forderungen wie »Heimatschutz statt Islamisierung« neben »Macht kaputt, was Euch kaputt macht«, »Sachsen bleibt deutsch« und »Islam = Karzinom«, »Lieber aufrecht zur Pegida, als auf den Knien gen Mekka«, sowie »Für die Zukunft unserer Kinder«, »Für die Erhaltung unserer Kultur« und »Keine Sharia in Europa«. Einige Demonstranten tragen weiße und schwarz-rot-gold bemalte Kreuze, die sie in die Höhe recken. Zu sehen sind überdies Spruchbänder mit den Aussagen »Frieden mit Russland«, »Weg mit der Kriegstreiber-Regierung! Deutschland raus aus der NATO« und »Putin hilf«. Ein weißes Banner mit dem Pegida-Schriftzug, neben dem ein schwarzes Männchen ein Hakenkreuz, die schwarze Fahne des Islamischen Staates, die rot-schwarze Fahne der Antifaschistischen Aktion, sowie die rote Fahne der Arbeiterpartei Kurdistans PKK in einen Mülleimer wirft, wird vor der Sprecherkabine von mehreren Leuten gehalten. Während des »Spazierganges« wird das »Führungsbanner«, wie Lutz Bachmann es nennt, von der ersten Reihe des Demonstrationszuges getragen. Auf ihm steht geschrieben: »Gewaltfrei & vereint gegen Glaubenskriege auf deutschem Boden – Pegida«.

Auch knapp zwei Wochen später, während der Pegida-Kundgebung auf dem Dresdner Theaterplatz, wird sich die Stoßrichtung der Losungen und Parolen auf den Bannern nicht verändert haben. Sie zielen auf etablierte Institutionen:

»Oh Angela, kein Ossi hat uns so enttäuscht wie du. Doch, der Joachim«, »An Politiker, Kirchen und ihre Medien. Wir sind keine Nazis!« oder »Politiker = leben fern der Realität«. Sie schimpfen über die »Lügenpresse« und verlangen »GEZ abschaffen! Sofort!«. Sie fordern mehr beziehungsweise »echte« Mitbestimmung: »Für ein souveränes Land mit mündigen Bürgern« oder »Pegida hat recht. Hört uns zu«. Sie warnen vor einer »Überfremdung« Deutschlands: »Ich will meine Heimat zurück«, »Deutschland ist bunt genug« oder »Wie bunt ist Deutschland unter der Burka?«. Und sie richten sich auf (grund-)rechtliche Fragen, die entweder, so war es auf den Spruchbändern in den Pegida-Aufmärschen zu sehen, missbraucht oder zu wenig geschützt werden: »Wer seine Rechte nicht verteidigt, hat sie sich nicht verdient« oder »Gegen Asylbetrug. Go home«. Auch einige (wenige) vermutlich ironisch gemeinte Wendungen sind zu finden, wie das Plakat eines jungen Mannes mit der Aufschrift »Je suis Mischpoke«, das die unter dem Slogan »Je suis Charlie« gefasste Solidaritätsbekundung mit den Opfern der Januarattentate von Paris sowie die Äußerung des Grünen-Bundesvorsitzenden Cem Özdemir, der Pegida eine »komische Mischpoke« nannte, miteinander verbindet. Ein anderer Mann bewegt sich durch die Menge und hält ein Schild in die Luft, auf dem ein offenbar totes Schaf abgebildet und zu lesen ist: »Betäubungsloses Schlachten endlich wieder verbieten«.

Auf dem Platz an der Lingnerallee macht jemand die Durchsage, dass die Versammlung fünf Minuten später beginnen werde. Es würden noch »sehr viele von uns« unterwegs sein, weshalb man noch ein wenig warten wolle. Es herrscht kaum Bewegung auf dem Platz. Die Menschen warten. Man hört zu. Eine Frau lamentiert über »einen Labsus wie am Wochenende«. Sie meint offenbar eine Gegendemonstration in Dresden, an der 35.000 Menschen teilnahmen, und schimpft, dass man »diese Chaoten auch noch in Schutz« nehme. Eine Gruppe Männer mittleren Alters diskutiert erregt über Dorfpolitik. Wortfetzen sind zu vernehmen: »Vereinsheim«, »Baurechtliches«, »immer das gleiche«. Ein Ordner zählt offenbar Teilnehmer der Demonstration. Er trägt einen langen Ledermantel, schwarze Lederhandschuhe und eine militärisch wirkende Kopfbedeckung. In Verbindung mit seiner weißen Ordner-Binde, die er am rechten Oberarm trägt, erinnert sein Äußeres ein wenig an einen SS-Offizier.

MISSTRAUEN, VERSCHLOSSENHEIT, AUCH ABLEHNUNG

Zeit für einen Rundgang und einen genaueren Blick auf die Menschen, die sich hier versammelt haben. Es fällt auf, dass Männer die Kundgebung dominieren. Dem Augenschein nach machen sie rund drei Viertel der Anwesenden aus. Man sieht junge Männer, die häufig in Kleingruppen beisammen stehen. Viele von ihnen tragen dunkle Kleidung – schwarze Kapuzenjacken, graue Trainingshosen, Baseballkappen, Bauchtaschen mit Buttons versehen

und New-Balance-Turnschuhe. Vereinzelt findet man einschlägige Kleidungs-
stücke wie »Thor Steinar«-Jacken und »HoGeSa«-Pullover. Solarium gebräun-
te junge Männer mit Ohrringen, viel Gel in gefärbten Kurzhaarfrisuren und
bunten Skijacken sind ebenfalls vereinzelt in der Menge vertreten. Man entdeckt junge Männer, die einen schwarz-gelben Schal von Dynamo Dresden
tragen, einen lippengepiercten Schüler in glänzend schwarzer Windjacke, in
schwarzen Röhrenjeans und mit einer Deutschlandfahne in der Hand, sowie
einen Studenten mit Dreitagebart, der eine selbstgedrehte Zigarette raucht.
Man geht weiter und sieht: einen Mann im Anzug, mit Rollkragenpullover
und einer Nickelbrille sowie eine Gruppe Männer mittleren Alters, alle tragen
Schnurrbart, gewachste Winterparka und gepflegte Lederhalbschuhe.

Immer wieder nimmt man Gruppen von Männern im Alter von etwa 30 bis
50 Jahren in der Versammlung wahr, die Arbeitshosen und Handwerkerjacken
tragen, ihre Wollmützen meist tief ins Gesicht gezogen, die Arme oft vor der Brust
verschränkt. Sie stehen da, beinahe regungslos, mit verhalten geführten Gesprächen beschäftigt überbrücken sie die Zeit unmittelbar bevor die Kundgebungsredner das Wort ergreifen. Sie erscheinen wartend, reserviert und außerhalb ihrer
jeweiligen Kleingruppe befreundeter Männer weitgehend ohne Kontakt zu anderen Demonstrationsteilnehmern. Auch Männer, die das 50. Lebensjahr über-
schritten haben, sind spürbar stark vertreten. Einige aus dieser Gruppe tragen
alpine Sportgarderobe, Skimützen und Bergsteigerstiefel, sind teils mit ihren
Ehefrauen gekommen, die oft ihr weibliches Bekleidungspendant bilden. Immer
wieder sieht man auch einzelne Männer jenseits der 60, die sich solo über den
Platz bewegen. Insbesondere bei ihnen – aber nicht nur – sticht ein anderes Klei-
dungsstück hervor: der gediegene Anorak. Er ist in vielen Farbtönen zu sehen,
vor allem in schwarz, dunkelblau, grau, beige und ocker – und wird teilweise
auch von Frauen getragen. Doch Frauen, wie gesagt, sind deutlich in der Minderheit, vor allem junge Frauen unter 30 Jahren. Sie sind unseren Beobachtungen
nach meist die Begleiterinnen ihrer Partner und berichten oft im Gespräch mit
uns, »nur mitzulaufen« oder sich »das nur mal mit anschauen« zu wollen. Wobei Frauen mittleren Alters, wenn sie im Demonstrationszug vertreten waren,
oft auch in ihren Kleingruppen uns gegenüber den Ton angaben.

Es herrscht insgesamt eine recht düstere Stimmung – Misstrauen, Verschlos-
senheit, auch Ablehnung. Gelacht wird jedenfalls kaum. Sätze wie »Wir reden
nicht«, »Wir haben nichts zu sagen« oder ein kurz angebundenes »Nein« begleitet von einem energischen Kopfschütteln müssen wir zur Kenntnis nehmen, als
wir Demonstrationsteilnehmer ansprechen, wobei dies keinesfalls mehrheitlich
der Fall ist. Man redet schon mit uns – teils antwortet man knapp, teils zeigen sich
Teilnehmer regelrecht erfreut darüber, nach ihrer Meinung gefragt zu werden
und geraten ins Reden. »Wir sind ganz normale Leute«, haben viele von ihnen
dann meist gesagt und weiter ausgeführt: »Wir sind keine Nazis oder so, hier sind
keine Nazis, das ist Quatsch.« Dies zu betonen, ist ihnen besonders wichtig. Den

Vorwurf, »Nazis in Nadelstreifen« zu sein, empfinden sie als zutiefst infam, wittern darin ein abgekartetes Spiel, eine Unverschämtheit, eine Schmutzkampagne, kurz: eine Sauerei sei das. Man versichert, dass seien »alle hier ganz normale, liebe Leute, die einfach nicht mehr tatenlos zusehen können, wie alles den Bach runtergeht«. Nicht mehr, nicht weniger. Eine Frau illustriert den von ihr wahrgenommenen Niedergang an einem Beispiel. Vor sechs Jahren sei eine Ägypterin erschossen worden, was medial »ein riesen Theater« ausgelöst habe, wie die Frau sagte und ergänzt: Sogar »die Merkel« habe sich dazu zu Wort gemeldet. Vor ein paar Monaten sei indes ein deutsches Mädchen in der Nähe von Dresden getötet worden, doch das habe niemanden interessiert, empört sich die Frau und fügt hinzu: »Und das allein reicht eigentlich schon, damit ich heute hier bin.« Andere geben an, aus »Angst vor dem Krieg« gekommen zu sein, aus Furcht, dass »die Kinder ihre Heimat verlieren wegen dieser Überfremdung«. Ein Senior um die 80 Jahre sagt, er sei hier, weil er weder Geld noch einen Fernseher besitze und sich sehr über die Rundfunkgebühren ärgere. Ein anderer – männlich, etwa 40 – gibt »dem System hier, wenn es hoch kommt, noch ein Jahr« und wendet sich ab.

»OHNE PROMI-BONUS, OHNE GRATIS-GLÜHWEIN, OHNE DRUCK DER BEHÖRDEN«

Die Redner an diesem Abend beginnen mit etwas Verspätung. Zunächst spricht Lutz Bachmann. Er ruft ins Mikrofon: »Guten Abend, Dresden.« Dann zitiert er sich selbst. Bereits im November habe er gesagt, dass Pegida auch für die Rechte der Journalisten auf die Straße gehe, damit diese frei berichten könnten. »Unser Mut und unsere Standhaftigkeit«, so Bachmann, würden dies garantieren und fügt an: »Eine derartige freie Meinungsäußerung wäre nämlich nicht möglich, wenn die Gesetze der Scharia auf europäischem Boden Fuß fassen.« Man habe ihn damals belächelt, es würde keinen Grund für die Bewegung geben: »Paris ist ein weiterer Beweis für die Daseinsberechtigung von Pegida.«
  Bachmann spricht laut, lässt Pausen nach seinen Sätzen, lässt den Applaus wirken. Vieles liest er ab, schaut immer wieder jedoch nach vorn in die Menge. Er unterstreicht, dass sich Pegida gegen jede Art des religiösen Fanatismus, des Radikalismus und der Gewalt wende. Die Medien würden Pegidas Positionen nicht richtig wiedergeben. Ihnen ruft Bachmann zu: »Macht, was ihr wollt. Es werden immer weniger, die euch glauben.« Immer mehr Menschen nutzten andere Möglichkeiten, um sich zu informieren, aber er wolle an diesem Abend nicht weiter über die Medien schimpfen. Bachmann bittet dann um eine Schweigeminute – »nicht explizit für Paris, sondern für alle Opfer religiösen Fanatismus auf dieser Welt«, wie er betont –, bevor es seiner Meinung nach an der Zeit sei, über Erfolge zu reden. »Fakt ist«, hebt Bachmann an, »wir haben eine Menge Staub aufgewirbelt.« Themen, die bisher »am Volk vorbei entschieden

wurden«, würden nun öffentlich behandelt. Die Weihnachtsansprachen von Bundeskanzlerin und Bundespräsidenten belegten dies. »Ohne Gratiskonzert, ohne Promi-Bonus, ohne Gratis-Glühwein, ohne Druck der Behörden«, so Bachmann weiter, sei es gelungen, Menschen auf die Straße zu bringen, »um für ihr Recht einzustehen«. Viel Applaus setzt ein, »Wir sind das Volk«-Rufe, fast alle Teilnehmer stimmen ein. Wer nicht mitruft, wer nicht applaudiert, wird bisweilen misstrauisch beäugt. Zwischen Klatschen und Rufen ist es jedoch sehr still während der Reden. Ein Grundrauschen von sich unterhaltenden Leuten gibt es nicht. Man schaut nach vorne zum kleinen Rednerwagen, der allerdings kaum zu erkennen ist. Dort steht Bachmann – dunkelgrüne Winterjacke, darunter ein blaues Hemd, zur Seite gekämmtes schwarzes Haar – und hat nun noch mehr Druck in seiner Stimme und formuliert »hier und heute« sechs Forderungen. Er nennt erstens »die Schaffung eines Zuwanderungsgesetzes«, das die »quantitative Zuwanderung« stoppe und dafür eine »qualitative Regelung« nach dem Vorbild der Schweiz oder Kanadas einführe. Er fordert zweitens ein »Recht auf, aber eben auch die Pflicht zur Integration«, womit sich viele Ängste der Menschen vor »Überfremdung«, »Islamisierung« und »Verlust unserer heimatlichen Kultur« »automatisch« erledigen würden. Er fordert drittens Ausweisungen beziehungsweise Einreiseverbote für religiöse Fanatiker jedweder Couleur und viertens »die Ermöglichung direkter Demokratie auf Bundesebene auf der Basis von Volksentscheiden«, woraufhin schallender Applaus und »Wir sind das Volk«-Rufe einsetzen. Bachmann fordert fünftens ein Ende der »Kriegstreiberei u.a. gegen Russland« und sechstens »mehr Mittel für die innere Sicherheit [...], um den gewachsenen Anforderungen Herr zu werden«. Er schließt mit der Bemerkung: »Man darf gespannt sein, was die Medien daraus machen.« Vereinzelt werden »Lügenpresse, Lügenpresse«-Rufe laut, doch Bachmann entgegnet ihnen kopfschüttelnd: »Nein, heute nicht.«

Er übergibt das Mikrofon an »unsere liebe Kathrin«, an die Pressesprecherin von Pegida, Kathrin Oertel. Sie hat eine schwarze Jacke an, einen Rollkragenpullover mit breiter Krempe in derselben Farbe, ihr blondes Haar in einem strengen Zopf. Eine Baulampe spendet Licht. Auch sie kritisiert die Medien, die Pegida mit islamistischen Terroristen vergleiche. »Wir werden auf eine Stufe mit Massenmördern und Attentätern gestellt«, so Oertel, dabei sei Pegida gegen Extremismus, vielmehr »eine echte Bürgerbewegung«. Oertel liest ab, verhaspelt sich mehrfach, versetzt Betonungen, hebt ihre Stimme an falschen Stellen. Der Begriff »Meinung« ist ein zentraler ihrer gut zwölfminütigen Rede. »Die Meinungsfreiheit ist ein Menschenrecht«, betont sie und verkündet: »Wir haben eine Meinung und werden diese auch weiterhin kundtun.« Und sie kritisiert die »Politiker-Kaste«, die glaube, dass deren eigene Meinung zähle.

Das »Gefühl von den Politikern nicht mehr vertreten zu werden«, nicht ernstgenommen, nicht gehört zu werden, eine die Unterstützer von Pegida. Oertel findet unter dem Jubel der Anwesenden: »Wie zu DDR-Zeiten, man sagt uns, wann und wie und was wir wann zu sagen haben.« Ihr Appell: »Kommt nach Dresden, bis wir im Bundestag wieder würdig vertreten werden.« Oertel ist fast am Ende ihrer Ansprache angekommen, da schaut sie – eine Ausnahme – in die Menschenmenge und lächelt sogar. Zum Schluss ihrer Rede müsse sie »etwas sehr Persönliches« sagen, »etwas, das mich menschlich sehr enttäuscht hat«. Kurze Pause. »Lieber Herr Roland Kaiser«, hebt Oertel an und Gelächter setzt ein. Oertel weiter: »Seit Jahren verfolge ich Ihre Musik, und ich muss sagen, ja, ich war ein sehr großer Fan von Ihnen.« Doch damit sei es nun vorbei. Oertel sagt, sie habe von ihm mehr Rückgrat erwartet und schimpft: »Sie verkaufen sich an die Politiker-Kaste, um mit ihr gegen uns Stimmung zu machen.« Der in Dresden besonders beliebte Schlagersänger hatte an einer Veranstaltung für mehr Toleranz und Vielfalt nahe der Frauenkirche teilgenommen und sich gegen Pegida ausgesprochen. Oertel rief ihm zu: »In Ihren Konzerten sitzen auch viele Pegida-Anhänger«, worauf einige Teilnehmer mit Rufen wie »Jetzt nicht mehr« oder »Nie wieder« antworteten.

ZWISCHEN BIBEL UND BÜROKRATISMUS – EIN EIGENTÜMLICHER DUKTUS

Nach einer knappen halben Stunde sind die Wortbeiträge der Pegida-Führungsleute vorüber. Inhaltlich haben sich Bachmann und Oertel an diesem Abend offenbar die Themen geteilt: Er sprach vermehrt über Zuwanderung, »Islamisierung« und die Medien; sie gerierte sich als Bewahrerin der Meinungsfreiheit und betrieb Politikerschelte. Sprachlich lagen beide indes auffällig nahe beieinander. Ihre Beiträge waren durchzogen von einem eigentümlich biblisch-bürokratischen Duktus. Auf der einen Seite fielen starre, meist passive Satzkonstruktionen und Wendungen auf: Meinungen wurden »kundgetan«, geredet wurde von »montäglichen Spaziergängen«, die man »auch weiterhin durchzuführen gedenke«. Einen Beitrag wollte man »in Form von« diesem und jenem leisten. Man brachte »zum Ausdruck«, man hatte »den Eindruck gewonnen« und man »verfolgte Musik«. Man war für »Sichtbarmachung« und forderte »Ermöglichung«. Diese gestelzte umständliche Bürokratensprache paarte sich in den Reden der Pegida-Führung stets mit einer seltsam anmutenden biblischen Ausdrucksweise. »In diesem unserem Dresden« und »derjenige, der da ist«, sowie »auf tönernen Füßen« und »aus der Taufe heben« sind nur einige ausschnitthafte Beispiele für eine Sprache, die sich auch in einem Zitat Lutz Bachmanns zum Abschied der Kundgebung artikuliert. Bachmann bat die Demonstrationsteilnehmer sich in Gruppen »zumindest 20 Personen bitte« auf den Heimweg zu machen und keinesfalls allein. Denn, so Bachmann: »Es liegen abermals Erkenntnisse über diverse Gruppierungen vor, welche es nur darauf anlegen, uns zu schaden und uns zu verletzen. Lasst Euch nicht von diesen Idioten provozieren. Ignoriert sie und vergebt ihnen ihre Dummheit.«

Offensiv fremdenfeindliche, rassistische oder antisemitische Töne waren von den Bühnenrednern und Pegida-Frontleuten nicht zu vernehmen. Das galt für ihre Zuhörerschaft indes nicht. Unseren Beobachtungen zufolge fiel während der Pegida-Kundgebung am Sonntag, den 25. Januar, auf dem Dresdner Theaterplatz vor der Semperoper der Zwischenruf »Judenschweine«, sowie »An die Wand mit denen«, worauf andere Veranstaltungsteilnehmer mit Bemerkungen wie »Ganz genau« und »Jawohl« Zustimmung signalisierten. Beschimpft wurde teilweise auch das Forscherteam. »Ihr Studenten seid doch auch nur vom System geformt«, hieß es da beispielsweise oder man wurde angeraunzt: »Was wissen Sie eigentlich über die deutsche Geschichte?« Ob die Umfrage »mit dem Lutz« abgesprochen sei, wurden die Interviewer zur Rede gestellt und ob »er« das denn gut finde? Eine Mitarbeiterin mit ausländischen Wurzeln wurde von Pegida-Unterstützern mehrfach auf ihre Herkunft angesprochen, oft gelobt dafür, dass sie »einer richtigen Arbeit« nachgehe, aber auch beschimpft, beispielsweise als sie einen sächsischen Ortsnamen nicht beim ersten Mal verstand: »Sie sollten sich erstmal informieren, bevor sie in ein Land gehen.« Als sie der älteren Frau freundlich erwiderte, dass ihre Ortskenntnisse Dresdens weniger gut seien, weil sie in Göttingen lebe, was recht weit weg ist, beendete die Dame das Gespräch mit dem Kommentar: »Typisch Wessi«.

Ohnehin mussten Forscherinnen teils herbes Gehabe ertragen. Mehrfach wurde ihnen Anzügliches signalisiert, vereinzelt Vulgaritäten abgesondert. »Deine Nummer kannst Du mir aufschreiben«, hieß es wiederholt von Männern. Die jungen Wissenschaftlerinnen wurden »Schnucki« oder »Süße« genannt. Bei einer Legida-Kundgebung in Leipzig wurde einer Mitarbeiterin zugerufen: »Deinen Zettel kannst Du behalten, aber ficken würde ich Dich.« Ob wir von der »Weißen Rose« wären, wurden wir ebenfalls in Leipzig gefragt, und in einem anderen Fall, ob wir keine Angst »vor uns, den Nazis« hätten. Gerade auch manch junge Teilnehmer hatten offenbar Spaß beim Versuch, die Forscher einzuschüchtern. So teilten sie ihnen mit, dass man »Nazi« und vorbestraft sei, um im Anschluss die Reaktionen darauf abzuwarten.

Doch diese Erlebnisse machten nicht das Gros unserer Erfahrungen bei der Kontaktaufnahme mit Pegida-Demonstranten aus. Auch erschienen uns die vergleichsweise kleineren Demonstrationszüge in Leipzig sowie in den westdeutschen Städten Braunschweig, Hannover und Duisburg aggressiver, verschlossener, ablehnender als die Dresdner Pegida-Veranstaltungen. In der sächsischen Landeshauptstadt wurde Abweisung ganz überwiegend auf zwei Arten ausgedrückt: zum einen verkniffen und kurz angebunden. Teilnehmer schauten einfach weg, schüttelten entschlossen den Kopf, sagten schlicht »Nein« oder »Ich sag gar nichts«. Gelegentlich folgten darauf Bemerkungen wie »Deine Umfrage kannst Du bei denen machen«, hinüber deutend zu den Gegendemonstranten, »Ihr versteht das eh nicht« oder »Sie verdrehen ja eh wieder alles«. Zum anderen lehnten angesprochene Demonstrationsteilnehmer auf eine in ihren Augen humorig-spöttische Weise das Gespräch mit uns ab. »Lasst da bloß die Finger von«, hieß es beispielsweise zum Amüsement umstehender Pegidisten, »dann schließt Du nur wieder ein Abo ab«. Als ein Beobachter während der Kundgebung Süßwaren aß, rief ihm ein Mann um die 40 zu: »Lecker, Müsliriegel«, worauf seine Freunde zu lachen begannen. Einige Befragte wandten sich höhnisch ab, als wir uns als Mitarbeiter der Universität Göttingen vorstellten. »Göttingen ist doch schon immer links«, bekamen wir zu hören sowie: »Euch werden doch auch vorne und hinten die Mittel gestrichen« und »Ihr solltet lieber hier mit uns laufen, statt Euch von Eurem Professor ausnutzen zu lassen«. Die vielen Ordner fielen hier besonders skeptisch, bestimmend, allerdings nicht roh auf, erkundigten sich über uns und unser Vorhaben. Sie waren mit ihrem Verhalten immer wieder darauf bedacht, Konflikte, Streit und Auseinandersetzungen zwischen Pegida-Anhängern und anderen, sowie zwischen den Demonstrationsteilnehmern selbst, gar nicht erst aufkommen zu lassen beziehungsweise rasch zu schlichten.

»ENDLICH HÖRT MAL JEMAND ZU«

So verschloss sich ein – unseren Beobachtungen nach zwar geringer, wenngleich deutlich wahrnehmbarer – Teil der Demonstranten gänzlich der Befragung. Viele indes redeten. Man wird gefragt, wie der eigene Eindruck von der Demonstration sei, ob »schon irgendwelche rechten Argumente« zu hören gewesen seien und – häufig scherzhaft – wurde sich erkundigt, ob man denn »auch alle hier für rechte Nazis« halte. Ein junger Mann mit langen Haaren, Cordjacke, Piercings im Gesicht und Armeestiefeln an den Füßen lächelt, als wir uns ihm vorstellten: »Ich bin selbst Student, ich weiß, was das heißt.« Eine Frau weist andere darauf hin, dies sei »Wissenschaft«, somit »wichtig« und fordert andere zur Teilnahme auf: »Macht das bitte ordentlich.« Ein Vater ruft seinen Sohn herbei, der uns begeistert von einem Treffen mit Göttinger Verbindungsbrüdern berichtet und sich erkundigt, ob man sie vielleicht kenne. Aus den Reaktionen etlicher – vor allem älterer Befragter – spricht eine hohe Redebereitschaft und vorhandenes Redebedürfnis. »Endlich hört jemand mal zu«, teilt ein von uns befragter Dresdner mit. Und viele von ihnen geraten einmal angesprochen ins Erzählen und berichten von ihren Beweggründen, Pegida zu unterstützen. Eine Frau stellt heraus, dass sie ihre Heimatstadt kaum mehr wiedererkenne. Alles würde sich verändern. Gleichzeitig betont sie, gegen »Ausländer« eigentlich nichts zu haben – vor allem nicht gegen Kriegsflüchtlinge (»Deutschland ist ein offenes, tolerantes Land.«) –, solange sie nach »zwei, drei Jahren wieder auswandern«. Ein älterer Mann sagt: »Früher war das anders.« Vieles würde er einfach nicht mehr einsehen, nicht mehr verstehen: »Die Tunesier zum Beispiel, die werben hier bei uns für ihren Tourismus, weil ihr Land so schön ist, mit Stränden und Meer und Sonnenschein, und gleichzeitig kommen sie aber nach Deutschland, um Asyl zu beantragen? Das muss man sich mal vorstellen.« Ein Kundgebungsteilnehmer, der ausführlich und wortreich über die in seinen Augen mangelnde Integration »der Afrikaner« klagt, verabschiedet sich mit den Worten: »Druckt das mal ab.«

Erkundigungen nach der persönlichen Berufssituation – sie waren ein Teil unserer Vor-Ort-Umfragen – lösen unter den von uns angesprochenen und auskunftsbereiten Pegida-Anhängern häufig einen spürbar intensiven Widerhall aus. Selbstverständlich gehe man arbeiten, heißt es zumeist. Stimmlage und Gestus verraten, dass sie die Frage bewegt. Unausgesprochen schwingt bei den Antworten – so unsere Wahrnehmung – mit, dass die Befragten klarstellen wollen, eben »nicht auf der faulen Haut« zu liegen, sondern rechtschaffende, fleißige, normale Bürger, anständige Deutsche zu sein, die für ihren Lebensunterhalt – natürlich! – arbeiten. So lauten einige spontane Antworten zum Beispiel: »Aber selbstverständlich«, »Von morgens bis abends« oder »Ja, sicher. Meist auch am Wochenende«. Viele Ruheständler machen deutlich, sich etwas dazu verdienen zu müssen, um »einigermaßen über die Runden zu kommen«. Die wenigsten – kaum einer – geben an, derzeit arbeitslos gemeldet zu sein, wohingegen auffallend häufig »selbstständig« auf die Frage nach der Berufstätigkeit geantwortet wurde.

Der Arbeitsbegriff ist nicht nur unter den Teilnehmern der Pegida-Demonstrationen mit viel Bedeutung versehen. Auch die Redner betonen »den Wert der Arbeit«, wie beispielsweise während der Dresdner Pegida-Kundgebung auf dem Theaterplatz am 25. Januar. Wenn die Regierung nur »ihre Arbeit« machte, wenn die Journalisten ihrer eigentlichen Aufgabe, »ihrer Arbeit« nachkämen, wenn die Stadtpolitiker die Augen öffneten, sich bemühten objektiv zu sein, die Fakten anzuerkennen, unvoreingenommen alle Seiten gleichermaßen anhören würden, kurzum: »ihre Arbeit« erledigten, dann würde es dem Land besser gehen.

»Linkes Pack«, »Verpisst Euch« und »Eure Kinder lesen den Koran«

Die Reden sind vorbei und der »Spaziergang« der Pegidisten beginnt. Zügig verlassen die Teilnehmer den Kundgebungsplatz an der Lingnerallee für ihre Schleife durch die Dresdner Altstadt. Man hat vereinbart schweigend einen Trauermarsch zu unternehmen, doch schon nach wenigen Metern wird es laut. Rund 80 Gegendemonstranten haben auf der Straße Platz genommen. Beschimpfungen wie »linkes Pack« und »verpisst euch« rufen Pegida-Anhänger ihnen zu. Die Sitzblockade stoppt den Pegida-Zug nur kurz. Die Blockade löst sich rasch auf. Die Gegendemonstranten erheben sich von selbst, einige werden von Polizisten begleitet, verlassen die Straße. Die Auseinandersetzung mit den Gegendemonstranten hält während des weiteren Weges an. An verschiedenen Stellen der Route haben sich Kleingruppen von Pegida-Gegnern

versammelt und skandieren »Eure Kinder lesen den Koran« und »Es gibt kein
Recht auf Nazipropaganda«. Die Pegida-Anhänger reagieren oft mit spötti-
schem Applaus, stimmen »Wir sind das Volk« an, rufen »Zugabe, Zugabe«
in Richtung der zahlenmäßig unterlegenen Gegendemonstranten unmittelbar an der Strecke. Sprechchöre wie »Staatsvertreter – Staatsverräter« sowie
»Lügenpresse, Lügenstaat – Was heute links ist, heißt Verrat!« sind ebenfalls
von den Pegidisten zu hören. Ein älterer Mann geht an einer Gruppe NoPegi-
da-Aktiver vorbei und ruft: »Geht arbeiten!«, woraufhin ihn eine Frau an der
Schulter fasst, besänftigt und mahnt: »Nein, bloß nicht provozieren lassen!«
Über weite Strecken bleibt es dabei friedlich. Die Polizei, die mit über 1.600
Beamten aus mehreren Bundesländern im Einsatz ist, wird spät am Abend
allerdings Verstöße gegen das Versammlungsgesetz vermelden, zudem wird
wegen Verwendens von Kennzeichen verfassungsfeindlicher Organisationen
und Beleidigungen ermittelt. Drei Beamte seien leicht verletzt.[3] Die Redner
des Abends feiern die Polizei, die »wieder einmal« eine Pegida-Veranstaltung
vor »linken Chaoten« geschützt habe, wie Lutz Bachmann nach dem »Spaziergang«, wieder auf dem Platz an der Lingnerallee angekommen, sagt. »Die
Veranstaltung ist hiermit beendet«, ruft er ins Mikrofon. Applaus setzt ein.
»Wir kommen wieder«-Rufe. Dann drehen die Leute ab, machen sich auf den
Weg. Es dauert bloß wenige Minuten und der Platz ist wie leergefegt. Die Leute
haben es eilig.

Der »Abendspaziergang« in der Folgewoche musste abgesagt werden wegen Morddrohungen gegen Bachmann, der seinerseits zwei Tage darauf seinen Rückzug erklärt. Es gab Streit im »Orga-Team« um die Ausrichtung von
Pegida. Eine weitere Woche später tritt auch Oertel zurück, gründet ihre eigene Initiative und besiegelt damit die Spaltung der Bewegung. Zur Demonstration am 9. Februar erschienen nur noch wenige Tausend Pegidisten. Ihr
Protest ist von den Plätzen der Republik quasi verschwunden. Was er bewegt
hat, bleibt indes abzuwarten.

ANMERKUNGEN

1 | Ein Berliner Forscherteam zählte hingegen 18.000 Demonstranten. Vgl. o.V., For-
scher zweifeln an Teilnehmerzahlen der Demos, in: Frankfurter Allgemeine Zeitung,
19.01.2015, online unter: www.faz.net/aktuell/politik/inland/forscher-bezweifeln-teil
nehmerzahlen-der-pegida-demos-13378876.html [zuletzt eingesehen am 11.02.2015].
2 | Vgl. Siegfried Lamnek, Qualitative Sozialforschung, Weinheim 2005, S. 552 f.
3 | O.V., Der seltsame Trauermarsch von Pegida in Dresden, in: DNN Online, 12.01.2015,
online unter www.dnn-online.de/dresden/web/dresden-nachrichten/detail/-/specific/Vor-
Pegida-und-Legida-Gegendemonstranten-versammeln-sich-444377443 [zuletzt eingesehen am 04.02.2015].

Pegida
12. Januar 2015

Rund 25.000 Pegida-Anhänger versammeln sich in Dresden zu ihrem zwölften
»Abendspaziergang«. Mit zahlreichen Fahnen und Bannern, auf denen u.a. Schrift-
züge wie »Multikulti stoppen« und »Islam = Karzinom« zu lesen sind, protestieren
sie gegen die »Islamisierung des Abendlandes«. Gegendemonstranten blockieren den
Pegida-Demonstrationszug kurzzeitig.

Fotos: Felix M. Steiner

Lauchhammer
Land Brandenburg
Heimatschutz
Islamisierung

ISLAM
=
KARZINOM

Erzgebirge
Deitsch on frei wolln mr sei!
Zschopau

..., die in Rage sind!

An allem Unfug, der passiert,
sind nicht etwa nur die Schuld,
die ihn tun, sondern auch die,
die ihn NICHT verhindern!
(Erich Kästner)

GEWALTFREI & VEREINT
GEGEN GLAUBENSKRIEGE

PEGIDA

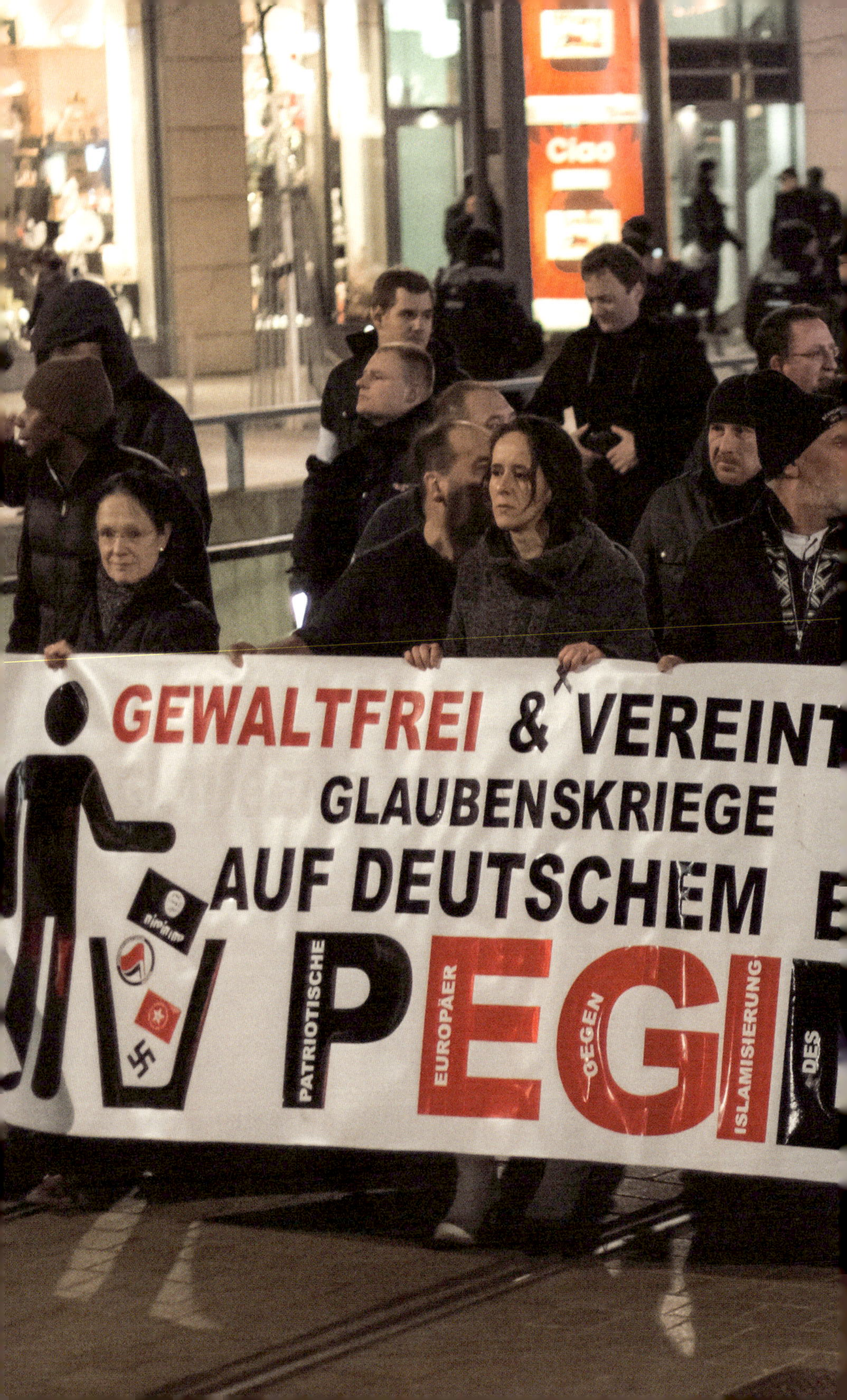
GEWALTFREI & VEREINT
GLAUBENSKRIEGE
AUF DEUTSCHEM
PATRIOTISCHE
EUROPÄER
GEGEN
ISLAMISIERUNG
DES

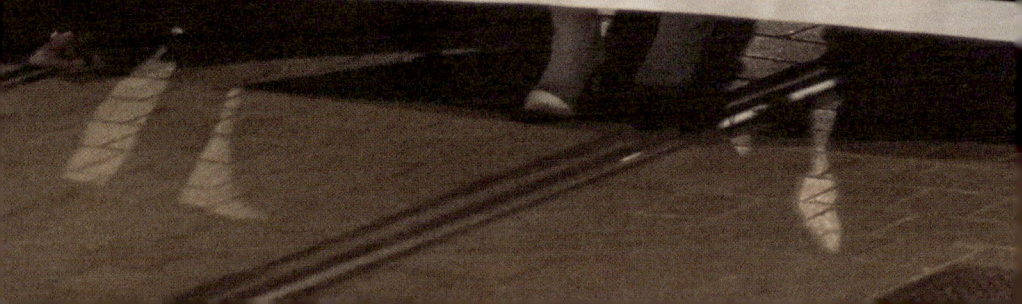

Das System ist am Ende
Wir sind die Wende!
Multikultur tötet!

Paris

LIEBER HEUTE
AUFRECHT ZU
PEGIDA
ALS MORGEN
AUF KNIEN
GEN MEKKA!

IV

LEGIDA
21. JANUAR 2015

Zum zweiten Mal kommen Anhänger von Legida, dem Leipziger Ableger von Pegida, zusammen und ziehen durch die Stadt. Die Polizei berichtet von insgesamt 15.000 Teilnehmern. An den zahlreichen NoPegida-Veranstaltungen beteiligen sich rund 20.000 Menschen.

Fotos: Felix M. Steiner

FÜR HEIMAT, FRIEDEN & DEUTSCHE LEITKULTUR
GEGEN RELIGIÖSEN FANATISMUS
GEGEN ISLAMISIERUNG & MULTIKULTI
LEIPZIGER EUROPAER GEGEN ISLAMISIERUNG DES ABENDLANDES
LEGIDA
TOLERANZ HAT GRENZEN
in B. JUNG
EIGENH

WERMSDORF GRÜSST LEIPZIG
TOLERANZ HAT GRENZEN
Mutti

REIN...
B. JUNG sein
EIGENHEIM
FRIEDEN & DEUTSCHE LEITKULTUR
RELIGIÖSEN FANATISMUS
ISLAMISIERUNG & MULTIKULTI
LEIPZIGER EUROPÄER GEGEN ISLAMISIERUNG DES ABENDLANDES
LEGIDA

LEGIDA
30. JANUAR 2015

»Patriotische Europäer« vor der Oper. Schwarz-rot-goldene Fahnen dominieren. Es sind allerdings deutlich weniger Legida-Anhänger gekommen als erwartet. Auf dem Leipziger Augustusplatz versammeln sich gerade einmal etwa 1.500 Menschen. Mit großem Sicherheitsaufgebot werden auch bei dieser Kundgebung Legida und Gegendemonstranten getrennt.

Fotos: Felix M. Steiner

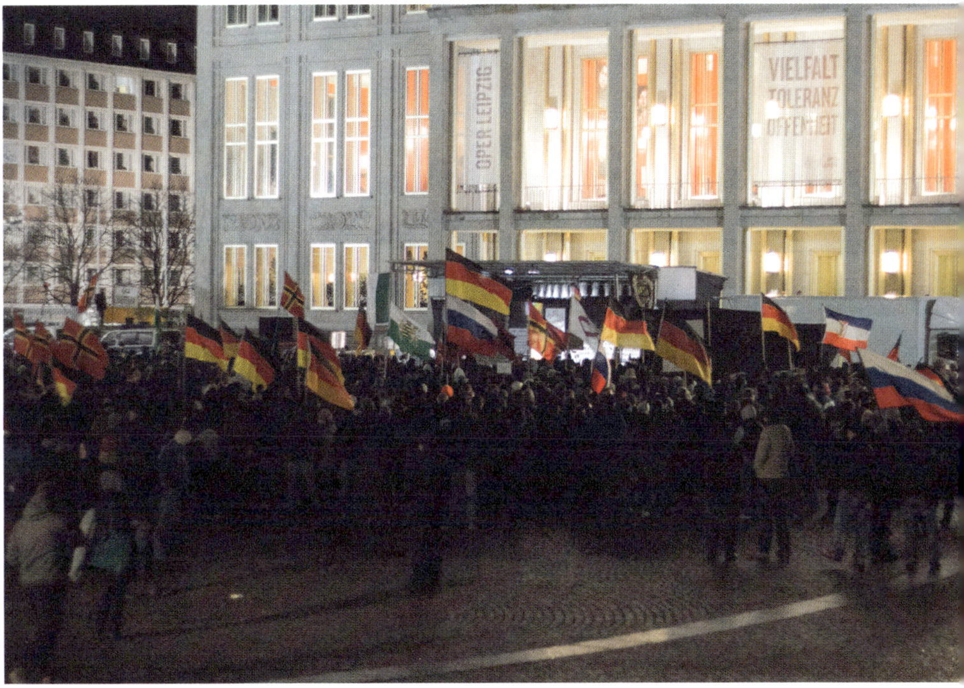
OPER LEIPZIG
VIELFALT
TOLERANZ

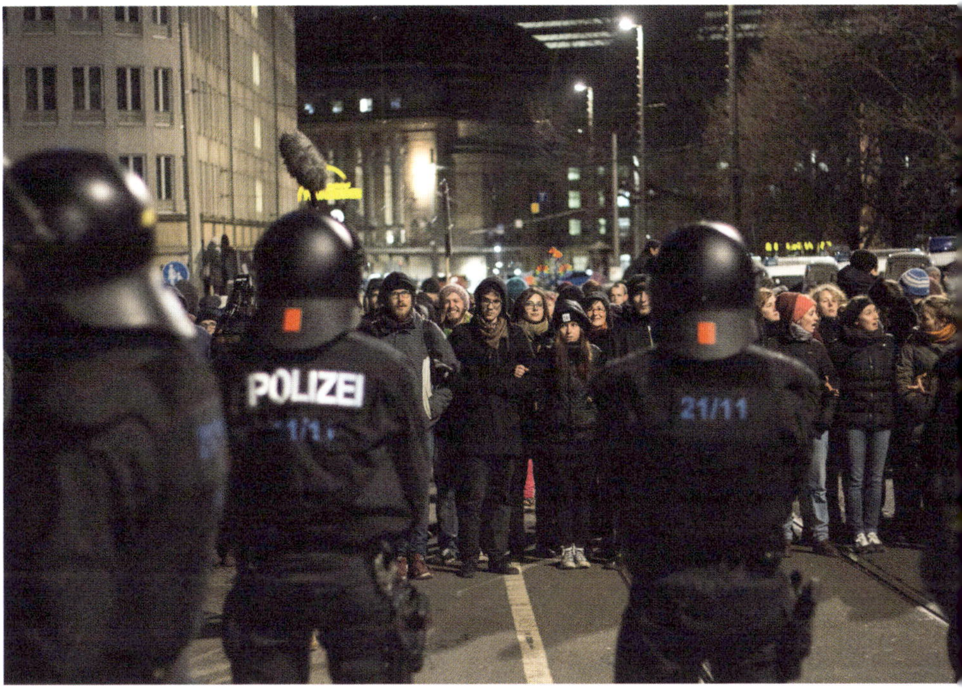
POLIZEI
21/11

3. Porträts in Zahlen

Der Pegidist und sein Gegenüber

METHODEN DER BEFRAGUNG

Die quantitativen Daten zu diesem Buch stammen aus insgesamt vier Umfragen, die in Dresden, Leipzig, Hannover, Braunschweig und Duisburg zwischen dem 12. und dem 26. Januar 2014 bei Pegida- und NoPegida-Demonstrationen durchgeführt wurden. Es handelt sich bei unseren Umfragen um eine explorative Querschnittsstudie. Explorativ deshalb, weil zum Zeitpunkt der Erhebung nur wenig über das Feld »Pegida bzw. NoPegida« bekannt gewesen und der Fragebogen darauf angelegt war, erste Informationen über die Teilnehmer der Demonstrationen mit deren Einstellungen zu Demokratie und Gesellschaft zu erfassen, statt Vermutungen über die Sozialstruktur und Einstellung dieser zu überprüfen.

Dazu wurden jeweils ca. 3.500 Anschreiben während der Demonstrationen verteilt, mit denen die Demonstrationsteilnehmer zu einer standardisierten Online-Umfrage eingeladen wurden. Im Durchschnitt waren zwölf Mitarbeiter des Instituts vor Ort und verteilten per Zufall vor und während der gesamten Demonstration an alle Anwesenden so lange das Einladungsschreiben, bis eine große Sättigung erreicht worden war – gemessen an der immer wiederkehrenden Reaktion: »Gelber Zettel? – Haben wir schon!«[1] Die Handzettel umfassten neben dem Link zur Umfrage einen QR-Code, mit dem die Homepage der Umfrage direkt erreicht werden konnte. Parallel dazu wurde vor Ort mithilfe einer Kurzumfrage das Geschlecht, die Teilnahmefrequenz an Pegida-Demonstrationen, der Wohnort, das Alter sowie das Erwerbsverhältnis der Teilnehmer erfragt, um eine Kontrolle der Stichprobe der Online-Umfrage zu ermöglichen.[2]

Dieses Verfahren folgt dem Vorgehen von Walgrave und Verhulst, die sich dadurch eine größere Sicherheit über ihre Stichprobe erhofften.[3] Die Datensätze aus den Online-Umfragen wurden zu zwei Datensätzen, einem »Pegida-Datensatz« und einem »NoPegida-Datensatz« zusammengefügt. 547 der Teilnehmer der Pegida-Demonstrationen begannen und beendeten den Fragebogen, ließen teilweise jedoch Fragen unbeantwortet, 182 brachen die Umfrage ab, wohingegen 743 der Teilnehmer der NoPegida-Demonstrationen begannen und beendeten, dabei teilweise Fragen nicht beantworteten, und nur 126 Personen die Umfrage abbrachen.

Können mit diesen quantitativ erhobenen Daten Aussagen über alle Pegida-beziehungsweise NoPegida-Demonstranten getroffen werden? Nein, sicherlich nicht. Dennoch liefern diese Daten wichtige Hinweise auf zumindest eine Teilmenge der Protestierenden. Ziel vieler Umfragen ist es, von den Antworten der Befragten einer Stichprobe auf die Gesamtheit aller Personen zu verallgemeinern, aus der die Befragten kommen. Zufallsstichproben[4] stellen dabei die einzige Gewähr dafür dar, dass aus den Ergebnissen einer Stichprobe tatsächlich (innerhalb bestimmter statistischer Fehlschlusswahrscheinlichkeiten) zuverlässige Rückschlüsse auf die Grundgesamtheit gezogen werden können. Zufallsstichprobe bedeutet dabei, dass jedes Element der Grundgesamtheit eine berechenbare Wahrscheinlichkeit hat, zur Stichprobe zu gehören. Nur wenn diese Bedingung erfüllt ist, kann im statistischen Sinne eine Stichprobe als »repräsentativ« bezeichnet werden.

Leider sind die Begriffe »repräsentativ« und »Repräsentativität« zu inhaltsleeren Attributen für eine Vielzahl von Studien geworden, die gar nicht immer als Zufallsauswahl konzipiert wurden. Der Begriff »repräsentativ« in Zusammenhang mit Umfragen ist, legt man wissenschaftliche Kriterien zugrunde, ungenau und unnötig: Entweder handelt es sich um eine Zufallsstichprobe oder nicht.[5] Alltagssprachlich wird unter repräsentativ meist etwas anderes verstanden: ein exaktes Abbild der Grundgesamtheit. Ein solches Abbild aller Eigenschaften einer Grundgesamtheit ist jedoch prinzipiell unmöglich.

Bei den Demonstrationsbefragungen zur Pegida und NoPediga ist es nicht möglich, eine Zufallsauswahl aus allen Teilnehmern aller Demonstrationen zu ziehen. Bei unserer Umfrage handelt es sich daher um eine willkürliche Stichprobe, um einen »Schnappschuss in einem politischen Konflikt«[6]. Solche Stichproben sind folglich nicht »repräsentativ« für die Grundgesamtheit, in unserem Fall für die Demonstranten für beziehungsweise gegen Pegida. Dennoch können natürlich Aussagen über die Teilnehmer an unseren Umfragen getroffen werden, »sie erlauben es, die Wahrnehmung eines Problems und die Motivation der Protestbeteiligten sehr viel konkreter abzubilden«[7], mehr als es etwa durch Telefoninterviews möglich ist.

Gerade weil sie meist nicht zu repräsentativen Stichproben führen, sind Online-Umfragen in der Sozialforschung nicht unumstritten. Auf der anderen Seite sind sie schnell durchführbar.[8] Außerdem sind die Daten ohne Verzögerung direkt nach der Beantwortung der Umfrage verfügbar. Dies führt zu einer Fehlerreduktion der Datenaufnahme, denn die erhobenen Daten müssen nicht extra digital erfasst werden.[9]

Die Anonymität bei Online-Umfragen stellt Vor- und Nachteil zugleich dar. Im Vergleich zu anderen Erhebungsmodi ist die Anonymität bei schriftlichen

Befragungen ohne Interviewer am höchsten. Es ist davon auszugehen, dass Anonymität zu weniger »sozial erwünschten« Antworten führt als beispielsweise eine Face-to-face-Befragung mit Interviewer, was bei Protestforschung – gerade bei Pegida-Demonstranten – ein großer Vorteil sein kann. Doch diese Anonymität birgt auch Nachteile. So ist zum Beispiel nicht sichergestellt, ob tatsächlich die Zielperson den Fragebogen ausfüllt, geschweige denn wie sie diesen Fragebogen ausfüllt. Auch kann nicht mit Sicherheit ausgeschlossen werden, dass eine Person sich mehrfach an der Umfrage beteiligt.[10]

Sozialwissenschaftler kennen das Problem der Verweigerung beziehungsweise Nichterreichbarkeit von potenziellen Teilnehmern an Befragungen und der daraus resultierenden möglichen Verzerrung der Befragung. In der Regel gibt es nur schwache Korrelationen zwischen Verweigerungsverhalten und Hintergrundvariablen. Es lassen sich vor allem keine empirischen Hinweise auf einen »harten« Kern, der sich bei jedem Befragungsversuch entzieht, finden. Die Unterschiede zwischen Verweigerern und Teilnehmern scheinen zudem eher gering zu sein. Weniger Bildung, geringes politisches Interesse, weniger Teilnahme an sozialen Unternehmungen sowie höhere Anteile vor allem längerer Arbeitslosigkeit finden sich oft etwas häufiger bei Verweigerern. Es handelt sich also bei Verweigerern nicht per se um eine homogene Subgruppe.[11] Ob dies bei den Demonstranten beziehungsweise den Verweigerern aus unserer Studie der Fall ist, wissen wir nicht. Dennoch gibt es die Demonstranten, deren Sozialstruktur und Einstellungen wir erhoben haben, und es ist es sicherlich wert, einen genaueren Blick darauf zu werfen. Sie bilden unzweifelhaft eine Gruppe, die sich von den Losungen und Parolen der Demonstrationsveranstalter angezogen und aktiviert fühlen. Sie mögen (vielleicht) nicht den harten ideologischen Kern ausmachen, aber sie gehören zu denen, die sich für die Demonstrationsziele rekrutieren und mobilisieren ließen. Eine unwichtige Gruppe ist das also nicht. Sie sind Ausdruck eines politischen Gärungsprozesses, der Teile der deutschen Gesellschaft rechts der Mitte erfasst hat.

MITTELALT, MÄNNLICH UND ZIEMLICH MISANTHROPISCH

Verbalisieren wir zunächst, knapp zusammenfassend und zuspitzend, die Ergebnisse, um dann folgend Tabellen und Grafiken mit präzisen Zahlenangaben zu präsentieren. Pegidisten sind zu einem ganz großen Teil männlich und mittleren Alters. Im statistischen Durchschnitt (der Online-Befragung) ist der Pegidist 44,2 Jahre alt (wenngleich bei der Vor-Ort-Befragung der Anteil der 16 bis 25-Jährigen und der über 55-Jährigen höher liegt als beim elektronischen Antwortverfahren). Kirchlich gebundene Bürger stellen auf ihren Demonstrationen nur eine Minderheit. Nicht ganz die Hälfte lebt in einer Ehe; der Singleanteil fällt eher gering aus. Überwiegend hat(te) man auch Kinder großzuziehen. Nimmt man nur die Bildungsabschlüsse, dann trifft man bei der neuartigen Fronde gegen »die Islamisierung des Abendlands« soziologisch auf eine solide Mitte mit Realschulabschlüssen, insbesondere aber mit einem beachtlichen Teil von Universitäts- beziehungsweise Fachhochschulabsolventen. Dieser Eindruck wird durch die Angaben zur Erwerbsstruktur bestätigt, da das Gros in der Online-Befragung eine Vollzeiterwerbstätigkeit für sich reklamiert. Allerdings tut sich hier eine Kluft zwischen den Ergebnissen der zwei Erhebungsmethoden auf, da sich bei der mündlichen Vorort-Befragung fast 20 Prozent weniger als Vollzeiterwerbstätige ausgaben; umso höher lag hier der Anteil von Schülern und Rentnern. Dennoch sind es nicht markant viele, die sozialstaatliche Transfers in Anspruch nehmen (müssen). Arbeiter oder sozial Prekarisierte bilden jedenfalls nicht die tragende Basis der hier untersuchten Emeute. Die Mehrheit gehört zur Gruppe der Angestellten. Aber auch Freiberufler und Selbstständige prägen das soziale Bild von Pegida. Und immerhin ein gutes Fünftel bezieht ein monatliches Netto-Einkommen von mehr als 3.000 Euro. Insofern ist es nicht verwunderlich, dass rund zwei Drittel ihre persönliche Lage als derzeit gut bis sehr gut qualifizieren.

Politisch ist die soziale Mitte-Position indes eindeutig rechts vom Zentrum grundiert. Zwar hat ein Viertel der Pegidisten, die hier Auskunft gaben, bei den vergangenen Bundestagswahlen noch der CDU/CSU ihre Stimme gegeben. Doch das wollte im Januar/Februar 2015 von ihnen so gut wie niemand mehr wiederholen. Der Gewinner aus dem Repräsentationsverlust der Christdemokraten ist eindeutig die AfD, die – würden allein die Voten dieser Gruppe zählen – hier eine verfassungsändernde Mehrheit erreicht. Gewiss bemerkenswert ist, dass ein das übliche Quorum für den Einzug in das Parlament übersteigender Anteil bei den Wahlen zum Bundestag 2013 der Partei der Linken zugutekam. Doch ist hier mittlerweile eine ähnliche Abtrünnigkeit zu erkennen wie bei der Christlichen Union.

Das stärkste Misstrauen bringen die aktiven Sympathisanten von Pegida dem deutschen Bundespräsidenten, Joachim Gauck also, entgegen. Aber auch die Bundeskanzlerin genießt kaum großen Kredit in diesen Kreisen. Für die Europäische Union hat man ebenfalls nicht viel übrig. Interessant allerdings ist, dass Pegidisten den öffentlich-rechtlichen Medien weit mehr Argwohn entgegenbringen als deren private Pendants. Vollstes Vertrauen bezeugen Pegidisten kaum einer öffentlichen Institution und Amtsinhaberschaft. Für vergleichsweise verlässliche Einrichtungen halten sie noch am ehesten das Bundesverfassungsgericht, die Polizei, das Justizsystem insgesamt.

Gut 78 Prozent äußern sich »sehr bzw. eher zufrieden« mit der Idee der Demokratie, was indes unter dem bundesdeutschen Durchschnitt von 91 Prozent liegt. Allerdings: Nur rund fünf Prozent goutieren die Realität der Demokratie in der gegenwärtigen Berliner Republik, während ansonsten gut die Hälfte der Bürger in Deutschland der realen Demokratie hierzulande positiv eine gute Funktionsfähigkeit bescheinigten.[12] Die Majorität der Pegida-Aktivisten wünscht sich vor allem anderen ein Mehr an »Recht und Ordnung« und die entschiedene Vertretung »nationaler Interessen«. Ins Auge springt das denkbar geringe Interesse für Minderheitenschutz, Gleichstellung, indes auch »für eine starke Persönlichkeit«. Die Gewaltfreiheit von Protesten geben fast alle von denen, die an der Befragung mitgewirkt haben, als ihr zentrales Anliegen an. Groß ist ebenfalls die Zahl der Verfechter plebiszitär ausgerichteter Demokratiereformen. Im gleichen Maße eindringlich unterstützen Pegidisten den Satz »ein Kind braucht Mutter und Vater«. Dass die Bundesdeutschen in einer alternden Gesellschaft zur Sicherung von Renten und Pensionen länger einer Erwerbstätigkeit nachgehen sollten, dass diejenigen, die gar nicht arbeiten, auch vom Staat keine Unterstützung erhalten mögen – dergleichen Postulate finden allerdings kaum den beherzten Sukkurs der Teilnehmer von Pegida-Kundgebungen. Den mit großem Abstand geringsten Zuspruch aber findet erwartungsgemäß der Slogan: »Auch der Islam gehört zu Deutschland.«

Etwa zeitgleich mit den Göttinger Erhebern waren auch Wissenschaftler von zwei Lehrstühlen (Hans Vorländer und Werner J. Patzelt) der TU Dresden sowie die in Bewegungs- und Protestforschung seit Jahren erfahrene Forschungsgruppe um Dieter Rucht in Dresden unterwegs.[13] Methoden und Fragen wichen zumindest in Details voneinander ab. Dennoch konvenierten die Resultate der empirischen Recherchen zur Soziodemographie. Dass wir es bei Pegida-Demonstrationen mit vorwiegend mittelalten Männern ohne Religionszugehörigkeit aus dem Raum Dresden, die mit überdurchschnittlich hohen Bildungsabschlüssen ausgestattet sind und in stattlicher Zahl in Vollerwerbstätigkeiten stehen, zu tun haben, dürfte nach den insgesamt vier, getrennt voneinander durchgeführten Studien nicht (mehr) strittig sein. Ebenfalls ist die mehrheitliche Orientierung an politischen und ideologischen Postionen rechter Provenienz, auch eine nahezu generelle Unzufriedenheit mit den dominanten Institutionen des parlamentarischen Systems und einem ausgeprägten Argwohn gegenüber den öffentlich-rechtlichen Medien, valide festgestellt. Die Differenzen zwischen den Studien liegen mehr in den politischen Einfärbungen der Interpretationen, erst recht in den – besonders meinungsfreudig und zugespitzt vom Dresdner Politologen Werner J. Patzelt vorgetragenen – Empfehlungen für den Umgang mit solchen Gruppen wie Pegida und ihre Ableger.

Umfrage unter Pegida-Demonstrationsteilnehmern

Geschlecht

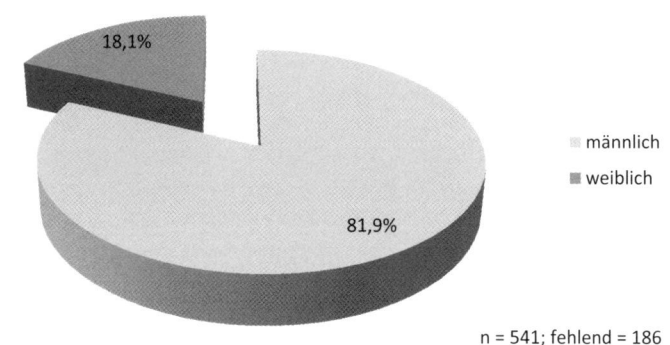

18,1%

■ männlich
■ weiblich

81,9%

n = 541; fehlend = 186

Alter

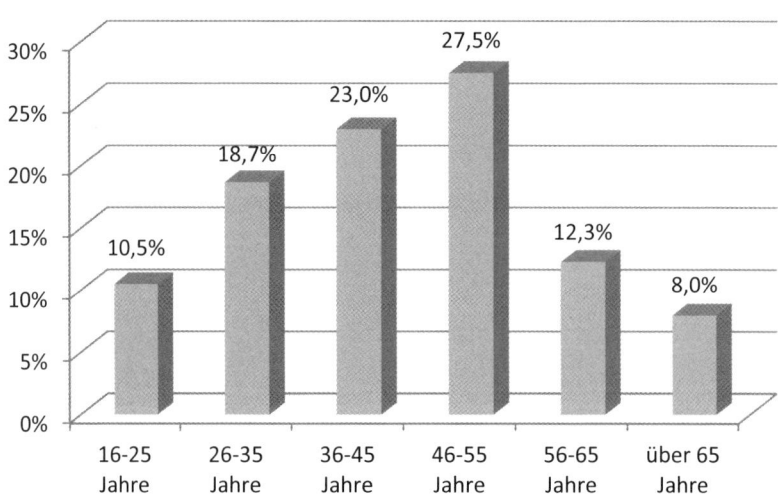

n = 535; fehlend = 192

Religionsgemeinschaft

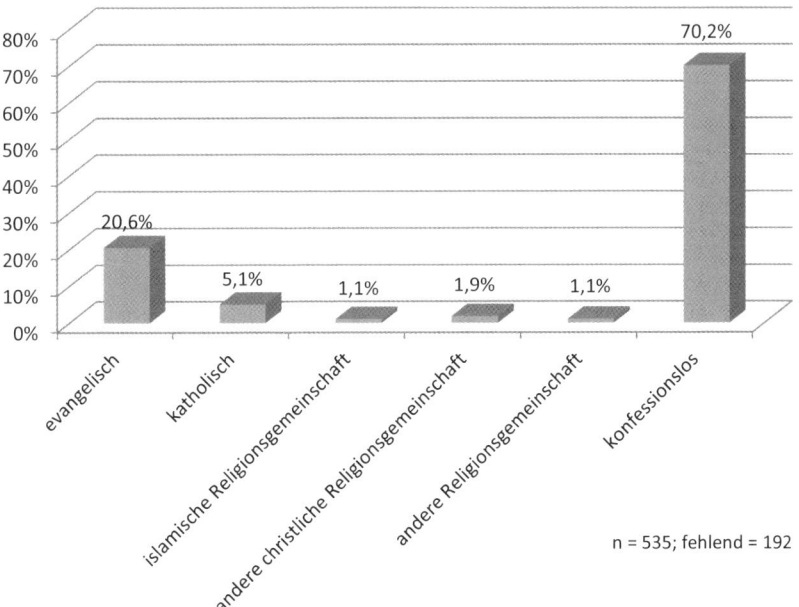

n = 535; fehlend = 192

Familienstand

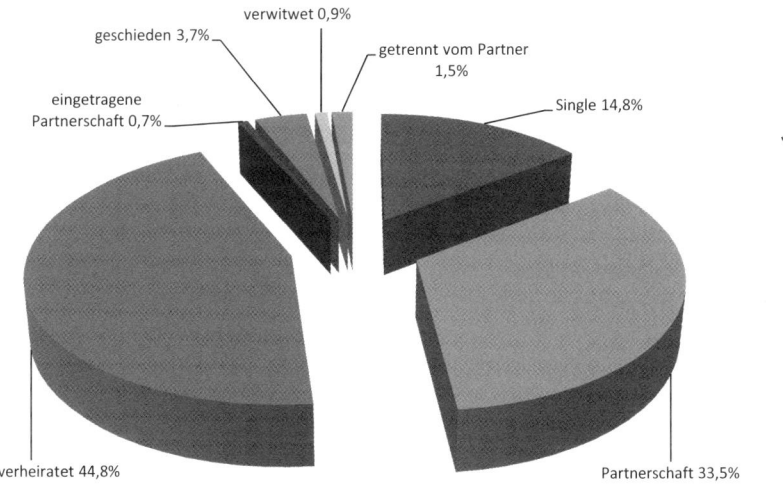

n = 540; fehlend = 187

Durchschnittliches monatliches Nettoeinkommen

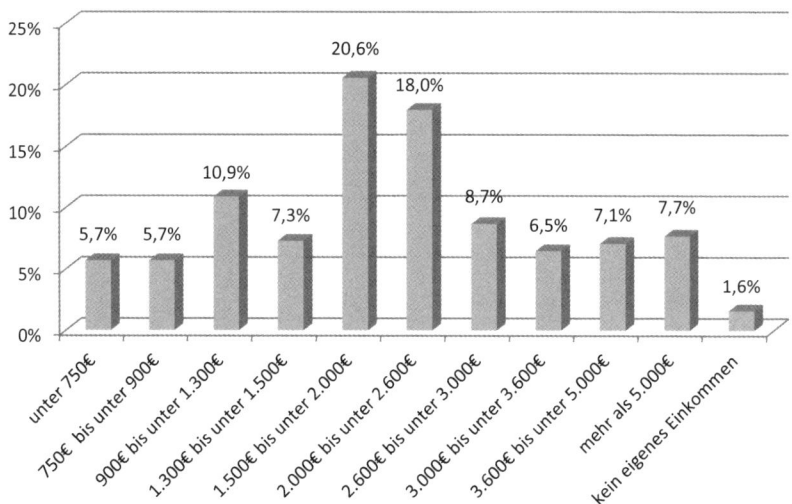

n = 505; fehlend = 222

Höchster Bildungsabschluss

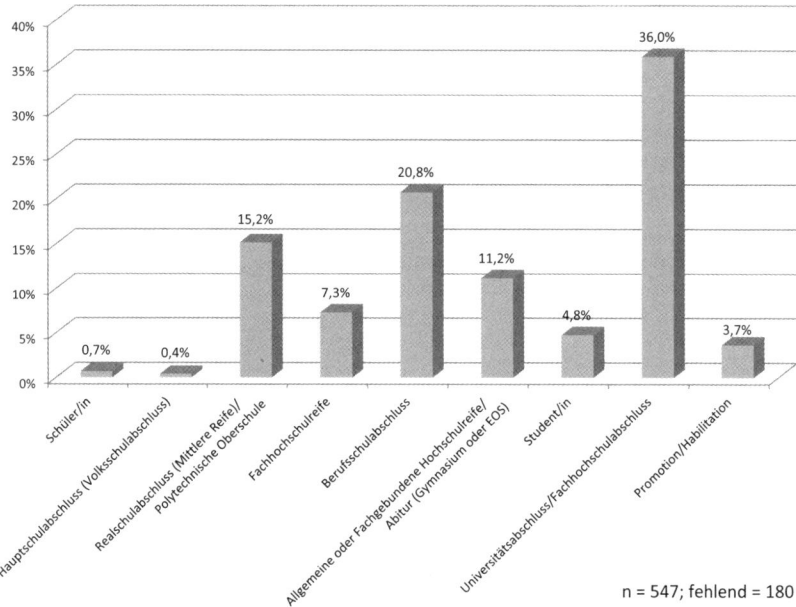

n = 547; fehlend = 180

Erwerbssituation

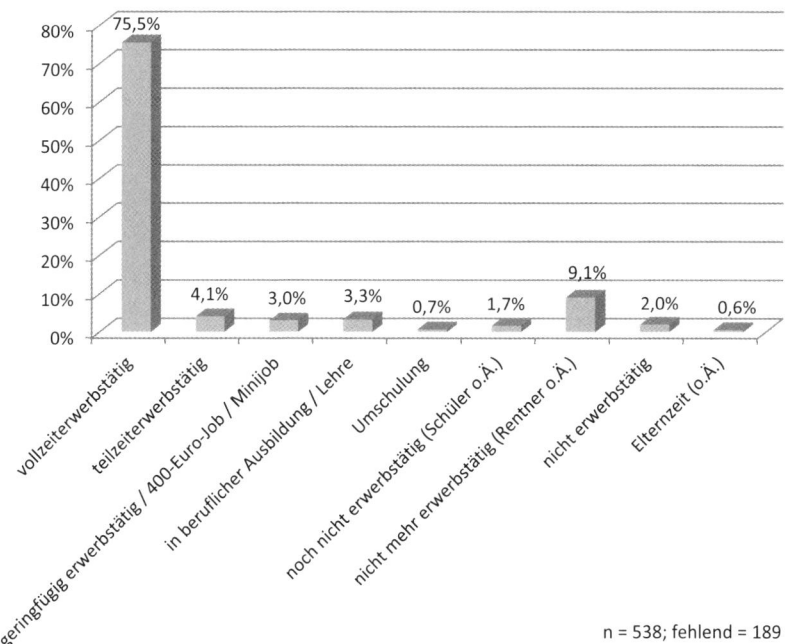

n = 538; fehlend = 189

Was haben Sie bei der letzten Bundestagswahl gewählt?

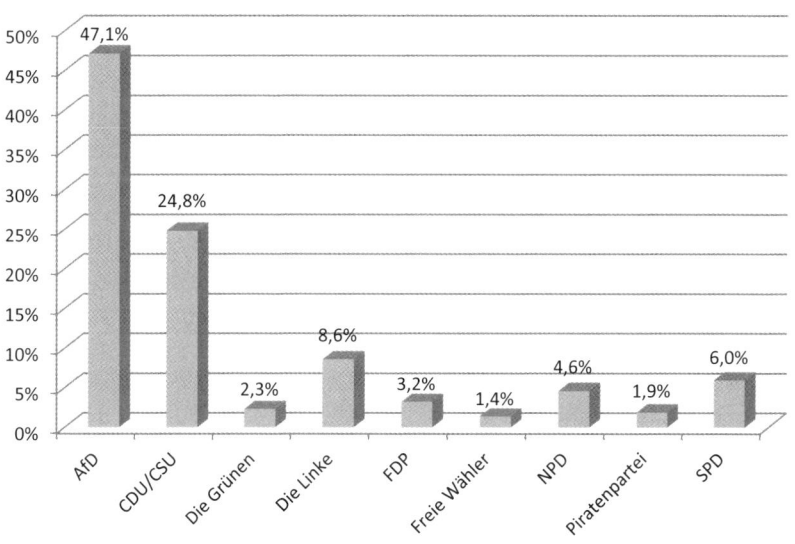

n = 431; fehlend = 296

Was sollte Ihrer Meinung nach in unserem politisch-gesellschaftlichen System eine größere Bedeutung haben?

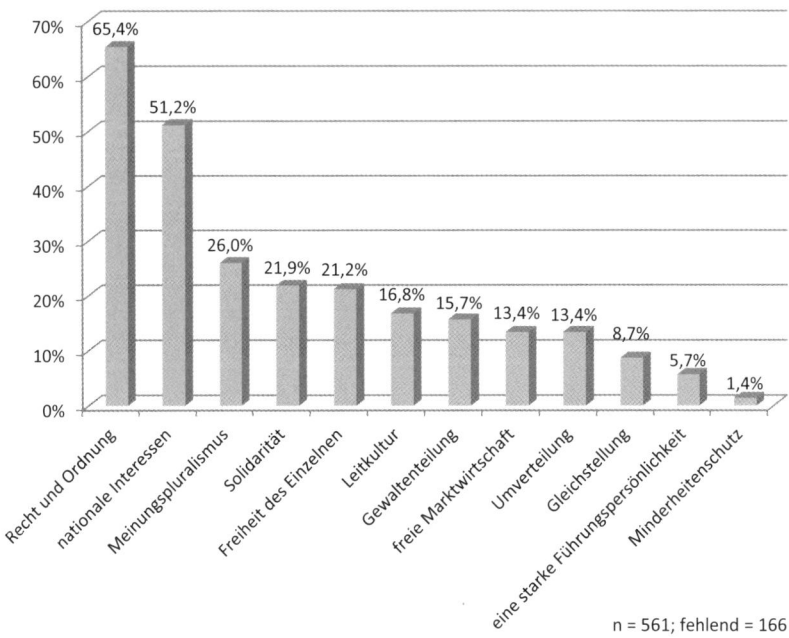

n = 561; fehlend = 166

Wie zufrieden sind Sie mit der Demokratie?

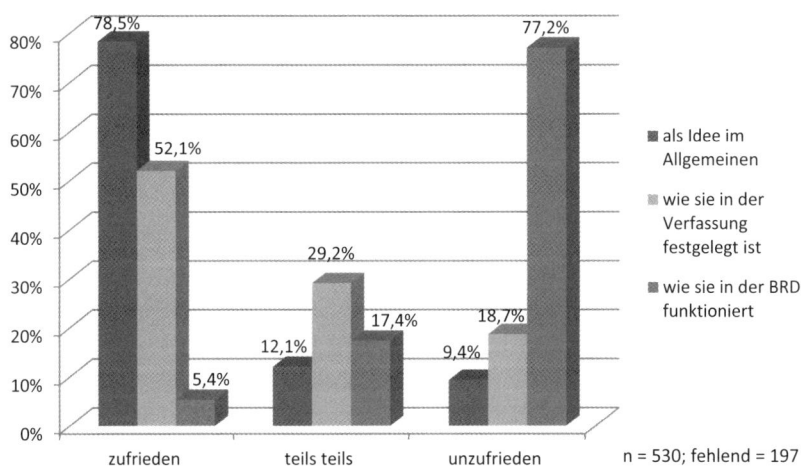

n = 530; fehlend = 197

NoPegida: Das Gegenüber ist weiblicher, jünger, grüner – und bemerkenswert staatstreu

Unter denjenigen, die Anfang 2015 demonstrativ ihre Stimme gegen Pegida erhoben und sich an unserer Umfrage beteiligt hatten, befanden sich fast zur Hälfte Frauen. Ebenfalls fast die Hälfte der Teilnehmer von NoPegida-Kundgebungen waren unter 35 Jahre alt. Im Durchschnitt jedenfalls war NoPegida jünger als ihre Gegner von rechts. Auffällig affin sind die beiden Anhängerschaften der politisch-kulturell entgegengesetzten Lager in ihrer Nicht-Konfessionalität, wenngleich die Quote der Kirchenabständigkeiten bei NoPegida niedriger liegt, aber eben doch gut die Hälfte der Aktiven umfasst. Bei den Gegnern der neuen Rechten tummeln sich – vermutlich auch wegen des niedrigen Alters – erheblich mehr Singles und weniger Verheiratete als auf der anderen Seite; die Elternschaft fällt erheblich niedriger aus. Schließlich ist der Anteil von Schülern, die sich bei Anti-Pegida-Auftritten beteiligt haben und der Befragung zur Verfügung standen, höher als bei den Kontrastveranstaltungen der Anti-Islam-Front. Ein gutes Stück höher liegt bei Anti-Pegida ebenfalls der formale Bildungsgrad, da hier rund zwei Drittel Universitätszertifikate erworben haben beziehungsweise zu erringen anstreben. Hingegen steht nicht einmal die Hälfte in einer Vollerwerbstätigkeit, was Demonstranten und Sympathisanten von Pegida gern zur Kenntnis nehmen und ebenso freudig wie hämisch weiter kolportieren. Gewiss nicht uninteressant dürfte ebenfalls sein, dass sich für NoPegida-Aktionen erheblich mehr Beamte engagieren, dafür aber deutlich weniger Arbeiter und Freiberufler beziehungsweise Selbstständige als beim Gegenüber.

NoPegida siedelt unverkennbar im rot-rot-grünen Lager. Hier kamen Sozialdemokraten, Linke und Grüne bei den Bundestagswahlen 2013 auf über 80 Prozent der Stimmen, wobei die Führungspartei in diesem Trio fraglos die Grünen waren. Das sind sie auch noch im Jahr 2015, aber doch geschwächt, wie auch die Sozialdemokraten, während die Linke zugelegt hat. Vor allem aber ist die Gruppe, die nicht recht weiß, wem sie aktuell die Stimme geben sollte, im Vergleich zum Segment der Nicht-Wähler von 2013 massiv gewachsen. Auch in diesem Spektrum also sind parteipolitische Bindungen beziehungsweise Repräsentationen fragiler geworden. Festhalten sollte man wohl auch, dass die öffentliche Negation der politischen Absicht von Pegida keine Sache des klassischen »bürgerlichen Lagers«, also der Anhängerschaft von CDU/CSU und FDP, ist. Demgegenüber gaben immerhin 4,4 Prozent der Befragten an, Mitglieder der deutschen Sozialdemokratie zu sein, was die höchste parteipolitische Rekrutierungsquote bedeutet. Doch sind mehrere Demonstrationsteilnehmer aus diesem rot-rot-grünen Lager ganz offensichtlich nicht zufrieden mit der politischen Haltung oder Praxis insbesondere der SPD und der Grünen, denn beide Parteien haben bei Anti-Pegidisten zuletzt auffällige Austrittsanteile zu verzeichnen.

Während die Pegidisten allergrößten Argwohn gegen den Bundespräsidenten hegen, kommt Joachim Gauck bei deren Kontrahenten auf beachtliche Vertrauenswerte. Beide Lager aber treffen sich in einer gemeinsamen Wertschätzung des Bundesverfassungsgerichts, die allerdings bei den NoPegidisten noch ein gutes Stück höher ausfällt. Man mag es als etwas überraschend ansehen, dass in der rot-rot-grünen Kultur Polizei und Justizsystem als vergleichsweise vertrauenswürdige Einrichtungen betrachtet werden. Man hat das in zurückliegenden Zeiten schon anders vernehmen können. Auch die öffentlich-rechtlichen Medien schneiden als glaubwürdige Vermittler von Informationen hier weit besser ab als die Privaten – dies in krassem Unterschied zu den Demonstranten von Pegida. Gewiss nicht selbstverständlich voraussehbar war, dass sich nicht einmal ein Fünftel der Anti-Pegidisten uneingeschränkt für direktdemokratische Elemente im politischen System der Bundesrepublik ausspricht; ihre Gegner von rechts tun das zu knapp Dreiviertel. Die Vertrauenswerte für Parteien fallen hier wie dort nicht berauschend aus, aber auch nicht so niederschmetternd gering, wie bei anderen Körperschaften oder Amtsvertretungen. NoPegida-Aktivisten artikulieren ihr größtes Misstrauen gegen Großkonzerne und Banken, dann – bei einigem Abstand – gegen die NATO, private Medien und Kirchen. Mit der Idee der Demokratie identifizieren sich die allermeisten von NoPegida voll und ganz. Dagegen sind auch hier nur wenige mit der Realität der Demokratie in der bundesdeutschen Gesellschaft rundum einverstanden. Allerdings fallen die Unzufriedenheitswerte in Bezug auf die Funktionsweise der Demokratie in der Gegenwart bei NoPegidisten (mit 16,1 Prozent) ungleich niedriger aus als im gegenüberliegenden Spektrum (mit 77,2 Prozent).

Demonstranten, die NoPegida-Aufrufen folgten, wünschen sich für das politisch-gesellschaftliche System insbesondere mehr Solidarität, Gleichstellung, Umverteilung und Minderheitsschutz. Hierin kontrastieren die beiden Demonstrationskulturen mithin scharf voneinander. Das gilt gleichermaßen für Postulate wie »eine Gesellschaft profitiert von kultureller Vielfalt«, »ich hätte nichts dagegen, wenn Ausländer in meine Nachbarschaft ziehen«, »alle Menschen, die in Deutschland leben, sollen die gleichen Rechte haben« – das stößt auf die kräftige Unterstützung von NoPegida, nicht aber auf die dezidierte Zustimmung des Gros von Pegida. Im Vergleich dazu fällt der Anteil derjenigen bei NoPegida, die dem Topos »auch der Islam gehört zu Deutschland« voll und ganz zustimmen, signifikant geringer (wenngleich immer noch bei mehrheitlicher Anerkennung) aus. Auch in diesem rot-rot-grünen Milieu mögen nur wenige in den Refrain einstimmen, dass die Menschen, wenn sie immer älter werden, auch länger arbeiten müssen. Kurzum: Mit Parolen wie »Rente mit 70« wird man weder bei Pro- noch bei Anti-Pegida reüssieren können. Und wahrscheinlich dürften sie in diesem Punkt dann doch beide ganz in der Mitte der bundesdeutschen Gesellschaft wurzeln.

Umfrage unter NoPegida-Demonstrationsteilnehmern

Geschlecht

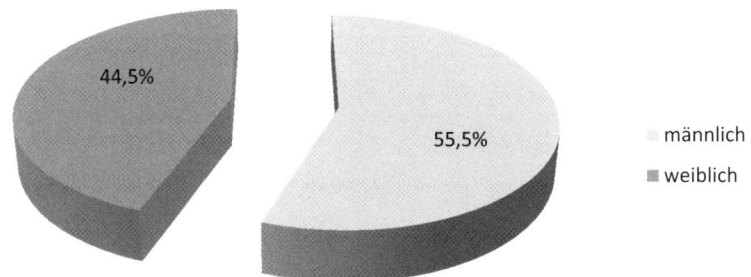

männlich

weiblich

n = 732; fehlend = 118

Alter

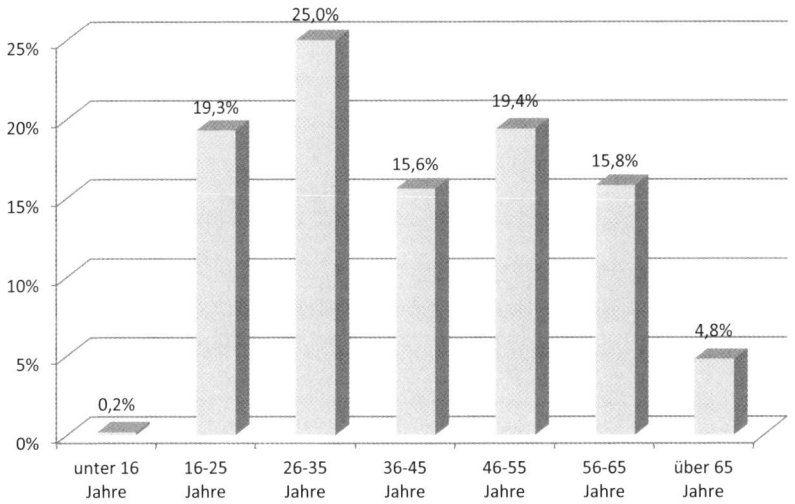

n = 545; fehlend = 305

Religionsgemeinschaft

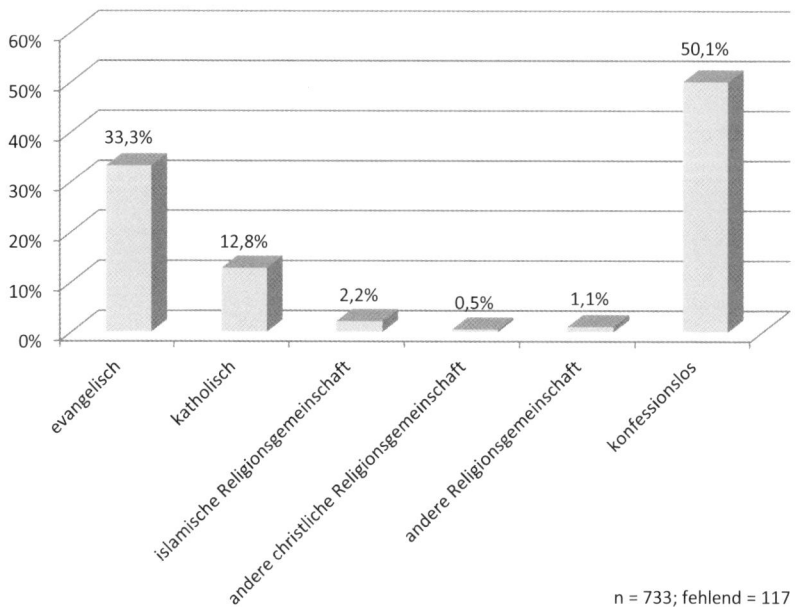

n = 733; fehlend = 117

Familienstand

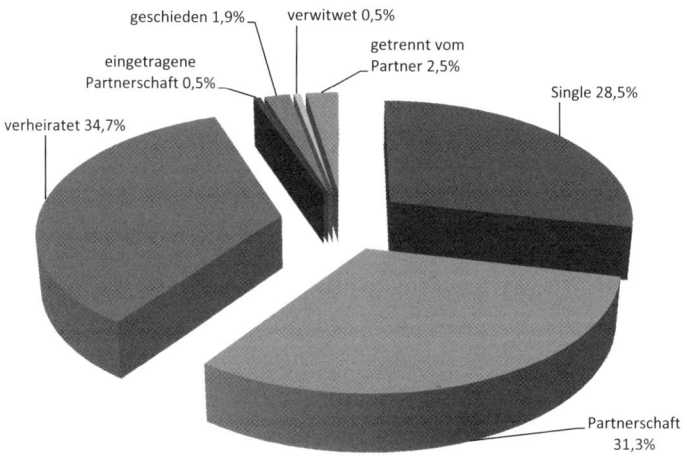

n = 731; fehlend = 119

Höchster Bildungsabschluss

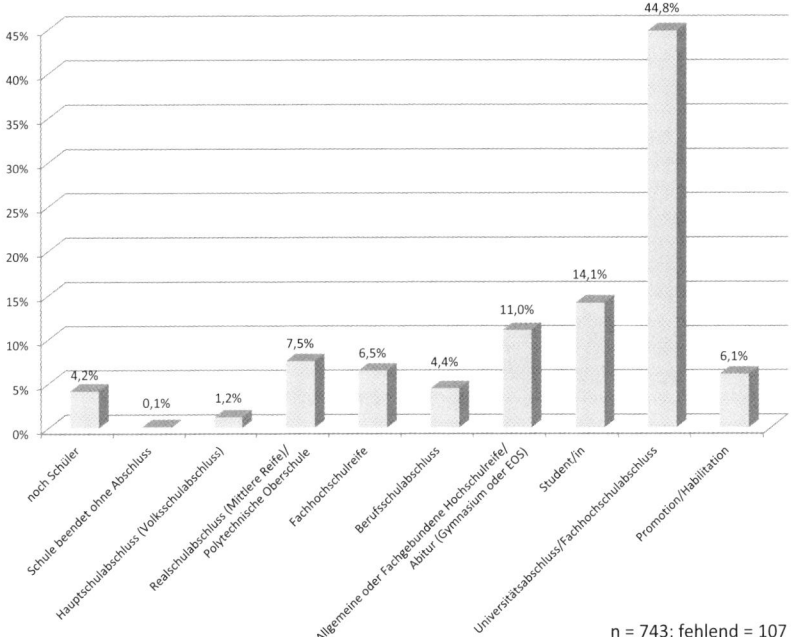

n = 743; fehlend = 107

Erwerbssituation

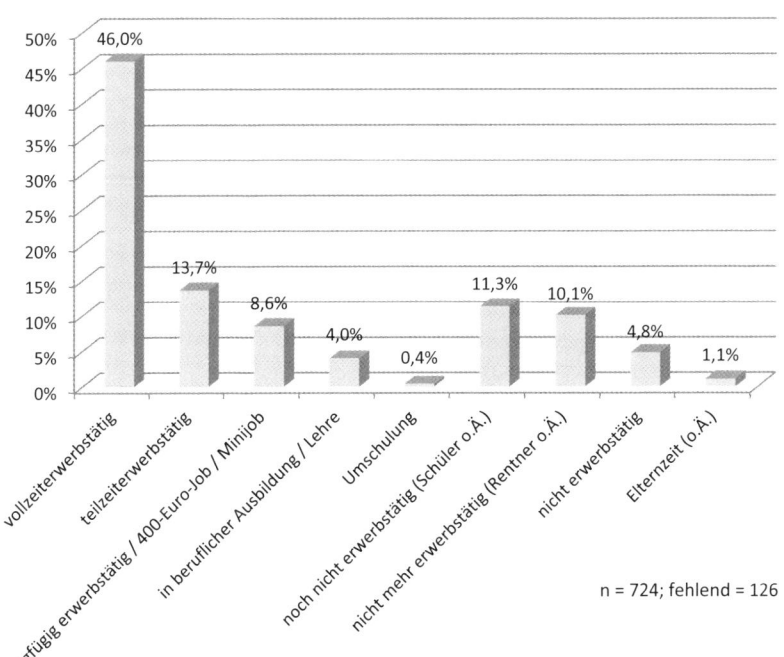

n = 724; fehlend = 126

Durchschnittliches monatliches Nettoeinkommen

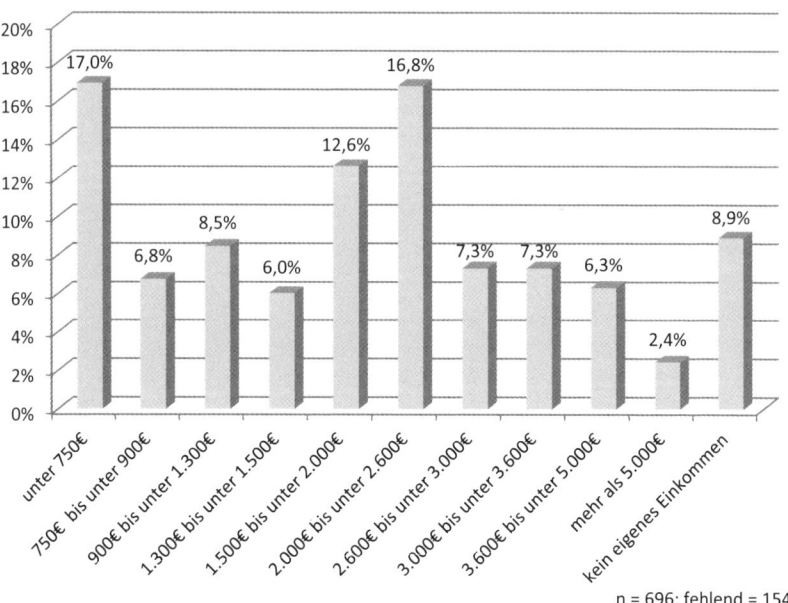

n = 696; fehlend = 154

Was haben Sie bei der letzten Bundestagswahl gewählt?

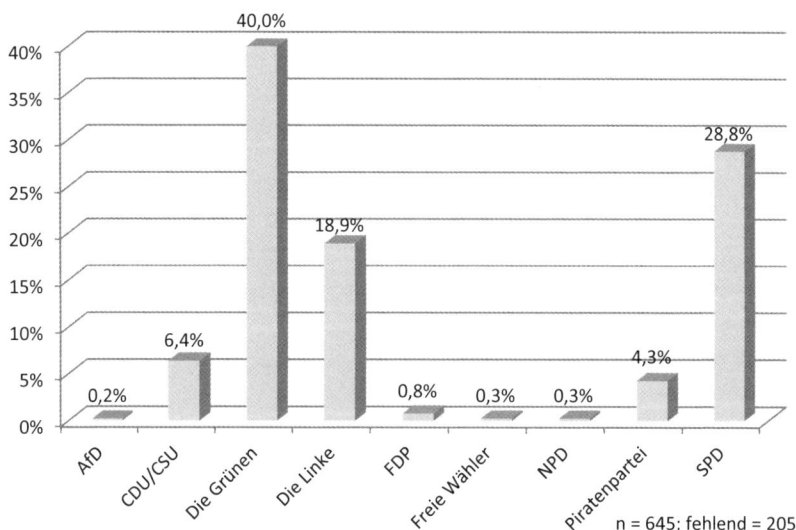

n = 645; fehlend = 205

Was sollte Ihrer Meinung nach in unserem politisch-gesellschaftlichen System eine größere Bedeutung haben?

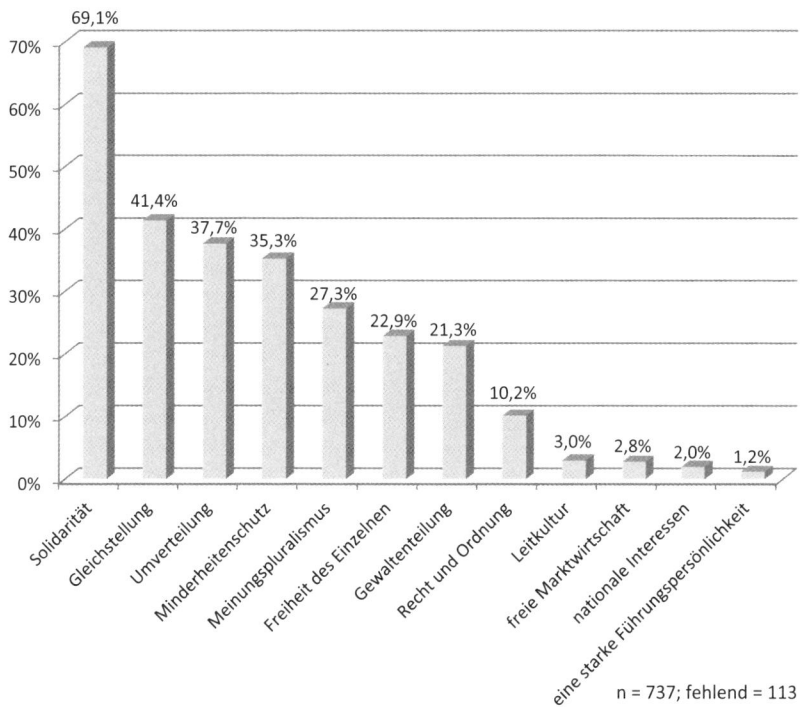

n = 737; fehlend = 113

Wie zufrieden sind Sie mit der Demokratie?

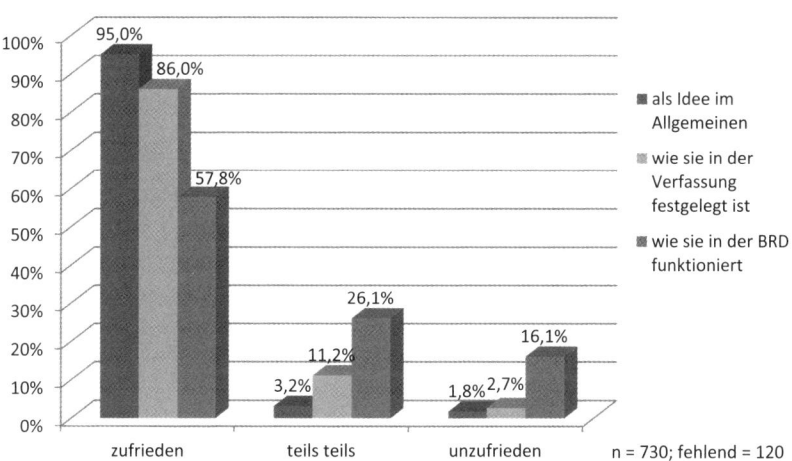

n = 730; fehlend = 120

GEMEINSAME WUTBÜRGERLICHKEIT?
PROTESTE 2010/11 UND 2014/15 IM VERGLEICH

In den Jahren 2010/11 hatte das Göttinger Institut für Demokratieforschung eine ähnliche Umfrage wie 2015 bei den Pegida- und NoPegida-Demonstrationen auch bei den Teilnehmern der Proteste gegen Stuttgart 21 sowie bei den Akteuren von Initiativen gegen Windräder und Hochspannungsleitungen und gegen den Ausbau des Flughafens Berlin-Brandenburg durchgeführt. Damals pflegte ein Teil der Medien die Demonstranten als »Wutbürger« zu bezeichnen. In Bezug auf Pegida war 2014/15 erneut von »Wutbürgern« die Rede. Nun sind Anliegen und Ziele des Bürgerzorns der Jahre 2010/11 von denen des Jahres 2014/15 evident unterschiedlich. Doch könnte die »Bürgerwut« trotzdem Gemeinsamkeiten aufweisen, in der sozialen Lage, in der Beurteilung der gesellschaftlichen Übel, in der Bewertung des politischen Systems. Und gänzlich auszuschließen ist auch nicht, dass in der Motorik von Protesten gegen Entscheidungen und Handlungen von (politischen) Eliten Einstellungsmuster, Affekte oder Hoffnungen sukzessive entstehen, die sich – trotz ideologisch ursprünglich heterogenster Observanz – in zeitlichem Prozess überraschend annähern können. Genauso gut möglich ist natürlich, dass das Gewicht differenter gesellschaftlicher Positionen und normativer Orientierung für Engagement so groß ist, dass im Vergleich der schroffe Gegensatz und Kontrast zwischen den unterschiedlichen Bewegungsakteuren beharrlich das entscheidende Signum bleibt.

Eine Gemeinsamkeit zumindest springt ins Auge. Die Demonstrationsteilnehmer von 2010/11 sind ebenso wie die Pegidisten und NoPegidisten des Jahres 2014/15 wohl unzufrieden mit den politisch-gesellschaftlichen Verhältnissen, nicht aber mit der eigenen Situation. Es bestätigt sich ein weiteres Mal, dass der Bürgerprotest von rechts bis links eine Aktivität von materiell und positionell durchaus integrierten wie abgesicherten Menschen ist, nicht von Zugehörigen abgehängter oder marginalisierter Schichten. Dieser Befund wird auch durch die hohe formale Bildung aller zuletzt in Deutschland beachteten Protestkulturen und -varianten bürgerlicher Provenienz bestätigt, wobei diejenigen rot-rot-grüner Couleur eine besonders hohe Bildungsbürgerlichkeit ausweisen, was für Stuttgart-21-Teilnehmer wie für Kundgebungsbesucher von Anti-Pegida gemeinsam gilt.

Die rot-rot-grüne Mehrheitserfahrung ist hier wie dort jedenfalls unstrittig, übrigens auch die Gemeinsamkeit im hohen femininen Anteil von über 40 Prozent an der Gesamtheit der Demonstranten. 2011, in der Auseinandersetzung um den Stuttgarter Hauptbahnhof, waren die Grünen die großen politischen Nutznießer des Scharmützels. Unter den Demonstranten hatten 2009 bei den Bundestagswahlen noch 46,3 Prozent die Grünen gewählt, 2011 war der Anteil auf 73,3 Prozent hochgeschnellt. Tiefgreifende und aktiv aus-

getragene gesellschaftliche Konflikte können mithin Katalysatoren für Partei-
zuordnungen wie auch -repräsentanzwechsel sein. In Stuttgart profitierten
davon die Grünen, (was bekanntlich in die Ministerpräsidentschaft mündete),
während CDU, aber auch die SPD gravierend an Vertrauen verloren. Die parteipolitische Rendite, welche die antiislamischen Manifestationen in Dresden
abwarfen, dürfte die AfD einstecken, während hier die CDU das große Ver-
lustgeschäft machte.

Ein zentraler Unterschied zwischen dem Wutbürgertum 2010/11 und den
neuen Protestbewegungen 2014/15 liegt in der altersstrukturellen Zusammen-
setzung. Anfang des Jahrzehnts empörten sich vorwiegend ältere Bundesbürger. Rund 70 Prozent derjenigen, die bei Aktionen gegen Bahnhof, Flug-
hafenerweiterung und Windkraftparks mitmachten, waren älter als 45 Jahre,
bei Pegida und Anti-Pegida erreichen diese Altersstufen keine 40 Prozent. Dagegen zeigten sich die Jugendlichen und jungen Erwachsenen (16 bis 25 Jahre)
an den Widersprüchen gegen Infrastrukturprojekte 2010/11 wenig interessiert,
da nur 1,1 Prozent der Aktiven aus dieser Kohorte entstammten. 2014/15 sind
Zugehörige dieser Altersgruppe stärker engagiert, bei Pegida stellen sie in der
Online-Umfrage 10,5 (in der mündlichen Vor-Ort-Expertise 18,2) Prozent, bei
Anti-Pegida online 19,3 Prozent, in der direkten Vor-Ort-Befragung gar 29,6
Prozent der von uns Interviewten.

Allerdings stößt man auch auf einige Gemeinsamkeiten von Pegida-Aktivisten und Bahnhofsgegnern aus Stuttgart, durch die sich beide von NoPegida-
Teilnehmern vernehmlich abheben. Pegidisten und Bahnhofsgegner waren/
sind wohl recht zufrieden mit der eigenen individuellen und familiären Lage,
aber außerordentlich unzufrieden mit den Zuständen in Politik und Gesellschaft, was für NoPegidisten keineswegs zutrifft. Über die Demokratie, wie
sie sich real in der Bundesrepublik entwickelt hat, äußern sich viele Pegidisten
(zu 41 Prozent) und Stuttgart-21-Frondeure (zu 25,6 Prozent) in Gänze unzufrieden. Bei den engagierten Kritikern von Pegida vertraten nur 4,7 Prozent
eine derart barsch ablehnende Position zur Gestalt und zur Realstruktur der
bundesrepublikanischen Demokratie. Die wochenlangen und regelmäßigen
Protestauftritte hatten die Mitwirkenden gegen Stuttgart 21 hier und gegen Is-
lamismus/Medien/Politiker etc. dort, aus gewiss ganz unterschiedlichen Motiven und auf fraglos nicht übereinstimmender Weise, misstrauisch gemacht
gegen entscheidende Einrichtungen der Republik, auch skeptisch über den
demokratischen Nutzen von Transmissionen und Repräsentationen für die demokratische Willensbildung.

Jedenfalls: Die Präferenz für eine direktdemokratische Ordnung lag Anfang des Jahrzehnts bei den Widersachern des Bahnhofsprojekts in der schwä-
bischen Metropole genauso hoch wie jetzt, zur Mitte des Jahrzehnts, bei den
Demonstranten von rechts mit Zentrum in Ostsachsen. In beiden Anhängerschaften bekundeten gut 70 Prozent mit Aplomb die uneingeschränkte Befür-

wortung für ein plebiszitär gestaltetes Gemeinwesen. Wir sahen es: Im Lager von NoPegida stieß man nur auf gut 18 Prozent, die vollauf überzeugt einer Referendumsdemokratie das Wort reden. Die weitgehend rot-grün imprägnierte Demonstrationskultur des Jahres 2015 lebt ganz offensichtlich in stärkerer Übereinstimmung mit den Verfahrensweisen und Regelwerken der deutschen Republik. In diesem Lager scheinen sogar die aktuell stärksten Verteidiger der politischen Ordnung zu agieren. Altlinke Stürme auf die Zitadellen der »bürgerlich-kapitalistischen Demokratie« sind aus dem alles in allem brav-moderaten republikanischen rot-grünen Milieu nicht mehr zu erwarten oder zu befürchten beziehungsweise, wer es denn wünschte, zu erhoffen. Auch damit mochte es zu tun haben, dass sich für die Unzufriedenen, Verbitterten und Verletzten dieser Republik auf der linken Seite kein politischer Adressat mehr fand. Am Ende könnte erst das vielleicht Pegida ins Spiel gebracht und Resonanz verschafft haben.

Umfrage unter Demonstrationsteilnehmern gegen den Stuttgarter Bahnhof

Geschlecht

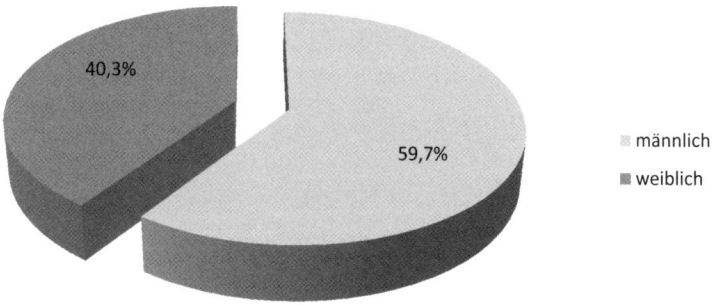

40,3%

59,7%

■ männlich
■ weiblich

n = 864; fehlend = 251

Was haben Sie bei der letzten Bundestagswahl gewählt?

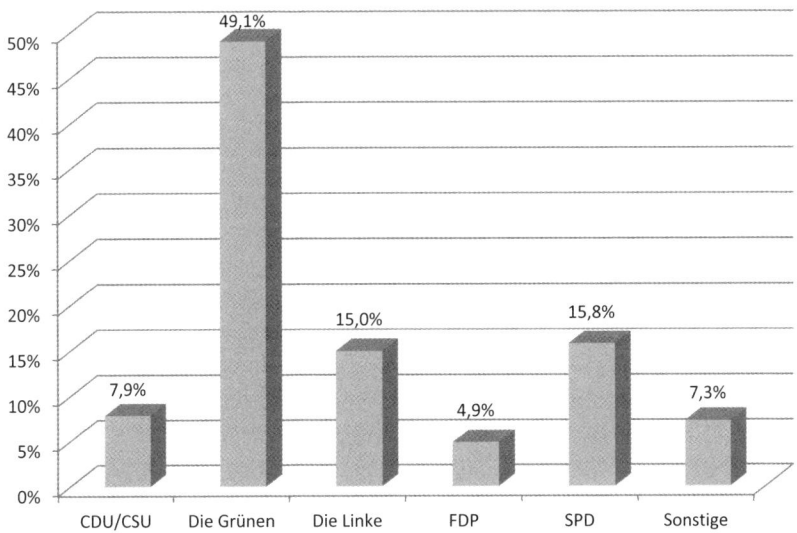

n = 812; fehlend = 50

Zufriedenheit mit der Demokratie

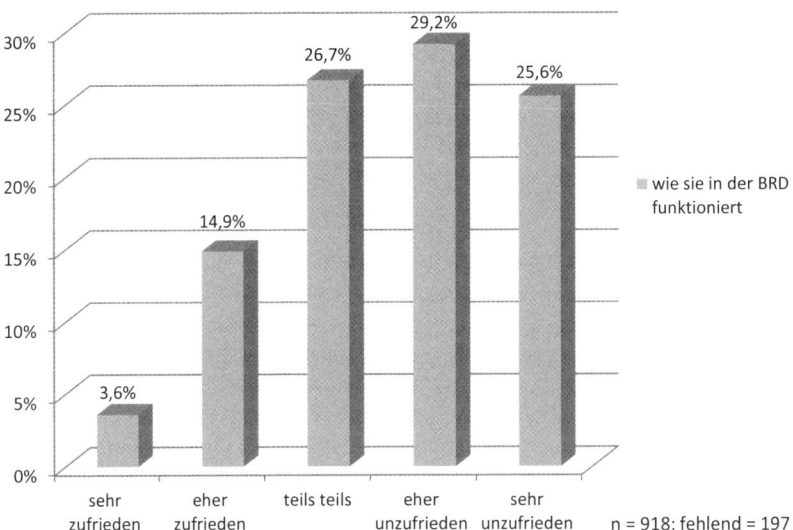

n = 918; fehlend = 197

Deutschland braucht mehr direkte Demokratie (z.B. Volksentscheide, Bürgerbefragungen etc.)

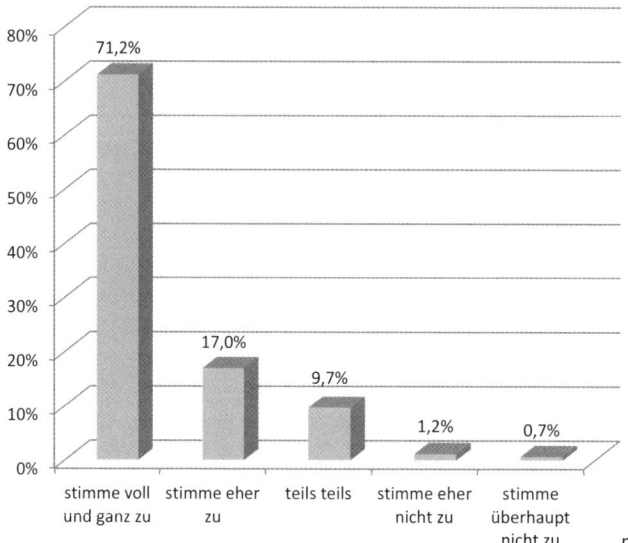

n = 914; fehlend = 201

QUERFRONTEN? SCHNITTSTELLEN ZU DEN »MONTAGSWACHEN«

So erscheint es jedenfalls einerseits. Etwas anders aber stellt sich die Lage der Linken und des Protests dar, wenn man den Vergleich von Stuttgart 21 der Jahre 2010/11 zurückstellt und den komparatistischen Blick stärker auf die Montagsmahnwachen für den Frieden, die seit März 2014 in mehreren Städten der Republik öffentlich ihren Unmut über die Ukrainepolitik des Westens, auch über die Kommentierungsrichtung in den »Mainstream«-Medien zum Ausdruck gebracht haben.[14] Ein bemerkenswert großer Teil der Aktiven dort lehnt es ab, sich politisch eindeutig links, zentristisch oder rechts einzuordnen, da sie dergleichen Platzierungen für anachronistisch halten. Auffällig aber ist, dass die Partei Die Linke, nimmt man die Auskünfte über das Wahlverhalten bei den Bundestagswahlen 2013, in diesem Demonstrationsspektrum auf Zustimmungswerte von über 40 Prozent kam, dass Piratenpartei und AfD mit 15,4 beziehungsweise 12,8 Prozent auf Platz zwei und drei standen, während die Sozialdemokraten die Zustimmung von kümmerlichen 3,2 Prozent fanden. Die weit überproportional guten Werte für Linke, Piraten und AfD, die subjektive Transzendierung der konventionellen Links-

rechts-Koordinaten wirkte verwirrend, wie auch das ziemlich inkohärente
Gebräu von Polit-Versatzstücken und Argumentationssentenzen, die in der
Tat aus den Depots ganz linker wie auch extrem rechter Traditionen entnom-
men zu sein schienen. Mit den Pegida-Demonstranten, die gut ein halbes
Jahr nach den ersten Mahnwachen von Woche zu Woche mehr die Dresdner
Innenstadt durchströmten, wiesen sie einige Gemeinsamkeiten beziehungsweise Ähnlichkeiten auf. In beiden Fällen dominierten markant die Männer
(mittleren Alters, darunter überdurchschnittlich viele Selbstständige/Frei-
berufler), was weder bei früheren Anti-AKW-Protesten noch bei Friedens-
demonstrationen, auch nicht bei den Renitenzbürgern gegen den Bahnhofs-
umbau in Stuttgart oder jüngst bei Anti-Pegida der Fall war. Die Daten etwa
über das Bildungsniveau liegen nah beieinander, da rund ein Drittel hier
wie dort ein Hochschulstudium abgeschlossen hat, womit man erheblich
über dem Durchschnitt der Bevölkerung insgesamt liegt, aber doch signifikant unter den Bildungswerten, die bei den Gegnern von Stuttgart 21 im
Jahr 2010 oder bei den Friedensdemonstranten gegen den Irakkrieg im Jahr
2003 gemessen wurden. Die Affekte gegen Medien fallen bei Pegida wie bei
Mahnwachen-Aktiven gleichermaßen scharf aus. Überhaupt ist das nahezu
generelle Misstrauen gegen zentrale Gruppen wie Institutionen in der bundesdeutschen Gesellschaft ein Zug, der Pegida und Montagsmahnwächter
verbindet.

Zwischen den Mahnwachendemonstranten und NoPegida-Anhängern konnte man andererseits eine Affinität insoweit feststellen, dass in beiden Fällen
Banken und Großkonzerne das stärkste Misstrauen auf sich ziehen, aber die
entschieden negative Bewertung fällt bei den Personen, die an Mahnwachen
teilnehmen, anteilsmäßig ungleich höher aus. Schließlich: Während bei den
Mahnwachen gut 70 Prozent der Engagierten nicht das geringste Vertrauen
in die EU bekunden, äußern sich bei NoPegida lediglich 4,9 Prozent gleichermaßen brüsk negativ über die Vertrauenswürdigkeit der Europäischen Union.
Kurzum: Im von Sympathisanten der Partei der Linken mehrheitlich durch-
drungenen Protestgruppen ist die Distanz zu den institutionellen Strukturen
und den geistig-kulturellen Interpretationshegemonen der Republik unverkennbar stark ausgeprägt, wodurch sie sich von den eher grün charakterisier-
ten Engagementmilieus, die in den letzten Jahren zunehmend ihren Frieden
mit dem Kernselbstverständnis und den tragenden Einrichtungen der bundesdeutschen Demokratie geschlossen haben, abheben.

Umfrage unter Demonstrationsteilnehmern
Pegida und NoPegida im Vergleich

Geschlecht

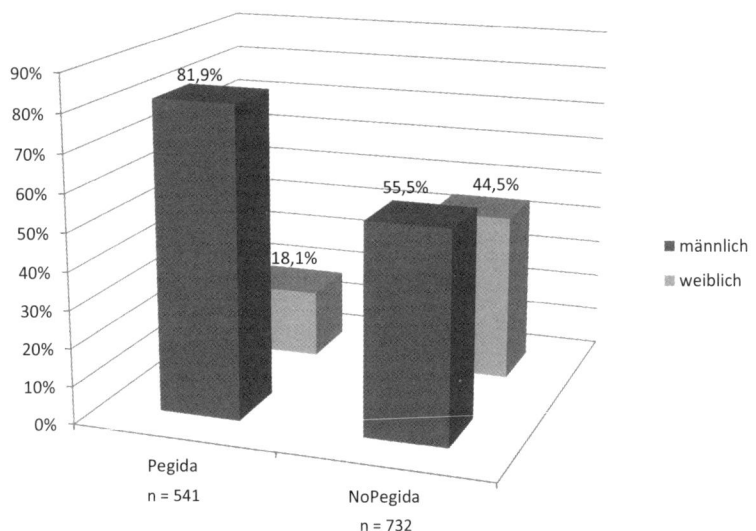

Alter

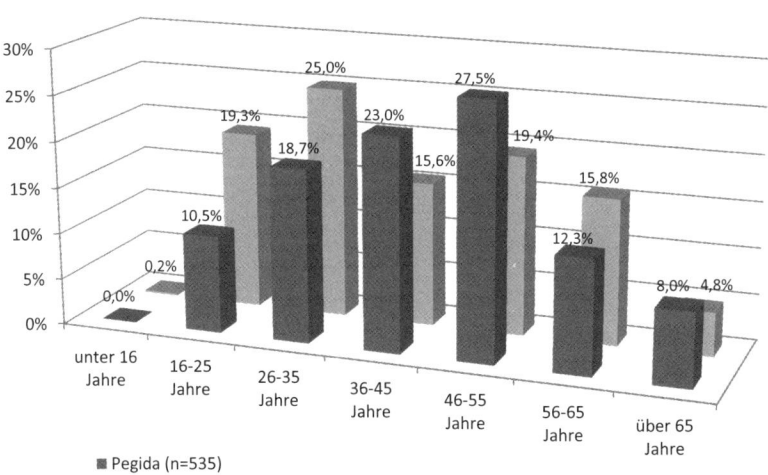

Durchschnittliches monatliches Nettoeinkommen

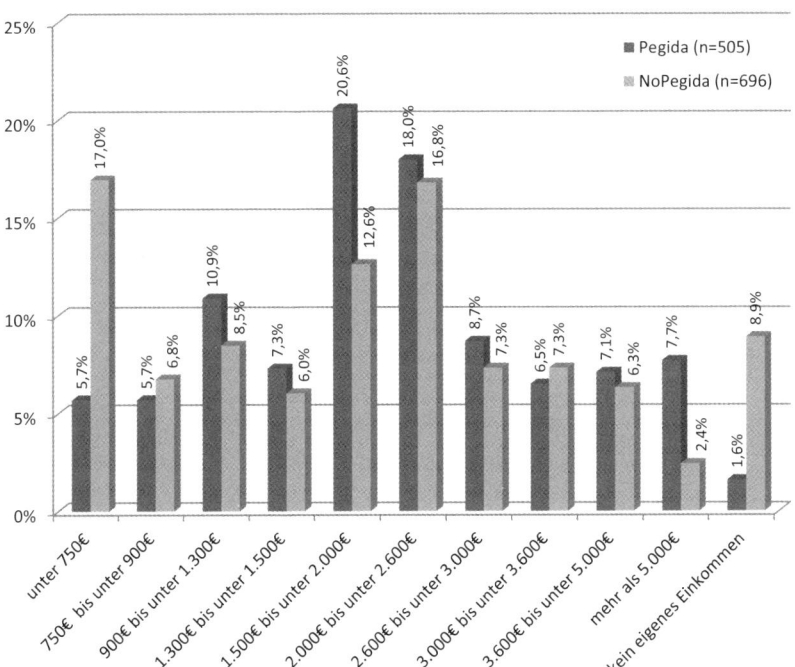

Erwerbssituation

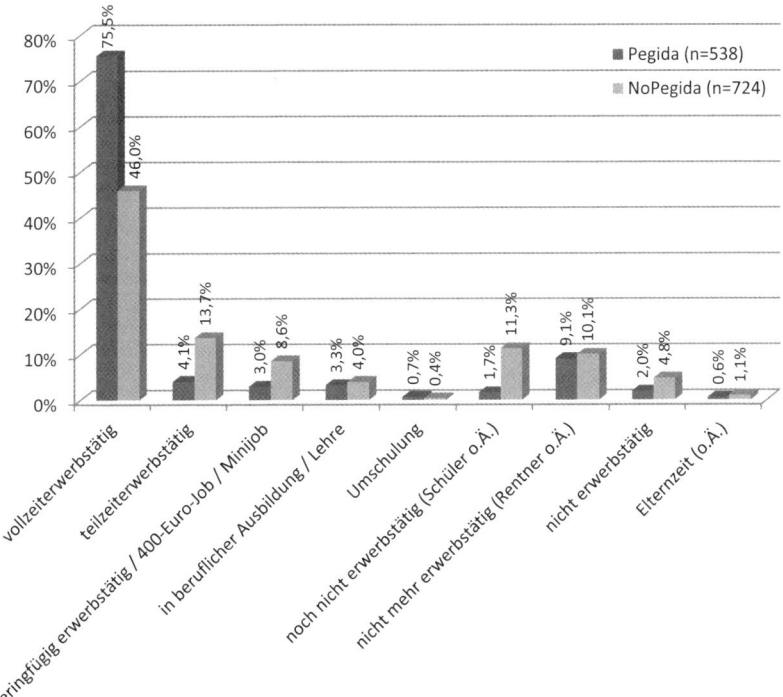

Was sollte Ihrer Meinung nach in unserem politisch-gesellschaftlichen System eine größere Bedeutung haben?

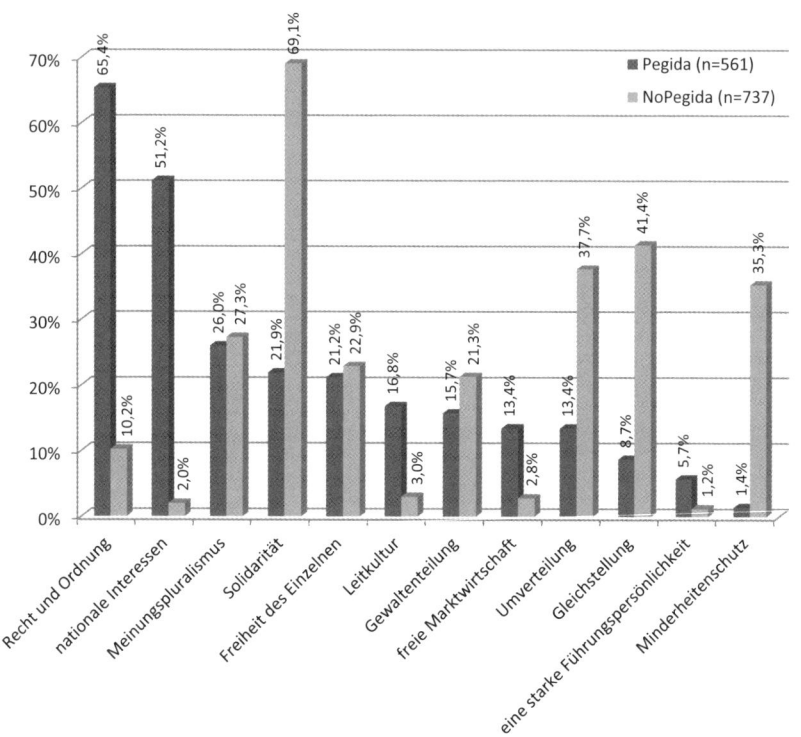

ANMERKUNGEN

1 | Rosa Zettel erhielten NoPegida-Demonstranten.

2 | Ein weiteres Kontrollinstrument der Erhebung war die Frage nach der Teilnahme an der letzten Pegida- bzw. NoPegida-Demonstration.

3 | Vgl. Walgrave, Stefaan u. Verhulst, Joris, Selection and Response Bias in Protest Surveys, in: Mobilization. An International Journal, Jg. 16 (2011) H. 2, S. 203–222.

4 | Die Grundgesamtheit muss bekannt sein, alle Elemente der Grundgesamtheit haben dieselbe Wahrscheinlichkeit in die Stichprobe zu gelangen, die Stichprobenziehung ist (theoretisch) beliebig oft wiederholbar, das Ergebnis – also die aus der Ziehung resultierende Stichprobe – ist unbekannt. Vgl. Steffen Kühnel u. Dagmar Krebs, Statistik für die Sozialwissenschaften, 2012, S. 120.

5 | Vgl. Rainer Schnell, Paul B. Hill u. Elke Esser, Methoden der empirischen Sozialforschung, 2011, S. 298 ff.

6 | Priska Daphi, Dieter Rucht, Wolfgang Stuppert, Simon Teune, Peter Ullrich, Occupy Frieden. Eine Befragung von Teilnehmer/innen der »Montagsmahnwachen für den Frieden«. Forschungsbericht vom 16. Juni 2014. Zentrum Technik und Gesellschaft, Technische Universität Berlin. Bereich Soziale Bewegungen, Technik, Konflikte in Kooperation mit dem Verein für Protest- und Bewegungsforschung, S. 6, online abrufbar unter: https://protestinstitut.files.wordpress.com/2014/06/occupy-frieden_befragung-montagsmahnwachen_protestinstitut-eu1.pdf [zuletzt eingesehen am 14.02.2015].

7 | Ebd.

8 | Vgl. Nikolaus Jackob, Harald Schoen u. Thomas Zerback (Hg.), Sozialforschung im Internet. Methodologie und Praxis der Online-Befragung, Wiesbaden 2009, S. 15.

9 | Rainer Schnell, Survey-Interviews. Methoden standardisierter Befragungen, Wiesbaden 2012, S. 291.

10 | Die die Umfrage jedoch insgesamt ca. 20 bis 30 Minuten beansprucht, muss schon von einer recht hohen Motivation ausgegangen werden, um die Umfrage mehrmals zu durchlaufen.

11 | Rainer Schnell, Survey-Interviews, S. 160.

12 | Zu den deutschlandweiten Werten im Durchschnitt der Bundesbürger vgl. die Tabellen in: Oliver Decker, Johannes Kiess u. Elmar Brähler, Die stabilisierte Mitte. Rechtsextreme Einstellung in Deutschland 2014 (Die »Mitte Studien« der Universität Leipzig), Leipzig 2014, S. 52 f., online abrufbar unter: www.uni-leipzig.de/~kredo/Mitte_Leipzig_Internet.pdf [zuletzt eingesehen am 16.02.2015].

13 | Die Studien-Ergebnisse sind jeweils online abrufbar unter: https://tu-dresden.de/aktuelles/news/Downloads/praespeg; https://protestinstitut.files.wordpress.com/2015/01/protestforschung-am-limit_pegida-studie.pdf; http://tu-dresden.de/die_tu_dresden/fakultaeten/philosophische_fakultaet/ifpw/polsys/for/pegida/patzelt-analyse-pegida-2015.pdf sowie unter: www.demokratie-goettingen.de/blog/studie-zu-pegida [zuletzt eingesehen am 16.02.2015].

14 | Die Ergebnisse der Befragung der Montagsmahnwachen aus: Priska Daphi u.a., Occupy Frieden.

4. Von »Asylanten« und »dem schönen Sachsen«, »Staatsmedien« und »Propaganda-Welten«

Kollektive Wahrnehmungen der Pegidisten

ERGEBNISSE DER QUALITATIVEN ERHEBUNG: GRUPPENDISKUSSIONEN UNTER DEN PEGIDISTEN

Kollektiven Dissens zu erforschen, ist ein kompliziertes Unterfangen. Immerhin ist Protest per Definition Nonkonformität oder Kritik, die sich zunächst außerhalb einer Ordnung zeigen. Dabei werden die Akteure dieser »herrschenden Ordnung« von den Protestierenden oftmals als Gegner oder zumindest als »die anderen« wahrgenommen[1], mit denen Kommunikation aus verschiedensten Gründen schwerfällt oder nicht gewollt ist. Protest zu erforschen, der sich in seiner Artikulation auf lediglich ein Dutzend Demonstrationen beschränkt – wie es in Dresden der Fall war – und sich im Verlauf befindet, ist jedoch noch weitaus problematischer.

Die Spontaneität, mit der Pegida entstand, und die hohe Zahl der Teilnehmer, die insbesondere in Sachsen mobilisiert werden konnten, machten die Frage für uns virulent, was die Menschen Montag für Montag auf die Straße trieb. Neben der Suche nach Motiven der Protestierenden standen die Ergründung der Vorstellungswelten von Politik und Demokratie sowie die Sondierung ihres Problembewusstseins in Bezug auf die gesellschaftliche Entwicklung im Vordergrund. Hier war eine offene, explorative Herangehensweise gefragt, da auf den ersten Blick bei Pegida zwar einiges bekannt, aber vieles doch anders und neu erschien. Insofern wurde für die Studie neben den quantitativen Umfragen und den kontrollierten teilnehmenden Beobachtungen auch auf die Methode der Gruppeninterviews beziehungsweise Fokusgruppen mit Demonstrationsteilnehmern zurückgegriffen.[2]

Fokusgruppen sind Kleingruppen von sechs bis zwölf Personen, die durch ein oder zwei Moderatoren angeregt über ein von ihnen initiiertes Thema sprechen.[3] Die Moderatoren führen die Gruppe in zwei bis drei Stunden durch unterschiedliche Gesprächsblöcke, mit dem Ziel, eine selbstläufige Diskussion innerhalb der Runde anzuregen.[4] Dabei können neben offenen (und immer spezifischer werdenden Fragen) auch Techniken wie das Einzelmindmapping, die Exploration am Flipchart, Kleingruppenarbeiten oder das Erstellen von Collagen eingesetzt werden.[5] Wichtig ist, dass die Teilnehmer nicht einzeln interviewt werden, sondern in Interaktion miteinander treten und wechselseitig Bezug auf das Gesagte nehmen.[6] Mit Gruppendiskussionen lassen sich kollektive Orientierungen und gemeinsame Wissensbestände, Werthierarchien und Bedeutungsstrukturen der Teilnehmer erfassen. Die Idee hinter der Methode ist, dass das Alltagsbewusstsein und die sich im Gespräch artikulierende und somit öffentliche Meinung weniger abfragbares Wissen, sondern oft eher noch subkutane Stimmungen und Gefühlslagen birgt.[7] Dieses Untergrundrauschen verfestigt sich insbesondere in Interaktion mit anderen Menschen und kann daher genau in dieser Wechselbeziehung eruiert werden.[8] Somit ist die Gruppendiskussion für den Sozialforscher quasi eine Produktionsstätte von in seriellen Befragungen nicht erfassbaren Daten. Die innerhalb einer Diskussion reproduzierten Meinungen, also Sprache, Formulierungen und Ausdrucksweisen, sollen identifiziert und kontrolliert – dass heißt nachvollziehbar und von mehreren, sich gegenseitig in der Diskussion kontrollierenden Wissenschaftlern – ausgewertet werden, um herauszufinden, wie die Befragten quasi ihre Realität erfahren und deuten.

Bereits seit 2010 wird am Institut für Demokratieforschung mit dieser Methode gearbeitet, auch im Zusammenhang mit Protest.[9] Bisher konnten zahlreiche Fokusgruppen mit den unterschiedlichsten gesellschaftlichen Milieus durchgeführt werden. Wir haben bislang die Politikwahrnehmung, Gesellschaftsbilder und Deutungsmuster von Protestorganisatoren und Grünen-Wählern erkundet, von Personen, die soziologisch betrachtet aus der gesellschaftlichen Mitte, der Unter- oder Oberschicht kommen. Auf Basis dieses Materials können Gemeinsamkeiten und Unterschiede mit den artikulierten Meinungen der Demonstrationsteilnehmer von Pegida festgestellt werden.

Daher waren einige Themenblöcke der Fokusgruppe an bisherige Diskussionsabläufe angelehnt: Zu Beginn erkundigten wir uns, welche positiven beziehungsweise negativen Erfahrungen die Befragten in ihrem bisherigen Umfeld gemacht hätten, in Kleingruppenarbeit ließen wir sie ihre eigene Zeitung gestalten, um ihre gesellschaftlich-politischen Problemwahrnehmungen zu erkennen; und wir sprachen mit ihnen über Pegida, ihr Selbstverständnis, schließlich ihre Assoziationen zu Demokratie und Politik.

Für die Auswahl der Gesprächspartner haben wir auf der Legida-Kundgebung in Leipzig am 21. Januar und auf der Pegida-Veranstaltung in Dresden am 25. Januar aus der Demonstrationsmenge heraus zufällig Personen angesprochen, ob sie grundsätzlich bereit wären, an einer solchen Gruppendiskussion teilzunehmen. Wir konnten dann am 28. Januar 2015 in angemieteten Räumen eines Dresdner Marktforschungsinstituts drei Gruppendiskussionen sowie am 4. Februar in Leipzig eine Gruppendiskussion und ein Interview mit zwei Teilnehmern durchführen. Bei allen Schwierigkeiten, auf die Journalisten offenbar im Zuge ihrer Vor-Ort-Arbeit bei Pegida gestoßen sind, hat uns die Bereitschaft der Teilnehmer, sich auf unsere wissenschaftliche Erhebung einzulassen, überrascht. Gleiches gilt für die Lebendigkeit der Diskussionen, die mitunter doch recht hitzig waren, von Zustimmung, aber eben auch Widerspruch der Gesprächspartner untereinander lebten und wenig Animation der Moderatoren bedurften – ähnliches konnten wir auch bei den Fokusgruppen mit den Organisatoren der Bürgerproteste im Jahr 2012 beobachten, bei Diskussionen mit politisch grundsätzlich unengagierten Menschen hingegen kaum.

Die Aussagen der knapp dreißig versammelten Personen[10] stehen natürlich nicht für das gesamte Spektrum von Pegida. Auch bei der Rekrutierung für die qualitative Erhebung stießen wir auf ein ähnliches Problem der Selbstrekrutierung und des Selbstausschlusses wie bei den quantitativen Befragungen. Dennoch konnten wir ein breites Teilnehmerspektrum zusammenstellen: Wir hatten zwei Frauen im Alter zwischen 18 und 25 Jahren und zwei ältere Frauen zwischen 55 und 65 Jahren im Sample, die anderen männlichen Teilnehmer repräsentierten alle Altersstufen. Auch die Bildung und Ausbildung sowie die berufliche Tätigkeit der Befragten war breit gestreut. Wir sprachen mit Ärzten, Unternehmern, Beamten, Elektronikern, Lehrern, juristischen Fachangestellten, Außendienstmitarbeitern, Ingenieuren, Rentnern und Arbeitslosen.

Einige berichteten, bereits bei den Kundgebungen 1989 dabei gewesen zu sein, zwei bezeichneten sich dezidiert als politische Aktivisten beziehungsweise als Personen, die bereits Demonstrationserfahrung hatten, jeweils ein (bekennendes) Mitglied der CDU, der AfD und der Partei der Vernunft waren unter den Befragten. Vermutlich standen mindestens drei Teilnehmer der Hooliganszene nahe beziehungsweise gehören ihr an. Für viele schien Pegida jedoch die erste aktive Demonstrationserfahrung in der Bundesrepublik zu sein und die meisten Interviewten waren bereits seit November oder Dezember 2014 auf den Kundgebungen dabei.

Knapp die Hälfte gab an, ein Eigenheim in der näheren Umgebung von Dresden beziehungsweise Leipzig zu besitzen, ein Großteil betonte die Bedeutsamkeit ihres weitläufigen Freundeskreises für den Alltag, viele erzählten stolz von den Kindern, die entweder das Gymnasium besuchten oder beruflich gut integriert seien, von den Enkelkindern, mit denen man viel gemeinsam unternehme. Nur wenige sind aus anderen Bundesgebieten nach Sachsen zugezogen, ein Großteil der Befragten wohnt seit Jahrzehnten direkt in Dresden beziehungsweise Leipzig. Aus dieser regionalen Verwurzelung heraus hat sich anscheinend ein spezifischer Heimatstolz entwickelt, der prägend für die Pegida-Demonstranten ist.

SACHSEN, DRESDEN, UNSERE HEIMAT –
»DAS BESONDERE ZUHAUSE«

Viele Menschen sind stolz auf ihre Heimat und sagen das auch. Nicht weni-
ge Kölner gehen fest davon aus, in Deutschlands schönster Stadt zu leben.
Münchner Bayern haben nicht nur im Fußball das »Mia san mia« verinner-
licht und tragen es selbstbewusst vor sich her, sondern auch außerhalb des
Stadions. Hamburger, so sagen sie es selbst, leben im Elbvenedig, mit vielen
Brücken und Kanälen, berühmt für sein Handelswesen – und überhaupt, die
Lebensqualität in der weltoffenen Hafenstadt! Letztlich stößt man allerorten –
von Großstadt bis Dorfgemeinschaft, von Nord nach Süd – auf vergleichbare
Erzählungen, die die eigene Herkunft in (viel zu) helles Licht stellen. Es sind
Geschichten, die sich weitertragen, reproduzieren und verfestigen. Unabhängig davon, ob gebürtig, zugereist oder temporär – Bewohner erfahren diese
zumeist kollektiv geteilten Stadtgeschichten, verhalten sich zu ihnen, schreiben sie fort. Die positive Färbung dieser aufgenommenen und weitererzähl-
ten Selbstverortungen resultiert gewiss auch aus der Affirmation des eigenen
Seins, welche dem Leben ein Stück Komplexität nimmt, aus den Erfordernis-
sen der psychologischen Selbsterhaltung. Wer wertet denn schon seinen Hei-
matort, sein selbst gewähltes Lebensumfeld rundheraus ab, diskreditiert einen
bedeutenden Teil eigenen Lebens, eigener Lebensführung? Meist findet man
lobende Worte, wenn man über die Heimat, das Leben, das Land und die Leute
spricht – so ist es im Rheinland, an den Nordküsten, im Alpenraum, kurzum:
überall in der Republik.[11]

Und dennoch waren in unseren sächsischen Diskussionsrunden die Erzählabschnitte über das Leben in den Metropolen Dresden und Leipzig überaus interessant, stellten stets besonders dichte narrative Passagen dar, waren
gespickt von Superlativen und Metaphern und wiesen somit hin auf eine womöglich nicht einzigartige, aber dennoch überaus ausgeprägte, gemeinschaft-
lich geteilte Sichtweise auf die eigenen Städte. Noch auffälliger in Dresden
als in Leipzig vertraten die Befragten die Auffassung, in einer ganz außer-
gewöhnlichen Stadt zu leben, die ein charakteristisches, ja unvergleichliches
Miteinander aufweise, deren Einwohner große Übereinstimmungen in ihren
Wesensarten, Lebensstilen und Überzeugungshaushalten zeigten und die im
Vergleich zu anderen Orten ihre regionalen Eigenarten – insbesondere dank
ihrer Bürger – trotz aller geschichtlicher und politischer Volten in ihrem Kern
konservieren konnten. Hieraus – so waren sich die Diskussionsteilnehmer sicher – speisten sich große Teile des Engagements für Pegida. Folgen wir zunächst drei Argumentationssträngen der von uns in den Fokusgruppen befragten Pegida-Aktiven, die diese Ansicht nährten, wobei die Reihenfolge ihrer
Darstellung keine Bedeutungszuweisungen darstellen.

Die von uns Befragten betonten – erstens – die Relevanz, den Stellenwert und die Geltung von Kultur und Natur ihrer Stadt. Angesprochen auf das Leben in ihrer Stadt, setzten in den Gesprächsrunden meist aufzählungsartig Nennungen vielfältiger positiver Zuschreibungen ein. Man komme als Handelsvertreter viel herum, berichtete ein 40-jähriger Teilnehmer, habe schon einiges von Deutschland gesehen, doch hier sei es einfach am schönsten. Die Kultur, die Seen, der Flughafen – der nicht in der Stadt liege, insofern keinen Lärm verursache, aber dennoch in wenigen Autominuten zu erreichen sei –, sowie die Sauberkeit (»Kein Krümel auf der Straße«) und die günstigen Miet- und Grundstückspreise zeichneten »die beste Stadt, die es gibt« aus, wie der Mann berichtete und hinzufügte: »Und noch keine Überfremdung.« Er schloss: »Ich lebe hier gern. Geile Stadt. Besser geht es nicht.« Gemeint war Leipzig.[12]

Teils wortgleich fielen die Schilderungen in der gut hundert Kilometer entfernten Landeshauptstadt aus. »Sie können in jeden Bereich reingreifen: Kultur, Geschichte, diese Stadt ist phänomenal«, berichtete ein Diskussionsteilnehmer, der zuvor darauf verwiesen hatte, in vielen Städten Deutschlands gelebt und gearbeitet zu haben – unter anderem in Köln, München, Karlsruhe und Frankfurt, wie er sagte. Für ihn stehe fest: »Ich hatte Vorbehalte, aber ich muss sagen, es ist eine unglaubliche Stadt.« Gemeint war Dresden.

Die Stadt, die Kultur, das Leben – die Teilnehmer waren überzeugt, in einer Region wohnhaft zu sein, die deutschlandweit ihresgleichen suche. Es entstanden schwärmerische Erzählabschnitte: von Dippoldiswalde in der Sächsischen Schweiz, dem Erzgebirge, wo man so wunderbaren Schnee und herrliche Wanderrouten vorfinde, vom nahen Meißen, das für seine Porzellanmanufaktur weltbekannt sei, von den Landschaften der »wunderschönen Lausitz«, dem Barockschloss Moritzburg, von der geringen Entfernung zur »Tschechoslowakei«, und von Radebeul, der dortigen Weinstraße, »dem eigentlich Schönsten von Dresden«. Das alles erreiche man sehr schnell von Dresden aus, gehöre praktisch dazu, bekomme man frei Haus, wenn man in der Elbstadt lebe. »Das macht die Sache lebenswert«, sagte ein Befragter, »Dresden ist eine Kulturstadt, wie wir alle wissen.«

Zwei Überzeugungen schienen aus dieser Aussage hervor, die exemplarisch für den Blick unserer Befragten auf ihre Stadt, ihre Heimat betrachtet werden dürfen. Zum einen war dies die Bezeichnung »die Sache« für das Leben in der Hauptstadt des Freistaats. In den Augen der von uns Befragten erscheint Dresden als Objekt und das Dresdner Leben als eine Art Gebilde, nicht wenigen gar als Kunstwerk. Zum anderen handelte es sich um den Halbsatz »wie wir alle wissen«, mit dem die Aussage, wonach Dresden eine »Kulturstadt« sei, nicht nur untermauert, sondern ihr eine überwölbende Gültigkeit attestiert wird. Eine ausgewiesene Gewissheit also – bekannt, erprobt, unbestreitbar.

So nahmen die von uns befragten Pegida-Anhänger ein Ensemble aus kulturellen sowie landschaftlichen Räumen wahr, in denen sie als Konsumenten – aber auch als Produzenten, wie später darzustellen sein wird – einen aktiven Part spielten.

»Wir wohnen im Prinzip auf dem Land, aber wir sind in einer halben Stunde in Dresden drin. Und wir wohnen eben landschaftlich sehr schön im linkselbischen Raum, der Wartberg gleich in der Nähe, die Elbe in der Nähe, und man kann trotzdem alle kulturellen Sachen hier nutzen. Also wir fahren dann auch gerne hier rein. Ich freue mich auch schon, wenn die Operette hier nach Mitte endlich kommt, dass es nicht mehr so weit ist, weil ich höre gern die Operette.«

Dresden als Schmelztiegel, in dem Kultur und Natur verbunden sind zu einem Gemisch, das einzigartige Strahlkraft besitzt und insbesondere im Vergleich überragend erscheint, wie Teilnehmer deutlich machten: »Das Ruhrgebiet ist ein einziges Drecksloch.« Glücklicherweise sei Dresden anders. Hier sei es gelungen, trotz ebenfalls augenscheinlich existenter Probleme – genannt wurden beispielsweise Einbruch, Autodiebstahl (»Die Grenze nach Tschechien ist nicht weit«) sowie die Stadtpolitik, die »ein Graus« sei – Form und Haltung zu bewahren. So gaben sich die Befragten ausgewogen: »Im Großen und Ganzen ist Zufriedenheit vorhanden. Es geht nicht ums Meckern.« Es wäre – ihren Darstellungen weiter folgend – auch undenkbar, das Bundesland zu verlassen, fortzuziehen. Zu tief sei man hier verwurzelt, als dass man Abschied nehmen könne, zu naturverbunden. Man schätze die Mentalität der Menschen, wisse, wie sie ticken, könne nicht nachvollziehen, »warum Hinz und Kunz« überhaupt nur darüber nachdächten, die Stadt zu verlassen. Wobei: Wer hier aufgewachsen sei, habe wenig Interesse, woanders hinzuziehen. Im Alter habe man »solche Flausen« ohnehin nicht mehr. Das Gegenteil ist zu beobachten: Einst fortgezogene Bekannte wünschten sich, zurückzukehren: »Heimat ist Heimat.« Bereits in der Vergangenheit habe man sich für seine Stadt entschieden, wie ein Diskutant unterstrich und von einer Zugreise im Jahr 1989 berichtete, die ihn bis nach Kiew führen sollte, während der er die Nachricht erhielt, dass eine Ausreise aus der DDR über Budapest möglich sei und er die Chance gehabt hätte, diesen Weg einzuschlagen. »Mir war klar, ich will wieder nach Hause«, erzählte der Mann, »es gab kein Diskutieren. Ich bin hier, ich gehöre hier her.«

Der Blick zurück diente vielfach als Erklärung und Beleg für wichtige Charakterzüge der Stadt. Berichtet wurde von Begegnungen mit »alteingesessenen Dresdnern« Ende der siebziger Jahre, zum Teil »ganz einfache Leute«, die von früheren Besuchen in der Semperoper erzählten. Schon damals war der Befragten klargeworden, dass »tief verwurzelt in der Bevölkerung so ein kulturelles Bewusstsein« vorhanden sei. Erfahrungen, Begegnungen und Bekanntschaften dieser Art hatten die Teilnehmer unserer Gesprächsrunden vielfach memoriert. Die Aussage »Ich kenne Dresden noch so, wie es früher war« steht dafür paradigmatisch. Davon leiteten sie, teilweise durchaus robust im Ton, einen ehrgeizigen Anspruch ab:»Wie ich es kennen und lieben gelernt habe, will ich es behalten.«

Neben der oben ausgeführten Betonung von Kultur und Natur verlief die zweite stark ausgeprägte Erzähllinie der von uns Befragten entlang einer als besonders herausgestellten sächsischen Mentalität(-sgeschichte), die Land und Leute nach wie vor prägt, die Anschauungen formt, die Menschen macht.[13] Hier stand als Ausgangspunkt zunächst die Konfession. »Ich bin überzeugter Dresdner«, »Ich bin militanter Sachse« und »Ich bin bekennender Sachse« waren Kurzsätze, die in unseren Runden häufig fielen, die bei den Mitdiskutanten stets auf wohlwollendes Verständnis stießen und die von den Rednern selbst zumeist als eine auf wenige Worte verdichtete Einleitung formuliert wurden. Es schlossen sich breite Erzählpassagen über das Sächsische an. Im Gegensatz zu vielen anderen Regionen – mit Ausnahme Bayerns – besäßen die Sachsen »ein ziemliches Selbstbewusstsein«. Man sei »lokalpatriotischer«, verfüge (noch) über eine »eigene Identität«, sei sich dieser bewusst – ein Befragter betonte, dass seine Vorfahren bis zum Jahr 1602 aus Sachsen stammten –, vor allem aber: Man sehe die Dinge klarer als andere. »Der Sachse ist helle«, beschrieben mehrere Teilnehmer unabhängig voneinander, was sie damit meinten. Mit viel Vernunft, Wissen, Weitblick und auf Erfahrung basierender Umsicht vermöge es der Sachse, bewiesenermaßen früher und exakter gesellschaftliche Schieflagen wahrzunehmen sowie diese prägnanter und pointierter zu formulieren. Kürzer und in den Worten der Befragten: Der Sachse »sieht, wenn etwas nicht normal ist«. Und dabei ist ihm vorausschauendes Denken zu Eigen. Er sei »fischelant«, umschreibt es ein Leipziger Gesprächsteilnehmer. Das in Sachsen geläufige Wort stammt vom französischen »vigilant« (zu deutsch: wachsam), meint aber darüber hinaus auch umtriebig, aufgeweckt und gescheit. Der Gebrauch des Verstandes ist eine weitere Erzählfigur, die die Befragten ausführten, um das spezifisch Sächsische zu erläutern. Ein Legida-Anhänger verwies auf die Interpretation des lateinischen Sprichwortes »Sapere aude« von Immanuel Kant, der übersetzte: »Habe Mut, Dich Deines eigenen Verstandes zu bedienen.« Die Sachsen hätten dies seit der Aufklärung verinnerlicht, ebenso wie Kants kategorischer Imperativ Handeln und Verhalten der Sachsen zutiefst geprägt habe und es weiterhin tue. Daraus, so die Befragten, erwächst ein steter Vortrieb, »als Sachsen und als Volk, wie wir so sind, gewillt sind, etwas zu machen. Das gehört für mich dazu.« Die Historie habe es zahlreich dokumentiert, in Sachsen habe mehrfach der »Lackmustest« für Kommendes stattgefunden: »Die Leute haben gekämpft und getan.« Die befragten Pegidisten führten die revolutionären Ereignisse von 1848 und 1989 an: »Wir Sachsen waren die ersten, die das System ins Wanken gebracht haben.« Sie verwiesen auf eine verbreitete Fähigkeit zur Skepsis und Kritik. Und sie attestierten Dresden sowie Ostdeutschland insgesamt dem politischen System kritischer gegenüberzustehen: »Wir sind bestimmt viel politischer. Ich merke das bei meinen Verwandten im Westen. Also über Politik oder so reden die dort nicht so wie wir.« Die Dresdner bekämen ihren Hintern aus dem Sessel, wenn sie es für nötig hielten, und gingen auf die Straße: »Das ist es, was Dresden ausmacht.« Insofern blickten sie von diesen Gesprächspunkten aus keinesfalls überrascht, sprachlos oder perplex auf die Entwicklung der Pegida-Bewegung in ihrer Stadt: »Dass das von hier kommt, wundert nicht.«

»Der Sachse ist helle« führte auch dazu, dass das Bundesland – verglichen mit den anderen »neuen Ländern« – relativ gut durch die Wendezeit gekommen sei. Man habe nach 1989 »das Beste daraus gemacht«, hieß es, und das sehe man an Leipzig und Dresden. Die Entwicklung sei großenteils positiv, Sachsen seit jeher ein innovatives Land. Der Eindruck bestätigt und verstärkt sich für die Teilnehmer – erneut – mit einem Blick in den westdeutschen Teil der Republik: »Wenn ich nach Rheinland-Pfalz komme, denke ich, ich fahre auf der A14 – vor der Wende.«

Als dritten wesentlichen Erzählstrang – neben dem Narrativ des Kultur- und Naturlandes sowie dem der besonderen sächsischen Mentalität – ließ sich die (Über-)Betonung eines ausgeprägten Zusammengehörigkeitsgefühls identifizieren, welches das Miteinander in Sachsen im Allgemeinen sowie in Dresden und Leipzig im Besonderen charakterisiere. Die Menschen seien offenherziger, ehrlicher, noch nicht so sehr auf den eigenen Vorteil bedacht wie andernorts, gleichwie auch in Dresden, Leipzig und Umgebung erste Anzeichen gesellschaftlicher Verrohung von den Befragten ausgemacht wurden. Doch noch sei es nicht so weit. Auch der Umgang der Menschen untereinander sei »fantastisch«. Als Fremder komme man »unglaublich schnell hier in den richtigen Kreis rein«, wie ein nach Dresden Zugereister berichtete. Seine Frau und seine Kinder fühlten sich unheimlich schnell wohl. Ohnehin erlebe man, dass Familien hier noch besonders geachtet würden, Kinder einen geschützten Lebensraum vorfänden. Auch dafür, dass das so bleibt, so die Befragten, engagiere man sich bei Pegida. Konkrete Momente des Zusammenhalts, Ausdruck gelebter Solidarität, auch praktizierter Nächstenliebe, die charakteristisch für Dresden und seine Bewohner seien, fallen den Befragten ein, ohne lange darüber nachdenken zu müssen – die Jahre 2002, 2006 und 2013 beispielsweise, als jeweils Rekordmengen Elbwasser die Stadt fluteten. Das alles habe man überstanden – unzählige Sandsäcke befüllt, Keller ausgepumpt, den Nachbarn Unterkunft gewährt, alle Schäden beseitigt, die vollgelaufene Stadt wieder hergerichtet. Man habe außergewöhnliche gemeinschaftliche Fluthilfen im Scheinwerfer des öffentlichen Interesses organisiert, was von außen viel Anerkennung brachte und den Dresdnern – die Dauerschlagzeilen von Pegelständen und Flutopfern waren längst verhallt – im Innersten Genugtuung, auch

Stolz bereitete.[14] Ein Beleg ihrer (Gegen-)Wirksamkeit. Gedanken daran brachten jedenfalls Pathos in die Stimmen der Befragten: »Für mich ist das hier Heimat. [...] Die Erde, die Luft und das Wasser, und man will da nicht weg.«

WARUM ZU PEGIDA?
AUSLÖSENDE MOMENTE FÜR DIE DEMONSTRATIONSTEILNAHME

Während die Heimatverbundenheit ein tieferliegendes Antriebsmoment für die Protestteilnehmer zu sein scheint, stellt sich die Frage, welcher konkrete Anlass – insbesondere aus der Selbstdarstellung der Befragten heraus – für die recht heterogen anmutende Personengruppe ausschlaggebend war. Welche auslösenden Momente mobilisierten sie, um unter dem Banner »Patriotische Europäer gegen die Islamisierung des Abendlandes« für einen »Spaziergang« durch die Innenstädte der sächsischen Metropolen zu ziehen?

Ein großer Teil bekannte sich, schon immer an die von Pegida vertretenen Forderungen »geglaubt« zu haben. Man trägt offenbar schon seit Jahren eine große Unzufriedenheit, ein »Bauchgrummeln« oder auch »ungutes Gefühl«, wie es die Teilnehmer formulierten, mit sich herum, und habe »immer auf so einen Moment gewartet«, um die »Chance zu ergreifen [...] und auf die Straßen [zu] gehen«. Man habe überall den »Druck« der »kritischen Masse« gespürt. Pegida war da eine »Bombenidee« von Bachmann, ein »Glücksfall für uns«, eine »Befreiung«. Nun existierte endlich ein »Forum«, auf dem zum Ausdruck gebracht werden konnte: Mit diesen Verhältnissen bin ich nicht einverstanden.

Für die von uns Befragten waren die »Patriotischen Europäer« offenbar ein Angebot, um das Gefühl einer »Ohnmacht« und »Sprachlosigkeit« überwinden zu können. Gleichzeitig waren sie selbst überrascht, »wie viele Leute Gott sei Dank genauso denken«. Daher habe die Versammlung in der Masse auch sehr gut getan. Während einige bereits (»zwar nicht von Anfang an«) an den Montagsdemonstrationen, die die DDR zu Fall gebracht hätten, teilgenommen hatten, waren andere das erste Mal in ihrem Leben Teil einer Demonstrationsmenge. So habe man zwar anfänglich gar nicht an einen Erfolg geglaubt, aber gerade vor dem Erfahrungshorizont der friedlichen Revolution müsse doch deutlich sein, dass man durch Präsenz auf der Straße etwas ändern könne. Vor allem weil der Schritt, sich auf die Straße zu wagen, »Mut« erforderte, wie einige berichteten, schien diese neue Erfahrung, Teil einer Demonstrationsmenge zu sein, euphorische Gefühle auszulösen. Gerade weil man offenbar nie einen Schülerprotest organisiert oder an Studentenkundgebungen teilgenommen hatte, auch nicht zu Veranstaltungen gegen den Golfkrieg oder Hartz IV gegangen war, also über keinerlei Protesterfahrung in der Bundesrepublik verfügte, muss für die Befragten ihr jetziges Engagement eine umso größere Überwindung dargestellt haben. Aus dieser Perspektive mag sich auch ein Teil des Nachdruckes und der Forderung nach Legitimität, Anerkennung und Wertschätzung, aber auch Überschätzung, der montäglich stattfindenden Märsche erklären.[15]

Doch wogegen richtete sich die Unzufriedenheit der Befragten, was brachte das »Fass zum Überlaufen«? Einige benannten weit zurückliegende Auslöser der Politisierung, die sich hauptsächlich auf die Sichtbarkeit traditioneller Islamisten oder Migranten in unserer Gesellschaft konzentrierten: Auf ausgedehnten Auslandsreisen habe man kennengelernt, wozu der Islam fähig sei; in westdeutschen Städten, wie Duisburg, Köln oder München, habe man die »dreckigen Straßen«, für die sicher die hohen »Ausländeranteile« verantwortlich wären, gesehen; im Hochsommer hatte man Mitleid mit einer Burka tragenden Frau. Vor solchen Verhältnissen müsse Sachsen beschützt werden, so die Erzählungen der Befragten. Mit den sozialdemokratischen Gewährsmännern Thilo Sarrazin und Heinz Buschkowski postulieren die Befragten in diesem Zusammenhang: »Wehret den Anfängen.« Doch wurden als auslösendes Moment für die Demonstrationsteilnahme überwiegend Ereignisse aus dem Jahr 2014 benannt. Die Eskalation im Russland-Ukraine-Konflikt und die damit zusammenhängende »Kriegsangst« sowie die Entwicklung des Islamischen Staates im Irak und in Syrien hätten die Lage verändert. Noch einschneidender erlebten nicht wenige Diskussionsteilnehmer jedoch die städtische Verhandlung um die Errichtung der Flüchtlingsunterkünfte. Der »Knackpunkt« sei gewesen, dass die Stadt im Oktober 2014 »den Bau von Asylantenheimen in den Medien verkünden« ließ und darüber im Frühjahr desselben Jahres, als die Wahl der Vertreter der sächsischen Städte und Kommunen anstand, nichts erwähnt hatte. »Mitten im Wohnort, in ein Wohngebiet, wo gegenüber Eigentumswohnungen sind, wo Kindergärten sind, Schulen, junge Menschen leben, die sich gerade ein Heim geschaffen haben und eine Eigentumswohnung geleistet haben« – sollten nun Unterkünfte für »junge Männer« statt den ursprünglich »versprochenen syrischen Familien« eingerichtet werden.

Dergleichen Argumentationen haben wir oftmals bei den Protesten gegen Stromtrassen und Windkraftanlagen gehört: Bauliche Veränderungen im unmittelbaren Lebens- und Wohnumfeld scheinen die Betroffenen auf die Barrikaden zu bringen. Wobei sich die Initiativen etwa gegen Produktionsanlagen erneuerbarer Energien kaum in größeren Allianzen bündeln lassen, die eine ähnliche bundesweite Aufmerksamkeit zu erlangen vermögen wie Pegida. Eine übergeordnete Erzählung, ein Protestframe, eines solchen Zusammenschlusses müsste womöglich die Gegnerschaft zur Energiewende sein – eine thematische Rahmung, die derzeit offenbar nicht auf einen größeren Konsens trifft. Für die Intoleranz gegenüber Flüchtlingen und Zuwanderern sieht es – zumindest für einen eruptiven Moment und im sächsischen Freistaat – hingegen anders aus. Wobei innerhalb der sächsischen Diskussion über den Bau von Flüchtlingsunterkünften zu der offenkundig als Bedrohung empfundenen

Veränderung im unmittelbaren Umfeld ein weiteres Argument durch die Befragten angebracht wurde, das offenbar als auslösendes Moment fungiert hat: Während sich die Politik ausschließlich um die Unterbringung von Flüchtlingen kümmere, fehle es an »Konzepten [...] für die Menschen, die drum rum wohnen«. Wo sind »Außenanlagen« und »Sicherheitskonzepte« für die Anwohner – fragten sie besorgt. Man sei »entsetzt«, wie wenig sich die Politik um die »Menschen kümmert, die mit den Flüchtlingen leben müssen«. Das Gefühl des Alleingelassenseins ist demzufolge ein weiterer Auslöser für die Beteiligung der Befragten an Pegida.

Doch fühlten sich die Gesprächspartner von der Politik nicht nur allein gelassen, sondern auch – und dies war eine sehr dominierende Komponente innerhalb der Diskussionen – massiv beleidigt. »Als Maas uns beschimpfte, bin ich hingegangen«, formulierte es ein Befragter stellvertretend. Die Urteile der Politiker über Pegida schockierten die Befragten. Sie fühlten sich durch die »Hetze« ungerechtfertigt in die »rechte Ecke gestellt«. Dabei würden sie doch lediglich ihr demokratisches Grundrecht auf Meinungsäußerung und Demonstration wahrnehmen, während die »Stigmatisierung [durch die] herrschende Elite« ein Beleg für die »Abgehobenheit« und »Volksferne« der Politiker sei. Vor allem diejenigen, die erst seit Mitte/Ende Dezember an den Kundgebungen teilnahmen oder, wie uns ein Befragter berichtete, durch Zufall in eine Demonstration geraten seien, empfanden die Vorwürfe der »Unmenschlichkeit« und »Intoleranz« oder das von Cem Özdemir bemühte Bild der »Rattenfänger« unerträglich.

Die geringe Protesterfahrung der Befragten und die Bezugnahme auf aktuelle Ereignisse machen deutlich, dass es einer hohen »Aktivierungsenergie« bedarf, um diejenigen, die sich grundsätzlich von den Zielen Pegidas angesprochen fühlen, zu mobilisieren. Trotz latenter Unzufriedenheit hat man sich bisher kaum engagiert. Erst ein außerhalb des Parteiensystems stehendes, nach vielen Seiten hin offenes Protestbündnis, eine Konfliktzuspitzung im Nahen Osten und auf der Krim, aber vor allem die lokalen Auswirkungen der weltweiten Krisen und menschlichen Notlagen, die Bereitstellung von Flüchtlingsunterkünften durch die Städte und Kommunen, mobilisierten einige Tausend Menschen. Zu einem entscheidenden Katalysator der Proteste wurde schließlich die Außenwahrnehmung von Pegida. Bei den Erzählungen der Befragten wurde deutlich, dass sich erst durch die als Anfeindung empfundene Kritik der Politiker das »ungute Gefühl« in Empörung verwandelte, wobei die ungenaue Emotion durch den Druck von außen möglicherweise erst formuliert und damit konkret geworden ist und sich so in den Vorstellungswelten und Einstellungen der Teilnehmer, die zwar nach der Selbstdemontage des Pegida-Führungsteams wieder zu Hause blieben, verfestigen konnte.

Neben der Unzufriedenheit mit der Politik war auch die Unzufriedenheit mit den Medien ein Auslöser, sich bei Pegida zu beteiligen. Die Beschreibung der Ereignisse durch einen Großteil der Medien von Pegida-Veranstaltungen und ihrer Teilnehmer deckten sich in keiner Weise mit den Erfahrungen der von uns Befragten. Da die Medien »falsch«, »unsachlich« und »einseitig« über die »Spaziergänge« berichteten, sahen einige durch eine vermeintliche Deutungshoheit der Medien ihre persönliche Freiheit in Gefahr und beteiligten sich »jetzt erst recht«.

»WIR SIND WIEDER IN DER DDR ANGEKOMMEN« – ÜBER DIE MEDIEN

»Lügenpresse, Lügenpresse!« Diese Rufe gehörten zum Standardrepertoire auf den Pegida-Veranstaltungen des Winters 2014/15. Oft waren es die inbrünstig intonierten Schmähungen auf den Demonstrationsplätzen, die den anwesenden berichtenden Medienvertretern unmittelbar ins Gesicht gebrüllt wurden. »Lügenpresse, Lügenpresse«, von manch einem ergänzt um die Drohung: »Auf die Fresse!« Mehr gab es für die Berichterstatter häufig nicht zu hören. Etliche Pegidisten sprachen nur selten mit Vertretern der »Lügenpresse«, die ihre Aussagen ohnehin nur entstellen, verfälschen und aus dem Zusammenhang reißen würden. Die Ablehnung jedweder Interviewanfragen der Medien wirkte unter den Pegida-Anhängern wie ein ungeschriebenes Gebot, das nur vereinzelt gebrochen wurde. Zumindest war das so bei den Kundgebungen und Aufzügen von Pegida. Das »Orga-Team« indes stand nach eigener Aussage stets für Gespräche mit den Medien zur Verfügung. Einzige Einschränkung: Interviews führe man nur schriftlich und zudem behalte man sich vor, die gesamte Korrespondenz mit dem jeweiligen Journalisten zu veröffentlichen, wie Pegida auf ihrer Facebook-Seite mitteilte. Man habe schlechte Erfahrungen gemacht.[16]

»Lügenpresse« wurde zum Unwort des Jahres 2014 gekürt, eine Wortneuschöpfung ist es indes nicht. In der propagandistischen Auseinandersetzung mit Deutschlands Kriegsgegnern im Ersten Weltkrieg tauchte es ebenso auf wie in der NS-Hetze gegen die Presse der Weimarer Republik. Die »kapitalistische Lügenpresse« war überdies ein Topos der DDR-Propaganda gegen den Westen. In der BRD sprachen RAF-Terroristen und Linksautonome in den siebziger Jahren wie selbstverständlich von »Schweine-« oder »Lügenpresse«. Wiederum im Osten brachten DDR-Oppositionelle im Jahr 1989 den Begriff gegen das SED-Parteiorgan »Neues Deutschland« in Stellung. Auch wenige Jahre vor Pegida wurden die Medien auf diese Weise diffamiert – zumeist von rechts. Anhänger des Fußballvereins Dynamo Dresden entrollten im Oktober 2011 im Stadion ein »Lügenpresse«-Banner.[17] Und als im Mai 2012 Fensterscheiben der »Lausitzer Rundschau« zu Bruch gingen, fand man an den Wänden der Redaktionsräume Schmierereien. Zu lesen gab es vier Worte: »Lügenpresse – auf die Fresse!« Die Zeitung hatte kritisch über die lokale rechte Szene berichtet, in der sich auch andernorts die Beleidigung seit längerem wieder fest etabliert hat. Die Rechtsrockband »Frei.Wild« geißelt in einem ihrer so poppig daherkommenden Lieder die »Lügenpresse« und soll zeitweise T-Shirts mit derselben Parole in ihrem Onlineshop vertrieben haben.[18] Und auch auf den HoGeSa-Demonstrationen im Herbst 2014 war der Ruf zu hören. Kurzum: Es handelt sich um ein politisch einschlägig vorbelastetes Kampfwort, das die »Patriotischen Europäer« so häufig skandierten und für ihre Sache einsetzten. Aber was hat es mit dieser heftigen Ablehnung auf sich? Woher kommt die drastische Medienfeindschaft? Was macht den »Pressehass«, wie es einer unserer Gesprächspartner selbst bezeichnete, aus? Vorab: Die von uns Befragten lehnten die »Mainstream«-Medien als unfrei, gleichgeschaltet, gesteuert und propagandistisch ab. Diese wirkten bloß auf die »uninformierten« Menschen, sie selbst hingegen hätten die »Staatsmedien« durchschaut. Ihr Wunsch: eine neutrale Berichterstattung und nichts weniger als das – die Wahrheit.

Für die etablierten Zeitungen, Medienhäuser und Sendeanstalten hatten die von uns befragten Pegida-Anhänger nichts übrig. Die Ablehnung war kategorisch, gefestigt, geradezu eine Abscheu, die teils mit Gereiztheit zur Schau gestellt wurde. »Ich kann mich noch an früher erinnern«, sagte ein Dresdner Pegida-Anhänger, »es hieß immer Journalismus – Fakten, Fakten, Fakten. Heute nur noch Meinung, Meinung, Meinung.« Längst habe sich, so die Ansicht in unseren Gesprächsrunden, ein Konglomerat sich andienender, sich unterwerfender, sich prostituierender Berichterstatter gebildet, das die entscheidenden Positionen im medialen Betrieb bestimme, besetze und von hier aus die veröffentlichte Meinung auf Geheiß des von Lobbymächten gelenkten Staates orchestriere. Statt objektiver Berichte bekomme man »Einheitsbrei« zu lesen, zu hören und zu sehen, dem nur scheinbar verschiedene Auffassungen untergerührt würden. Echte Alternativen, tatsächlich gegenläufige Stellungnahmen, wahrer Widerspruch entlang auf Tatsachen beruhender Recherchen fänden sich indes nicht, würden vorab gefiltert, bis zur Unkenntlichkeit verwässert oder schlichtweg zensiert. Insofern klingt das von ihnen wahrgenommene deutsche Lamento über nur eingeschränkte Presse- und Meinungsfreiheit in anderen Teilen der Welt in ihren Ohren reichlich dumpf.

»Wir schimpfen auf Italien mit Propagandafernsehen und so und bei uns ist genau dasselbe eigentlich! Wir haben Staatsfernsehen auf allen Ebenen, im Radio, überall eine Gleichschaltung, das ist unerträglich! Also da gibt es auch gar keine andere Meinung oder sowas. [...] Es gibt auch keine neutrale Berichterstattung. Das ist ja auch das Schlimme. Man würde sich auch eine neutrale Berichterstattung angucken. Nein, es gibt nur noch die eine Meinung – und das auf allen Ebenen! Und dadurch erreichst du natürlich eine große Bandbreite an Menschen, die das nun wirklich so hinnehmen.«

Der »Mainstream« mache Mehrheitsmeinungen und konstruiere gesellschaftliche Stimmungen nach Belieben. Diese hätten stets in gewünschten Bahnen
zu verlaufen, so die Befragten. Da mag sich *Der Spiegel* in Nuancen vom *Focus*
unterscheiden, doch für beide Nachrichtenmagazine – so wie für alle anderen
gemeinsam Meinungsvielfalt suggerierenden Medienprodukte auch – gelte
sich vor der Lektüre einschränkend klarzumachen: »Die Presse ist gekauft.«
Und was in diesem gekauften und sich verkaufenden System fabriziert werde,
sei per se voreingenommen, einseitig und unfrei. Die Befragten nannten dafür
Beispiele aus eigenem (Protest-)Erleben. Angeführt wurde die Kölner HoGeSa-
Demonstration vom Oktober 2014. Eine »friedliche«, eine »korrekte Demo«
sei das gewesen, bis »die Polizei die 5.000 eingekreist hat und eine Wanne in
die Mitte gestellt hat als Einladung. Und dann haben die sich da natürlich abge-
arbeitet.« Unser Gesprächspartner schränkte ein: »Natürlich sind das kräftige
junge Männer, ja, also die ihren Sport, sich gegenseitig zu verprügeln, an anderer Stelle und zu anderen Gelegenheiten wahrnehmen.« Doch führte er weiter
aus: »Aber das wurde in der Presse dermaßen verzerrt dargestellt – ›ein Mob‹
stand sogar in der FAZ. Ich war entsetzt!« Seine Informationen stammten aus
einem Beitrag Tatjana Festerlings auf dem Blog »Journalistenwatch.com«.[19]
Festerling ist AfD-Gründungsmitglied in Hamburg und Mitglied der Patriotischen Plattform, einem Zusammenschluss von Parteimitgliedern, der sich
zum Ziel gesetzt hat, »nationalkonservative Positionen in der AfD«[20] zu stär-
ken; Mitte Februar trat sie der Pegida-Führung bei. Als ein weiteres Exempel
für gesteuerten Journalismus und Stimmungsmache führte eine Befragte eine
Sendung des ARD-Polit-Talks »Günther Jauch« an. Am 18. Januar diskutierte
Jauch unter dem Titel »Politik trifft auf Protest« über Pegida. Dabei zeigte der
Moderator einen kurzen Einspieler mit Interviewausschnitten von Pegida-Aktiven, die während eines »Spaziergangs« in Dresden aufgenommen worden
waren.[21] In den Augen der erwähnten Befragten habe eine völlige Verzerrung
und Zerstückelung der Interviews stattgefunden. Die Sequenzen seien auf ein
deutlich zu erkennendes Ziel – die Desavouierung Pegidas – zurechtgeschnit-
ten worden. »Die Leute stehen völlig alleine da«, sagte die Frau und fügte er-
bost hinzu: »Und diese Leute dort so … wie der Jauch die … der hat die dort
richtig vorgeführt.« Ihre Empörung stieß in dem von uns geführten Gruppeninterview auf Zustimmung. Ergänzend fügte ein Teilnehmer an: »Und uns
als Sachsen auch ein bisschen als blöd dargestellt.« Eine dritte Teilnehmerin
pflichtete bei: »Das ist doch für so medienerfahrene Leute, ist das doch ganz
einfach, da ein Bild zu erzeugen.« Ihr Vorwurf lässt sich knapp zusammen-
fassen: Die ARD brachte eine verkürzte, manipulative Darstellung zur besten
Sendezeit, um Pegida zu schaden.

Die kampagnenhafte Produktion von Bildern, die darauf ziele, (Vor-)Urteile
bei den Betrachtern auszulösen, mache, so die Befragten, selbstredend auch
vor Parteien nicht halt. Wo der Parteienwettbewerb eigentlich eine Gleichbe-

handlung vonseiten der Medien gegenüber den konkurrierenden Parteien un-
abdingbar mache, griffen verfilzte Strukturen der etablierten Parteien im öffentlich-rechtlichen Mediensektor ein, um etwaige Gefährdungen ihrer Macht
zu verhindern. Die Geschädigten seien in diesem abgekarteten Spiel zum einen
die an objektiven Informationen interessierten Bürger, die aufgrund bindender
Gebührenzahlungen ein Anrecht auf akkurate Nachrichten besäßen und zum
anderen aufstrebende politische Neulinge – wie beispielsweise die AfD.

»Ich habe immer gedacht, der Lucke und so, die AfD, das sind auch alles Rechte, aber
mittlerweile glaube ich, der Lucke, der ist ja Professor, der ist nicht dumm. Der wird nur
durch unsere Medien dermaßen diffamiert und schlechtgemacht die ganze Zeit. Das
dürfte auch nicht sein! Ich meine, der kann doch seine Meinung sagen.«

Erkannt hätten die Befragten die Macht der Medien, und wie man »eine Sache
so anders, so subjektiv halt darstellen kann«. Nicht zuletzt anhand tendenziös
wahrgenommener Berichte über einzelne Pegida-Demonstrationen, an denen
sie selbst teilgenommen hatten, bildeten und schärften sie ihre bereits vorhandenen Sichtweisen auf die Presse: »Wir merken eben, dass wir medienmäßig
wieder in der DDR angekommen sind [...] und das ist unheimlich bitter.« Auf
die regionalen Medien könne man sich ebenfalls nicht verlassen. Die *Sächsische Zeitung* berichte »immer schleppend«, »ein bisschen am Thema vorbei,
als würde der Chefredakteur die nochmal auf Linie bringen«. Jahrelang habe
man sie abonniert, nun denke man stark über eine Kündigung nach – »schon
aus Protest«. Auch hier also, im Nahbereich, im Lokalen, fanden die befragten
Pegida-Anhänger keinen Orientierungspunkt für eine neutrale, freie Berichterstattung. Zu umspannend, zu durchdringend, zu dominant-autoritär sei der
mediale Apparat. »Wir leben in einer Propaganda-Welt«, fasste ein Befragter
seine Sichtweise zusammen, »ein einziger Lügenhaufen«. Dahinter stecke System.

Man selbst habe das begriffen, blicke seither völlig anders auf »das Mediensystem«, habe alle Naivitäten ablegen können und mit dem Zustand umzugehen gelernt. Das tumbe, ahnungslose Glotzen sei dem für immer geschärften
kritischen Blick gewichen, die Zusammenhänge würden nun »sonnenklar«,
kurz: Man habe es durchschaut – im Gegensatz zu vielen anderen. Denn diejenigen, die noch nicht verstanden haben, stellen die Mehrheit, folgt man den
Befragten weiter. Dafür werden im Wesentlichen drei Gründe angeführt. Zum
einen sei der überwältigend große Anteil an »Uninformierten« zurückzufüh-
ren auf erfolgreiche Kampagnenführung des Systems, die geschickt vernebele,
gezielt ablenke und gekonnt desinformiere. Zum anderen müsse ein Weg des
Erkennens und Begreifens zurückgelegt werden – den die Befragten freilich
gegangen sind –, um den Apparat als solchen zu entschlüsseln. Dafür brauche
es schlichtweg Zeit, die nicht allen Bevölkerungsgruppen in gleicher Weise zur

Verfügung steht, sowie die Bereitschaft und die Offenheit, sich vertieft und umfassend mit den Themen auseinanderzusetzen, um sich eine eigene Meinung zu bilden. Wer lediglich die Presse-Meinungen übernehme, habe keine eigene Meinung. »Die Leute hinterfragen das halt auch überhaupt nicht. Das wird so genommen, wie es dir dargestellt wird«, machte ein Diskutant deutlich. Hinzu kommt drittens, dass sich Teile der Gesellschaft dem Erkennen gegenüber verweigerten, nicht sehen wollten, mit aufgesetzten Scheuklappen die Welt – ihre Welt! – so wahrnehmen, wie sie sie wahrnehmen möchten – verblendet, borniert, vernagelt. Dies erläuterten die Befragten insbesondere anhand ihres Gegenübers, der »NoPegida-Seite« sowie »der Antifa«. Man schaue sich regelmäßig ihre Internetpräsenzen an, lese selbstverständlich, was auf Seiten wie »Indymedia« und »Dresden nazifrei« veröffentlicht werde (»Ich möchte mir ja auch eine Meinung darüber bilden«) und sei schockiert, wenn dort Pegida-Demonstranten als »Nazischweine« beschimpft würden (»Man muss ja selbst schon im Internet Angst haben«). Eine junge Pegidistin fragte: »Wie kann denn das sein, dass die so über uns reden? Die kennen uns doch nicht!« Die Antwort eines anderen Diskussionsrundenteilnehmers: »Durch die propagierenden Medien eigentlich.« Sie hätten ihre Auffassungen aus der *BILD*, welche sie darin fortwährend bestärke. Den Versuch, andere Sichtweisen einzunehmen, ließen sie gar nicht erst zu. Wobei hier hinzuzufügen ist, dass die von uns befragten Pegida-Aktiven die ihnen politisch fremden Medien vornehmlich durch die Rezeption ihrer bevorzugten Informationsquellen im Internet wahrnahmen, die sich mit Artikeln des anderen Lagers befassten. Das formulierte Ideal ganzheitlicher Informationslagen dürfte jedenfalls nicht gegeben sein. So nahmen die Befragten eine Unterscheidung zwischen ihnen, den »Informierten« und den anderen, den »Uninformierten« vor. »Der Riss« verlaufe quer durch den Freundeskreis, das Arbeitskollegium, den Sportverein sowie – auch das – durch die eigenen Familien, wie der folgende eindrückliche Gesprächsausschnitt aus einem Gruppeninterview mit zwei befreundeten Ehepaaren zeigt.

Teilnehmerin A: »Was mich vor Weihnachten sehr, sehr, also bis ins Mark getroffen hat, dass unsere eigene Tochter, promovierte Akademikerin, also völlig entsetzt war, dass wir zu Pegida gehen. Und sie uns erzählt hat, sie nimmt dort an dieser staatlich organisierten Gegendemo teil. Und sie hat sich eigentlich immer … sie hat eine Familie mit drei kleinen Kindern, Beruf und so, sie hat sich eigentlich immer aus den politischen Sachen unheimlich rausgehalten. Und meine eigene Tochter… ja, die hat null Ahnung. Sie ist einfach uninformiert, aber völlig uninformiert.«

Teilnehmer B: »Sie lesen nicht, machen sich nicht schlau – aber eine Meinung.«

Teilnehmerin A: »Die lesen auch keine Tagespresse oder so, aber im Internet sind sie natürlich unterwegs – und dann reichen ein paar Darstellungen in der Presse, wo Pegida also absolut nie entsprechend widergespiegelt wird, um meine Tochter ... also dass es nicht mal... Ich denke auch nicht, dass wir ein schlechtes Verhältnis haben oder so. Dass nicht mal [...], die ist durch diese Pressedarstellungen soweit radikalisiert worden.«

Teilnehmer B: »Indoktriniert.«

Teilnehmerin A: »...oder indoktriniert...«

Teilnehmerin B: »Infiziert.«

Teilnehmerin A: »...aber das halt nicht mehr ... also sie ist ja nicht blöd. Das hat nicht mal dazu geführt, dass sie sagt: Mensch, meine Eltern sind doch da.... Sie kennt uns ja, sie weiß, dass wir nicht rassistisch sind und fremdenfeindlich per se und was weiß ich. Und also, das war ... ich hab dann ... im Nachgang hat sie mir dann erzählt, dass sie doch nicht hingegangen ist und so, aber...«

Gegensätze prallen aufeinander, folgt man den Erzählungen der befragten Pegida-Unterstützer, oder wie es ein Diskussionsteilnehmer ausdrückte: »Es wird undiskutierbar.« Dabei führten die Befragten uns gegenüber stets an, sich – im Gegensatz zu anderen – »richtig zu informieren«, beispielsweise auf der Seite von »Politically Incorrect« (PI), die nach eigener Darstellung »News gegen den Mainstream« biete – »Proamerikanisch. Proisraelisch. Gegen die Islamisierung Europas. Für Grundgesetz und Menschenrechte.« 2006, so ein Teilnehmer, sei er auf PI gestoßen, »wo interessante Leute geschrieben« hätten: »Da habe ich gemerkt, dass es eine gewisse Gegenöffentlichkeit gibt.« Er lobte das seiner Meinung nach hohe Maß an Nachvollziehbarkeit der dortigen Beiträge, die durch Links zu anderen Lokalmedien, entsprechenden Foren und »Leserzuschriften« gegeben sei: »Das finde ich völlig richtig, eine wichtige Seite.« Vertrauen wurde auch der Wochenzeitung *Junge Freiheit* gegenüber zum Ausdruck gebracht. Diese lasse »auch mal Franzosen zu Wort kommen oder ausländische Journalisten [...], die das schon lange haben, das Problem, und die wissen, wovon sie reden«. »Dort finde ich mich zu 90 Prozent wieder«, ergänzte eine andere Teilnehmerin und gab an, zuvor skeptisch gegenüber dem Blatt gewesen zu sein. Sie hatte ursprünglich angenommen, die Zeitung sei ein »Scharfmacher«, was aber überhaupt nicht der Fall sei. Das Gegenteil stimme, die Artikel in der *Jungen Freiheit* »orientieren sich wenigstens an der Realität«, wie ein anderer Pegida-Befürworter meinte. Darüber hinaus maile man sich gegenseitig »Youtube-Sequenzen« mit Reden, Vorträgen und Dokumentationen zu, beispielsweise von *Compact. Magazin für Souveränität*, einer Plattform und Zeitschrift, die von Jürgen Elsässer herausgebracht wird. Dass man dabei – im Internet sowie während der Pegida-Veranstaltungen – Leute kennenlerne, »die die gleiche Meinung haben, die sich aber in unserem Politik- und

Medienbetrieb nirgendwo wiederfinden«, wirke zusätzlich motivierend: »Da staunt man, merkt man verblüfft, man ist doch nicht allein.«[22] Eine besondere Betonung erfuhr in unseren Gruppendiskussionen stets die Berichterstattung im Zusammenhang mit der Ukraine-Krise. Einseitig würde gegen Russland gewettert[23], eine anti-russische Phalanx errichtet, mit der deutschen Regierungsinteressen der Weg geebnet werde. Wiederum: Vorgänge, die die Befragten durchblickten. »Ich meine, ich hab ja auch nicht die Wahrheit gepachtet. Ich weiß nicht, ob das alles richtig ist«, fasste ein Befragter seine Medienkritik insgesamt zusammen, »aber ich versuche mich an der Realität zu orientieren.« Daran schloss sich ein gemeinsamer Wunsch der Gesprächsteilnehmer an – eine Presse, die wahrheitsgemäß berichtet. Zwar habe Pegida bereits bewirkt, dass nunmehr eine »Tendenz, über gewisse Themen zu sprechen«, zu beobachten sei – selbst die »Mainstream-Medien« könnten eine solch große Bewegung und ihre Anliegen nicht ignorieren –, doch glaubten die Befragten nicht, dass eine Neujustierung, gar die Abschaffung des herrschenden Mediensystems erreicht werden könnte.

»Wenn ich mir ein Wunder wünschen dürfte [...], dann wäre das eine Medienlandschaft, die vollkommen frei berichtet, nicht nach irgendwelchen Parteipräferenzen oder dem Gedanken, den der Chefredakteur verkörpert, sondern eine Medienlandschaft, die frei von der Leber heraus berichtet, kontrovers die Meldungen bringt, von beiden Seiten betrachtet. Das wäre für mich das Wunder. Da ich katholisch bin, glaube ich an Wunder. Aber da habe ich schon meine Probleme mit.«

Vielmehr, so die Sicht der Befragten, würde das Spiel weitergehen. Umso wichtiger sei es, dass sie weiterhin kritisch blieben, immer wieder entlarvend eingriffen, dagegen hielten. In einer Runde wurde der Begriff »Lügenpresse« diskutiert. Auch diesen, war die einhellige Meinung dort, dürfe man ja nicht mehr verwenden, weil »der Goebbels« ihn einst gebrauchte. Da habe die Presse jetzt aber wieder »ein Gewese gemacht«. Die Diskutanten schüttelten die Köpfe. Eine von ihnen wandte lapidar ein: »Dann sagen wir eben ›Presse aus Lügen‹« – und die Runde lachte.

VORSTELLUNGEN VON DEMOKRATIE UND POLITIK

Sowohl die durch die Pegida-Demonstrationen initiierten Themen als auch der Umgang der Befragten mit den Medien zeigten eines recht deutlich: Bei Pegida waren größtenteils diejenigen unterwegs, die sich für Politik interessieren und die mitunter recht gut Bescheid wissen über das politische Personal, über politische Initiativen oder Reformen. Sie gingen zwar als unzufriedene, jedoch politisch interessierte Bürger auf die Straße, aber sie sind keinesfalls Ausdruck der in den letzten Jahren oft beschriebenen apathisch-desinteressierten Nichtwähler.[24] Sie gehen zur Wahl, sie informieren sich, sie sind sprechfähig darüber, welche Anforderungen sie an Politiker stellen, welche Leistungen politische Institutionen zu vollbringen haben, selbst was abstrakte Begriffe wie Demokratie bedeuten könnten. Dies ist für Demonstrationsteilnehmer kein neuer Befund[25], doch überrascht es ein wenig angesichts einiger Einschätzungen über Pegida. Die Befragten unterscheiden in den Gruppendiskussionen selbstständig zwischen einer Begriffsbestimmung, einem Ist-Zustand, also einer Einschätzung der Ausgestaltung der Demokratie, und schließlich einer Wunschsituation, zukünftiger demokratischer Verhältnisse nach ihren Vorstellungen.

Insbesondere durch den Vergleich mit bisherigen Befunden aus den Befragungen mit einer politisch nicht aktiven gesellschaftlichen Mitte kann formuliert werden[26], dass sich die Pegida-Anhänger in puncto Demokratie deutlich besser auskennen. Sie übersetzten den Begriff mit »Volksherrschaft« oder »Herrschaft vom Volke aus« und verorteten die historische Genese der »Regierungsform [...], die nie besser sein kann, als die Menschen, die sie ausführen« ganz selbstverständlich bei »den Griechen«. Demokratie, die es letztlich ermögliche, »gefangen und trotzdem frei« zu sein, sei ein »langwieriger Prozess«, für den man »Zeit« brauche. Es sei klar, dass es in einer Demokratie »Meinungen und Gegenmeinungen« gäbe und dass zu einer demokratischen Diskussion sowohl ein »achtsames Miteinander«, als auch das »Zuhören«, »Abwägen«, »Toleranz«, »Kompromisse schließen« und »verzeihen können« gehöre. Das Ziel der Demokratie, so die Befragten, müsse die Antwort auf die Frage sein, was für »das menschliche Zusammenleben am besten« ist. Als Bezugspunkt und »entscheidende Instanz« der Demokratie wurde auffällig häufig das Grundgesetz erwähnt.

Gleichzeitig benannten die Befragten ebenfalls sehr überzeugend, was alles nicht zur Demokratie gehört: An prominentester Stelle wurde hier – beinahe schon wenig überraschend – Religion genannt. Unabhängig vom Glaubensbekenntnis, so die Fokusgruppenteilnehmer, sollten religiösen Gefühlen und Befindlichkeiten oder konfessionell geprägten Regelungen des Alltags kein Raum innerhalb einer demokratischen Gesellschaft eingeräumt werden. Einige konnten sich auf das Zugeständnis einigen, dass Religion – jedoch keinesfalls extremistisch praktizierte – im Privatleben ausgelebt werden könne. Die Demokratie ist demzufolge grundsätzlich eine atheistische Volksherrschaft. Ebenso scheint die Gleichheit in den Demokratievorstellungen der Befragten eher eine marginale Rolle zu spielen. Kaum ein Gesprächsteilnehmer erwähnte die Voraussetzung von rechtlicher und sozialer Gleichheit als Bestandteil der Demokratie. Soziale Inklusion verband spontan offenbar niemand mit der Herrschaft durch das Volk.

Demgegenüber bildete Freiheit ein Fluchtpunkt des demokratischen Ideals der Pegida-Demonstranten. Dieser Aspekt spitzte sich in den Diskussionen auf eine Forderung nach Meinungs- und Demonstrationsfreiheit zu. Jene sehen die Befragten gegenwärtig insbesondere für sie persönlich als auch für die Pegida-Gemeinschaft gefährdet. Freiheit dürfe lediglich durch das Grundgesetz eingeschränkt werden – und es sei zweifelsfrei so, dass sie und Pegida sich mit dem 19-Punkte-Programm (die neueren Forderungen der sechs Punkte wurden von den Interviewten nicht erwähnt) innerhalb dieses Rahmens bewegten.

Anhand der Debatten in den Fokusgruppen über den von den Befragten ausgemachten Mangel an Meinungsfreiheit wurde eine nachdrückliche Forderung nach einer anderen gesellschaftlichen Diskussionskultur deutlich. Pegida-Demonstranten vermissten einen demokratischen Diskurs, da es Sprechverbote gäbe, Probleme schöngeredet statt offen thematisiert würden, Politiker sich dem Dialog mit Pegida verweigern und Personen, die den Mut ergreifen und öffentlich ihre Meinung sagen, nicht hinreichend beschützt würden. Sie forderten: Politiker müssten mit *allen* Bürgern reden und sich mit *allen* Meinungen auseinandersetzen, »auch mit den Rechten, wenn sie nicht verboten sind, sind sie verfassungskonform, dann muss ich auch mit ihnen reden.« »Selbst SED-Politiker haben sich dem Dialog gestellt.« Für diese Blockadehaltung der Politik ihnen gegenüber in einer demokratisch verfassten Gesellschaft hatten die Befragten keinerlei Verständnis: »Selbst in einer Monarchie hat sich der König in Bauernkleidern unter das Volk gemischt, weil er hören wollte, was die sprechen.« Die Pegida-Anhänger attestierten der Bundesrepublik schlimmere Verhältnisse als dem »Reich der Mitte«. Selbst die Führer des autoritären Einparteiensystems und der Zentralregierung in China würden »Liberale« und andere Oppositionelle einladen, weil man wissen wolle, »was sie zu sagen haben«. In Deutschland fehle den Politikern jedoch der »Mut zum Dialog«, dabei müssten sie »auf die Leute zugehen, die sich gegen sie stellen«, statt Ignoranz, Ausgrenzung und Verunglimpfung zu praktizieren.

Ein größerer Teil der Befragten verstand den Dialog ganz wörtlich: Die Politiker sollten auf die von ihnen geschriebenen Briefe antworten, sich in den Gemeinden nicht nur anlässlich der anstehenden Wahltermine sehen lassen, auch mit den Organisatoren statt nur mit den Demonstranten von Pegida sprechen. Mit den Forderungen nach einer anderen demokratischen Diskussionskultur unterstrichen die Befragten nochmals ihre politische Mündigkeit und bekräftigten den Anspruch, als Bürger erster und nicht mehr nur zweiter Klasse wahrgenommen werden zu wollen. In dieser Argumentation wird klar, dass den Pegida-Anhängern entging, dass sich ab Ende Dezember die öffentliche und veröffentlichte Meinung teilweise bereits positiver gegenüber dem Protestbündnis verhielt.[27] Somit kann das Lamento über den ungerechtfertigten Ausschluss aus dem politischen Dialog auch als eine Selbststigmatisierung beziehungsweise -ausgrenzung interpretiert werden, die es den Befragten wiederum ermöglicht, die Legitimität ihrer Aktionen und Forderungen zu bekräftigen.

Darüber hinaus diskutierten einige Befragte auch die Folgen dieser von der politischen Klasse angeblich praktizierten ausgrenzenden Diskussionskultur. Sie sahen einen »ganz großen Riss«, der durch die Gesellschaft gehe. Deutschland galt ihnen gegenwärtig als gespalten. Während einige die Politiker aufforderten, hier Abhilfe zu schaffen, waren andere davon überzeugt, dass dieser Graben nicht mehr »kittbar« sei und die zunehmende gesellschaftliche Aufspaltung zu einem »Zusammenbruch«, einem »Knall« führen müsse. Möglicherweise, so prophezeite einer der Befragten, komme es zu einer Situation wie in den 1920er Jahren, als der politische Streit mittels »bewaffneter Schlägereien« ausgetragen wurde. Die Politiker sollten nur »hetzen«, formulierte es ein anderer Gesprächspartner: »Druck erzeugt Gegendruck.« Demzufolge fassten einige die demokratische Freiheit so weit, dass sich in einer Demokratie auch das Volk erheben müsse, damit die Demokratie als Regierungsform wieder lebendig werde – so wie man es jetzt mit Pegida erlebe. Man wünschte sich folgerichtig eine »Qualifizierung der Bewegung vom Labor zum Feldversuch« bis hin zur »Massenbewegung«. »Heiko Maas, Scheuer, Dobrinth, Ilse Aigner, Özdemir, Stegner – diese Figuren [...] das wird aufhören! Es werden sich Leute finden, die sich zusammentun.«

Einige deuten den »Riss« beziehungsweise die identifizierten gesellschaftlichen Konflikte auch positiv: Schließlich entstehe »Fortschritt nur durch Widerspruch«. »Die Demokratie muss sich auch mal an was reiben, wenn sie vorwärts will.« Die Interviewten begrüßten es, dass das Volk jetzt »aufwacht« und »sich erhebt«. So werde die »Demokratie wieder mit Leben [ge]füllt«, und ein Teilnehmer freute sich: »Die Demokratie ist gerade so lebendig, wie nie zuvor.«

Doch nicht alle deuteten die Folgen der gesellschaftlichen Spaltungstendenzen so dramatisch. Sie sahen in ihrem persönlichen Engagement eine Lösung für den identifizierten Zustand. Während die Politik den »Paradigmenwechsel verschläft« und durch ihre Blockadehaltung die sich verändernde Gesellschaft gar nicht sehen und immer gleich agieren würde, sollten sich stattdessen die Bürger politisch engagieren. Man müsse die »Desinteressierten für die Demokratie« gewinnen und in seinem Freundes- und Bekanntenkreis für die Teilnahme an Wahlen werben und ein Bewusstsein dafür schaffen, sich begründet für einen Kandidaten und eine Partei zu entscheiden. Dies könne einen »Schub für die Demokratisierung« bedeuten. Auch wenn 100.000 Personen bei Pegida mitliefen, würde sich nichts ändern, sondern »wir müssen in die Parteien reingehen und ein Parteiprogramm schreiben«.

Diese Selbstermächtigung als »wahre Demokraten« – schließlich bräuchten wir eine »wahre« und keine »Ware Demokratie«, wie ein Diskutant scherzte – speist sich aus der Kritik der Befragten am gegenwärtigen Zustand der bundesrepublikanischen Demokratie. Derzeit lebe man zwar *noch* in einer Demokratie, aber alle Gesprächspartner diagnostizierten eine Regression der selbigen: »Meinungsfreiheit«, »Pressefreiheit« und »Demonstrationsfreiheit«

gäbe es derzeit nicht – darauf konnten sich viele Teilnehmer einigen. Hinzu komme eine Fokussierung auf Spezialthemen und singuläre Interessen, wie beispielsweise die Frauenquote, die Demokratie gefährde: »Bin aber jetzt der Meinung, dass die freiheitliche Demokratie, die wir haben, in Gefahr ist, aufgrund dessen, dass sie in sich irgendwie in einer Art Degenerierung irgendwie ist. Dass die Demokratie vor lauter Demokratie an ihrer eigenen Demokratie kaputt geht. Dass wir so mit Partikularinteressen beschäftigt sind, [dass] jede kleine Minderheit [...] hier nach Sondergesetz [behandelt wird]. Und das sind alles so Themen, die auch eine Demokratie irgendwo kaputt machen können.«

Dass die repräsentative Demokratie aktuell nicht in der Lage sei, das Volk zu vertreten, auch darin waren sich alle einig. Während der »einfache« Arbeiter nicht mehr dabei sei, säßen nur noch Juristen, Volkswirte, Beamte und Lehrer in den Parlamenten. Die Politiker hätten sich »abgekoppelt« – auch darauf mache der Ruf »Wir sind das Volk« aufmerksam. Im Sozialismus hätten die Politiker behauptet, eine Volksregierung zu sein, doch heute wie damals wäre ihnen der »Kontakt zu den Menschen« verloren gegangen, erklärte ein Gesprächspartner. »Wir sind die 99 %«, das Volk. Die Politiker stünden auf der anderen Seite und gehörten nicht dazu. Schon allein durch die niedrige Wahlbeteiligung und die zahlreichen »Protestwähler« sei offensichtlich, dass sich das politische System der Bundesrepublik selbst delegitimiert habe.

Überdies führe das gegenwärtige Parteien- und Wahlsystem dazu, dass sich die Wahlergebnisse in politischen Konstellationen ausdrückten, die niemand gewollt habe. Am Beispiel der Großen Koalition verdeutlicht ein Befragter diese These: »Die einen wählen Gabriel und bekommen Merkel, die anderen wählen Merkel und bekommen Gabriel.« Damit könnten doch alle nur unzufrieden sein. In einer anderen Gruppe argumentiert ein »jahrelang[er] SPD-Wähler« ähnlich: Er sprach über seine Enttäuschung mit Gerhard Schröder. Mit Hartz IV habe er sich schon sehr schwer getan, obwohl das möglicherweise »noch notwendig gewesen sein« könnte, dass der sozialdemokratische Kanzler jedoch »die Reichen« nicht »zur Kasse gebeten« habe, sei für ihn völlig unverständlich gewesen. Demgegenüber habe es die nachfolgende konservative Regierung genau umgekehrt gemacht. Diese Verhältnisse wären »bizarr« und der Bürger wisse gar nicht mehr, wo ihm der Kopf steht: »Da hast du überhaupt gar kein Vertrauen.«

Während sie den Ist-Zustand der Demokratie kritisierten, machten sie sich auch über mögliche Verbesserungen Gedanken. Für den zukünftigen Soll-Zustand der Demokratie ließ sich mit der Forderung nach Einführung von Volksabstimmungen und Volksentscheiden in der Analyse ein dominierender Strang identifizieren. Während die Entscheidungsbefugnisse des Volkes für einige nur eine »Ergänzung«, beziehungsweise ein »Korrektiv« der repräsentativen Demokratie sind, gelten sie anderen gar als Ersatz. Die für eine kurze Legislaturperiode gewählten Politiker hätten im Gegensatz zum Volk nicht die Weitsicht, Entscheidungen auf ihre Zukunftsfähigkeit hin zu beurteilen. Außerdem würden Volksentscheide das »Politik machen« deutlich leichter gestalten, da das handelnde politische Personal eine Legitimitätsgrundlage gewönne: »Was politisch entschieden wird, ist auch häufig falsch. Wenn das Volk über die Volksabstimmung was Falsches entscheiden würde, nimmt man es eben nach ein paar Jahren zurück. Aber man könnte dann später mal sagen: Es war die Mehrheit des Volkes irgendwann dafür. Damit ist eine Legitimation da.«

Anlässlich der Einführung des Euros hätte man eine solche Volksabstimmung unbedingt durchführen müssen, auch die Energiewende, der Eurorettungsschirm oder das Freihandelsabkommen TTIP seien zwingend Themen für eine plebiszitäre Entscheidungsfindung. Denn, so die Ansicht der Befragten, die Mehrheit der Bevölkerung habe schon »das richtige Gefühl entwickelt«. Die Leute hätten insgesamt einen ziemlich guten Blick für Themen und man sei häufig überrascht von der »Beobachtungsschärfe des einfachen Mannes auf der Straße«. Daran, dass »der einfache Mann auf der Straße« oder das Volk ihrer Meinung nahe steht, lassen die Befragten keinen Zweifel: »Es gibt viele, die so denken wie wir, in ganz Deutschland.« Die Pegida-Anhänger verfügen also über einen ausgeprägten Glauben daran, für die Mehrheitsmeinung innerhalb der Gesellschaft zu stehen – trotz der zahlreichen und teilnehmerstarken Gegendemonstrationen.[28] Schließlich, so wurde in den Gruppendiskussionen argumentiert, seien diese nur aufgrund von politischer Manipulation erfolgreich. Die Pegida-Gegendemonstrationen seien nur deshalb so gut besucht gewesen, weil Unternehmen, Gewerkschaften, Parteien und Verbände zur Teilnahme aufgefordert hätten, den Besuchern »Gratiskonzerte« geboten worden wären, »bezahlte Berufsdemonstranten« einen Teil der Masse stellten und die Teilnehmerzahlen von Pegida konsequent zu niedrig und die der Gegenkundgebungen zu hoch geschätzt worden seien.

Die im Zusammenhang mit der nachdrücklichen Forderung von Volksentscheiden vertretene Argumentation der Befragten offenbart auch, dass sie davon ausgingen, dass das Volk die »richtigen Entscheidungen« trifft – während sich Politiker oftmals für die falsche Option aussprechen würden. Für Pegida-Anhänger scheint das Volk auf mystische Weise in der Lage zu sein, quasi organisch das »richtige« Votum hervorzubringen. Dabei kann die ausgeprägte Vorstellung der Befragten von einem Volk, einer Gemeinschaft, auch als Ausdruck einer Art Sinnsuche interpretiert werden. Nach all den Jahren einer atomisierten Gesellschaftserfahrung, die zwar in der Bundesrepublik insgesamt einen Trend der vergangenen zwei Jahrzehnte widerspiegelt, jedoch die ostdeutsche Kollektiverfahrungen nachhaltiger zerstörte, scheinen sich jetzt – zumindest schichtübergreifend – Teile der Gesellschaft nach einem neuen Gemeinschaftsgefühl und kollektiv geteilten Erfahrungen zu sehen.

Auffällig ist, dass die Befragten keine elitentheoretischen Konzepte mit dem Demokratiebegriff verbanden. In diesem Zusammenhang war die an der

Politik und den Politikern vorgebrachte Kritik nur konsequent. Die »System-
politiker« wurden in den Gesprächen jedoch nicht nur aufgrund der öffentlich
geäußerten Urteile über Pegida hart kritisiert: »Das ist ja ein Skandal, was
die uns als Politiker andrehen.« Im Zentrum der Kritik standen vor allem die
führenden Politiker der Bundesrepublik. Angela Merkel, die »Physikerin«, sei
offenbar angesichts der demographischen Situation nicht in der Lage, die Ge-
burtenraten der Einwanderer und die der deutschen Bevölkerung hochzurech-
nen, sonst würde sie die Argumentation von Pegida vertreten. Überdies sei die
»kinderlose« Kanzlerin gar nicht in der Lage, einen »Blick für die Zukunft«
zu entwickeln und »generationsübergreifende Weichenstellungen« vorzuneh-
men. Von der Neujahrsansprache der Kanzlerin mit ostdeutscher Herkunft
hätten sich die Befragten etwas »Versöhnlicheres erhofft« und sind daher von
den für sie ungewöhnlich deutlichen Worten[29] umso enttäuschter gewesen.
Merkel habe uns »verarscht« und müsse zurücktreten, da sie ihren Eid, das
Volk zu vertreten, gebrochen hätte. Selbst ein christdemokratisches Parteimit-
glied zeigte sich von seiner Vorsitzenden maßlos enttäuscht: »Frau Merkel hat
der CDU so viel Schaden zugefügt, dass sie eigentlich aus der Partei ausgeschlossen werden müsste. Sie hat aus einer ehemals gemäßigt konservativen
Partei einen Trümmerhaufen sozialdemokratischer Prägung gemacht.«

Neben Merkel wurde gleichfalls der Bundespräsident Joachim Gauck scharf
verurteilt. Jedes zweite seiner Worte sei »Freiheit«, so ein Gesprächspartner,
aber »wenn es mal ernst wird, dann kneift er«. Außerdem sei es ein falsches Signal gewesen, dass er nicht zu den Winterspielen in das russische Sotschi gereist
sei.[30] Es ist evident, dass sich die Sachsen gerade von den ostdeutschen Politikern
mehr Unterstützung für ihr Anliegen gewünscht haben und als diese ausblieb
die Wut umso größer ausfiel.

Doch nicht nur der Bundespräsident und die Regierungschefin, auch Lo-
kal- und Landespolitiker wurden in den Gruppendiskussionen beschimpft.
Während wir gerade bei politisch aktiven Menschen, die sich mit Projekten in
ihrem Nahbereich auseinandersetzen, auf Personen stießen, die Vertreter der
Kommunalpolitik und ihr Engagement lobten, konnten wir diese Argumenta-
tionsfigur bei den Pegida-Anhängern nirgendwo beobachten, ganz im Gegenteil: Gerade der Leipziger Oberbürgermeister, Burkhard Jung, und die Dresdner Oberbürgermeisterin, Helma Orosz, wurden für ihr »Paktieren« mit den
Pegida-Gegnern hart gerügt. Der »Wessi« Jung breche das Recht auf Demonstrationsfreiheit, mache »gemeinsame Sache mit Bahnhofsanzündern« und sei
ein »Sozialschädling«, der »verhöhnt das Volk«.

Auffällig ist, dass weniger die Parteien, als vielmehr einzelne Politiker, in
der Kritik stehen. Dies gilt jedoch nicht für Bündnis 90/Die Grünen. Als Re-
präsentant der *political correctness* wird ihnen große Verachtung entgegenge-
bracht. Die ehemalige »Pazifistenpartei« habe sich zu einer »Kriegstreiberpar-
tei« entwickelt, die von der Waffenlobby finanziert werde. »Ich habe mir von

denen den letzten Parteitag angeguckt. Das ist eine dermaßen krasse Hetze, die dort langsam stattfindet. [Ein] extremer Kurswandel. Also wie gesagt, das ist unvorstellbar, finde ich, wo sich die Grünen hin entwickelt haben.« Die Vizepräsidentin des Deutschen Bundestages wird konsequent als »Claudia Fatima Roth« bezeichnet, während der Parteivorsitzende der Grünen, Cem Özdemir, ein »no go« sei. Kurzum: Die Grünen-Politiker sind für Pegida das Feindbild schlechthin: »Man schämt sich für die Politiker im Land.«

Doch ganz so undifferenziert blicken nicht alle Befragten auf ihre politischen Vertreter. So fänden sich in einigen Parteien beispielsweise »viele gute Politiker«. Einige Befragte seien lange »Merkel-Fan« gewesen. Das ist man nun allerdings nicht mehr. Jedoch befanden mehrere Befragte Heiner Geißler für patent. Der bringe es auf den Punkt, sei klug und vertrete seine eigene Meinung. Auch mit den Politikern, die den Sächsischen Freistaat nach der Wiedervereinigung wieder »aufgebaut« und sich »um das Land verdient gemacht« hätten, habe man viel Glück gehabt. Insbesondere »König Biedenkopf« sei noch so ein »richtiger Herrscher« gewesen. Auch Sigmar Gabriel schätze die Situation richtig ein und wurde daher ebenso mehrmals als positives Beispiel erwähnt. Den sächsischen Ministerpräsidenten Stanislaw Tillich bewerteten die Teilnehmer zwiespältig. Grundsätzlich hätte er zu viele Katholiken protegiert, noch am Ende des Jahres 2014 keine gute Figur gemacht. Dabei sei sein Bekenntnis »Der Islam gehört nicht zu Sachsen« – schon mal »ein Wort« und stieß auf positive Resonanz. Das Problem der wenigen guten politischen Köpfe bestehe jedoch darin, dass man diese leider nicht direkt wählen könne, da man sich nur für Parteien entscheiden könne.

Insbesondere diese »Parteiendemokratie« und die Europäische Union würden zu Entdemokratisierungseffekten führen. Während in der Logik der Befragten die Parteien über die Vergabe von Listenplätzen und Fraktionszwang die Freiheit des einzelnen Abgeordneten behinderten und somit seine Fähigkeit, die Wähler repräsentativ zu vertreten, beschnitten, wäre die Europäische Union eine sich verselbstständigende Institution, die ausschließlich Probleme bereite und Deutschland Gesetze überstülpe, die mehr Schaden als Nutzen anrichtete. Ein zentrales Problem der Europäischen Union sahen die Befragten in der Geldpolitik und den damit zusammenhängenden »Propagandaversprechen«.

Während die durchschnittliche Bevölkerung sicher kaum weiß, was sich hinter dem Kürzel ESM verbirgt, haben sich die Pegida-Anhänger teilweise sehr differenziert mit dem europäischen Stabilitätsmechanismus, der im Zusammenhang mit der Schwäche des Euros die Zahlungsfähigkeit aller Länder der Eurozone absichern soll, auseinandergesetzt, die Gesetzesvorlagen gelesen und sich eine Meinung dazu gebildet. Ein Gesprächspartner beispielsweise führte aus, dass er zwar jahrelang FDP-Wähler gewesen sei, aber mit der freidemokratischen Zustimmung zum Eurorettungsschirm »wurde für mich jegliche Politik ad absurdum geführt«. In diesem Vertragswerk würde sich

eine »unvollkommene und schreckliche Politik« zeigen, überhaupt: wie könne der Bundestag dieser europäischen Finanzinstitution zustimmen, wenn
doch 85 Prozent der Bundesbürger dagegen seien? Die gesamte Geldpolitik
der EZB sei »fatal« auf dem falschen Kurs, der Euro in Gänze überflüssig und
das Schlimmste daran sei, dass es keiner merken würde. Einige Gesprächspartner schlossen an die Kritik der gemeinsamen europäischen Währung eine
grundsätzliche Kapitalismuskritik an: Die Politik sei lediglich ein Handlanger
der wirklich Mächtigen, also der globalen Konzerne, während der Mensch ver-
sklavt werde und auf der Strecke bleibe. Diese grundsätzliche Kritik stieß in
den Gruppengesprächen jedoch nicht auf ein größeres Echo.

Während die gesellschaftliche Mitte die Politik vorwiegend über Politiker
und deren Privatleben wahrnimmt, setzten sich die Pegida-Aktivisten offenbar mitunter recht intensiv mit bestimmten inhaltlichen Problemen auseinander und beurteilten Politik verstärkt anhand von Gesetzen, Reformen und
Richtungsentscheidungen. Dabei war ihnen angesichts der demographischen
Entwicklung die Rente mit 63 ebenso suspekt, wie die Einführung der PKW-
Maut, die Ausweitung der Bürokratie oder die »Eskalation« in der Russland-
politik. Zahlreiche Gesprächspartner vertraten die Annahme, dass die USA
insbesondere im Russland-Ukraine-Konflikt die Europäische Union fremds-
teuere. Man mache sich zum »Handlanger« einer »geopolitischen Strategie«
der US-amerikanischen »Machtausweitung«. Die Befragten äußerten großes
Unverständnis darüber, warum man als »Anhängsel« der Amerikaner und der
NATO, als »der Westen« agierte, während auf der anderen Seite, »im Osten«,
Russland in die Enge getrieben werde. Das Verhalten Russlands gegenüber
der Ukraine sei doch völlig nachvollziehbar: Es seien Verträge gebrochen, Gas-
lieferungen nicht bezahlt und unzulässig Einfluss genommen worden. Deshalb könne sich Putin »die Landnahme der EU und der NATO nicht gefallen
lassen.« Dass man sich angesichts dieser Entwicklungen und der einseitigen
Berichterstattung in den »westlichen Medien« bezüglich der Bedrohungslage
auf die Seite des ehemaligen Bruders stelle, sei doch ganz klar: »Heute schlägt
unser Herz für Russland.« Außerdem habe Russland den Sachsen seit Napo-
leon nur »Befreiung statt Unterjochung« gebracht. Während in bisherigen von
uns durchgeführten Gruppengesprächen Putin als Beispiel für einen bedin-
gungslosen Diktator erwähnt wurde, ist die hier geäußerte Zuneigung offensichtlich. Gleichzeitig sind die Befragten offenbar stark durch die Vorstellung
einer dichotomen Weltordnung geprägt. Der Osten hier und der Westen dort –
die Zuschreibungen funktionieren ganz wie in den Zeiten des Kalten Krieges,
so als gäbe es weltweit keine anderen starken Mächte außer Russland und den
USA. China oder Indien beispielsweise scheinen in ihrem politischen Weltbild
keine Rolle zu spielen.

Doch allem Unbehagen, Misstrauen und Enttäuschungen zum Trotz: Die
Pegida-Anhänger wenden sich nicht frustriert von der Politik ab, sondern setz-

ten sich (einseitig) weiterhin mit gesellschaftlichen Problemlagen auseinander, hatten Vorstellungen, wie Politik in ihren Augen »besser« gemacht werden
könnte und stellten sogar einige Reformvorschläge zur Diskussion. Viele Ideen
waren recht konsequent, einige passten in das mitunter sehr geschlossen anmutende Weltbild der Befragten, einige Anregungen waren recht pragmatisch,
andere wiederum äußerst simplifizierend. So sollten die Politiker zunächst die
politischen »Konzepte« »wirklich durchdenken«, »wenigstens die selbstgemach-
ten Gesetze umsetzen« oder die geplanten Maßnahmen »richtig [...] erklären«,
damit »wir selber souverän entscheiden« könnten. Politiker sollten »zuhören
und mit uns reden«, statt mithilfe von »Meinungsforschungsinstituten« den
Volkswillen zu ergründen. Sie sollten mit »Sachargumenten« auftreten, statt die
Wähler zu »stigmatisieren«, sie sollten als »aufrechte Politiker« agieren, statt
die derzeitige »politische Unkultur« fortzuschreiben.

Andere forderten einen Kurswechsel oder gar Rücktritt von Merkel, einen
Austritt aus der Europäischen Union, die Schaffung eines einheitlichen Bil-
dungsplans in Deutschland, vielfach war im Zusammenhang mit der Einwan-
derungs- und Bevölkerungspolitik auch von einer »Umkehr« die Rede. Die Politiker sollten ein Anreizsystem entwickeln, damit mehr (akademisch gebildete)
Mütter Kinder bekämen, das Rentenpunktesystem für Eltern sollte ausgebaut
werden. Auch Regierungspolitiker, die direkt gewählt werden müssten, hätten
sich einer Bewertung durch ein Punktesystem von minus bis plus Zwanzig
zu unterziehen. Wobei die Höhe der positiven Bewertung die Pensionsbezüge
der Politiker ergäben, während die negativen Punkte den Jahren der zu verord-
nenden Gefängnisstrafe entsprechen sollten. Diese sei dann nötig, wenn der
betreffende Politiker sich nicht hinreichend um sein Land gekümmert habe.
Zwei Gesprächspartner forderten, dass der deutsche Staat endlich souverän
werden und sich selbst eine Verfassung geben sollte, damit die Staatsangehörigkeit der Bundesbürger in Zukunft nicht mehr nur ein Konstrukt mit dem
Titel »deutsch« sei. Andere wiederum gingen noch weiter und forderten eine
Bürgerbeteiligung bei allen anstehenden Bundestagsentscheidungen, auch
die Abstimmungsmöglichkeit für Gemeindemitglieder nach dem Schweizer
Vorbild, ob sie den jeweils individuellen Zuwanderer in ihrer Gemeinschaft
aufnehmen oder nicht, wurde mehrmals angesprochen. Organisierbar sei
dies alles über »Plattformalternativen« im Internet. Auch über das Problem
der mangelnden Beteiligung der Bürger haben sich einige Befragte bereits Gedanken gemacht: »Demokratie lebt aber nur davon, wenn alle sich beteiligen.
Und beteiligen können sie sich nur, wenn sie auch was zu entscheiden haben.
[...] Wir müssen wieder diesen Staat in die Hand bekommen. Es gibt auch Mo-
delle zum Beispiel, dass man einen Teil seiner Steuermittel, die man abführen
muss, einem Zweck zuweist. Für den Sport oder für die Drogenbekämpfung
oder was auch immer.« Gäbe es diese Möglichkeiten, würden sich die Bürger

mehr einbringen, beteiligen und sich als Zugehörige zur staatlich organisierten Gesellschaft fühlen.

Unabhängig davon, ob sich einige Ideen bei den sogenannten »Reichsbürgern« oder Occupy verorten ließen, ob einige Vorschläge nicht hinreichend durchdacht sind oder sich auf eine gruppenbezogene Menschenfeindlichkeit zurückführen lassen[31], war auffällig, wie viele alternative Ideen und Vorschläge in den Gesprächsrunden eingebracht wurden. Ähnliches konnten wir bisher weder bei den Untersuchungen zur Politikwahrnehmung der Mitte oder des Bürgertums noch der Protestorganisatoren feststellen. Während sich bei den Untersuchungen zur gesellschaftlichen Mitte manifestierte, dass die Meinungen der Befragten durch eine große Unzufriedenheit mit der Politik geprägt sind, die in eine Verweigerungshaltung führt, so dass sich mit der Politik insgesamt kaum noch auseinandergesetzt wird, haben die hier befragten Pegida-Anhänger offenbar einen anderen Weg beschritten: Sie beschäftigen und informieren sich weiterhin, wechseln die medialen Angebote.

Auffällig ist auch, dass viele Vokabeln und Denkfiguren, die in anderen Untersuchungen als Bestandteil (rechts-)extremer Vorstellungen identifiziert worden sind,[32] sowohl in den Fokusgruppen mit der gesellschaftlichen Mitte, als auch bei den Pegida-Demonstranten verwendet wurden. Gemeinsam sind ihnen die Unterstellungen, dass es den Politikern an »Volksnähe« und dem nötigen »Expertenwissen« sowie politischen Ideen und Konzepten mangele, um die vorhandenen großen Probleme anzugehen, dass der Fraktionszwang und die Parteien den Abgeordneten in seiner freien Entscheidung einschränken würden und dass grundsätzlich mehr über Volksentscheide geregelt werden sollte. Auch in dem Glauben an eine kollektive Moral und den »gesunden Menschenverstand« waren sich die Befragten einig. Während jedoch in der gesellschaftlichen Mitte der (Rechts-)Populismus durchaus als Problem identifiziert wird, auch einige Politiker für das Spielen auf der populistischen Klaviatur kritisiert werden, findet sich in den Pegida-Befragungen an keiner Stelle eine derartige Abwägung – ganz im Gegenteil: Hier präsentieren sich gerade in Bezug auf die Wahrnehmung von Politik und Politikern recht geschlossene Vorstellungen, die mitunter durch das eigene persönliche Engagement, wie beispielsweise die selbstständige Informationsbeschaffung außerhalb der »Mainstreammedien«, noch verstärkt werden. Auch der offenbar tiefe Glaube an ein organisches, einheitliches Volk offenbart eine Gemeinschaftsvorstellung der Pegida-Demonstranten, die wir bisher bei anderen Befragungen in dieser Intensität nicht beobachten konnten. Dennoch: Ähnlich harsche Kritik an der Politik als »schmutziges Geschäft« und den »eigennützig« agierenden Politikern fanden wir auch bei den Protestorganisatoren von Stuttgart 21, gegen Stromtrassen, Flughafenerweiterungen oder Bildungsreformen. Diese Protest-Aktivisten fokussierten sich größtenteils auf die lokale Politik, während die Bundes- oder Weltpolitik kaum eine Rolle spielten – im Gegensatz zu den dichotomen kosmopolitischen Vorstellungen der Pegida-Demonstranten. Die größte Differenz bleibt zwischen ihnen jedoch die Sicht auf »die anderen« in der Gesellschaft, auf diejenigen, die nicht protestieren, die aus einem anderen Land kommen, die einer anderen Religionsgemeinschaft angehören.

»WIR« UND »DIE ANDEREN«

»Die anderen« setzten auch die Vorstellung eines »Wir« voraus. Immer wieder montags, immer wieder dieser Ruf. Es gab keine Pediga-Veranstaltung ohne die Kurzsatzparole, skandiert, teilweise gebrüllt, von mehreren Tausend: »Wir sind das Volk! Wir sind das Volk!« Vier Worte mit Vorgeschichte. Sie waren fester Bestandteil der »Montagsdemonstrationen« von 1989, Ausdruck des Protestes gegen die politischen Verhältnisse in der DDR. Diese nun griffen die »Patriotischen Europäer« 2014/15 auf, eigneten sie sich an und artikulierten damit einen umfassenden Repräsentationsanspruch, schrien sie als Sprechchor in die Herbst-Winter-Nächte von Dresden, Leipzig und all den Städten, in denen sich Pegida-Ableger gebildet hatten. Doch wer war mit »Wir« gemeint? Wen umfasste dieses »Wir«, wen nicht? Und wie ließ sich dieses »Wir« charakterisieren?

»Wir« ist ein unbestimmtes Personalpronomen. Man weiß nicht recht, wen der Redner meint, wenn er von »wir« spricht. Alle Anwesenden? Nur einen Teil davon? Vielleicht nur sich selbst? Als Protestlosung kann die gewisse Offenheit, das eigentlich Ungeklärte, zeitweise stabilisierend auf die teilnehmenden Gruppen und Subgruppen wirken, schließlich bleibt ihnen Deutungsraum, den sie mit eigenen Vorstellungen füllen können, ohne dabei die von der Protestbewegung vorgenommene Rahmung zu verlassen.[33] Erst bei der Annäherung zeigen sich Differenzen und das »Wir« erhält Facetten. Doch mehr noch: Um das »Wir« umfassend beschreiben zu können, ist es wichtig, sich »dem anderen« zu widmen. Denn »der andere« dient dazu, das »Wir« zu definieren. Entlang »dem anderen« steckt das »Wir« seine Ränder ab – bezieht ein, schließt aus.[34] Es konstruiert sich selbst. Die Einstellungen und Sichtweisen auf Minderheiten, Randgruppen und Andersdenkende geben dabei Auskunft über die eigene Identität sowie das zugrundeliegende Gesellschaftsbild insgesamt. Daher: Wer über »die anderen« spricht, erzählt vor allem etwas über sich selbst. Wir fragten unsere Gesprächspartner davon ausgehend, wer ihrer Meinung nach mit »Wir« beziehungsweise mit »Wir sind das Volk« gemeint sei und wer nicht, erhielten zudem aber auch an vielen anderen Stellen der Diskussionen Aufschluss, wie sie sich selbst und wie sie »die anderen« wahrnahmen.

Die Antworten der von uns Befragten, was der Ausspruch »Wir sind das Volk« bedeute, fielen ambivalent aus. Auf der einen Seite sah man darin eine »gedankenlose Übernahme« von etwas, das im Jahr 1989 Bedeutung gehabt hatte, dessen Erneuerung gut 25 Jahre später etwas Anmaßendes anhaftete. Schließlich sei der Hintergrund damals ein gänzlich anderer gewesen. »Wir sind auch das Volk«, so eine Pegida-Demonstrantin aus Leipzig, hätte wesentlich besser zu den Protesten gepasst, weil es deutlich weniger stark polarisiere und eher auf eine Trennung zwischen »oben und unten«, nicht aber zwischen »links und rechts« hingewiesen hätte. Von daher sei es ein »zwiespältiger Spruch«. Auf der anderen Seite befürworteten andere – wenige – Teilnehmer die Parole, weil sich gerade darin ein Mehrheitswille ausdrücke. Dass sich die Losung auf den Kundgebungen durchsetzte, erklärten Teilnehmer mit ihrer Bekanntheit. Ab einer gewissen Größe der Protestveranstaltungen sei es nicht mehr zurückzunehmen gewesen, obwohl mit »Dresden zeigt, wie's geht« (»ruhig, friedlich, gelassen«) ein mehr als adäquater Ersatz bereitgestanden habe. »Es geht nicht um die Schaffung eines Volksbegriffes«, machte ein Dresdner Pegida-Anhänger deutlich, »sondern es geht um die Differenzierung zwischen den Regierten und den Regierenden.« Und diese Diskrepanz würde zum Ausdruck gebracht werden. Dem Namen Pegida standen die Befragten ebenfalls skeptisch gegenüber. »Patrioten Europas und sowas, das klingt ja schon ein bisschen schwülstig«, sagte ein mehrfacher Demonstrationsteilnehmer. Auch einige Kundgebungsredner fielen negativ auf, wie uns berichtet wurde, deren Äußerungen seien »sehr fragwürdig«, deren »Sprüche alle immer ganz stark relativiert« werden müssten, weil sie nicht widerspiegelten, für was die Menschen auf die Straße gingen.

In den Augen der Gesprächspartner sei ganz besonders die ältere Generation gefragt, »dass wir uns hier zu Wort melden«. Sie stehe in der Verantwortung, für ihre Enkel und Kinder, die aufgrund diverser Verpflichtungen in Beruf und Familie eingespannt seien, Stellung zu beziehen. Zudem verfüge man im Alter über mehr Zeit, über mehr Wissen, habe einige (politische) Abläufe nunmehr besser verstanden, sei ein ganz genauer Beobachter der Gesellschaft, entdecke Problemlagen früher als andere, wisse, wie das eine mit dem anderen zusammenhänge, besitze schlichtweg mehr Lebenserfahrung und nicht zuletzt: Man war bereits einmal gemeinsam auf der Straße und habe (erfolgreich) gegen ein ungerechtes System demonstriert.

So sind die Befragten auch bemüht, nicht das »Islamthema« als alleiniges Anliegen zentral darzustellen. Das wäre verkürzt. Die Pegida-Unterstützer treibe mehr um, wie das vorangegangene Kapitel zeigt. Der »Missmut unterschiedlichster Bevölkerungskreise« sammele sich in ihr: »Und die rechte Ecke [...], die ist völlig verfehlt.« Jedoch beschrieben die Teilnehmer die Pegida-Proteste keineswegs als durchweg bürgerlich. Vor allem in Leipzig seien die Forderungen »radikaler« ausgefallen: »Wenn die Hooligans nicht wären, gäbe es die große Bewegung vermutlich gar nicht.« Nur »vielleicht 40 oder 50 Prozent«, so erzählte eine Leipziger Gesprächsteilnehmerin, seien »gebildete Bürger«. Die junge Frau ergänzte: »Ich finde es schade, habe mich in der Demo aber

nicht unwohl gefühlt. Man läuft für dieselbe Sache, ein gutes Kameradschafts-
gefühl, aber für die Ziele ist es nicht hilfreich.« Ein Mitdiskutant befand: »Ich
kann ja nicht nicht zur Demo gehen, nur weil eine Sache von Rechtsaußen
kommt.«[35] So herrschte die Meinung vor, dass, solange sich alle Teilnehmer
an das Grundgesetz hielten, die politische Einstellung irrelevant sei. Zwar
wurden in unseren Runden unter anderem die Fotoaufnahmen Lutz Bachmanns, auf denen er mit Hitler-Bart und Scheitel posierte,[36] sowie zurückliegende fremdenfeindliche Äußerungen von ihm kritisiert (»nicht so mein
Herzgeschmack« und »unangenehm«), doch kam es dennoch zu deutlichen
Loyalitätsbekundungen: »Der gehört aber trotzdem mit zum Volk. Also wir
hätten ihn nicht gerne, aber du kannst ja die Leute nicht totschlagen, wenn
sie dir nicht gefallen.« Überdies verwiesen die Befragten auf die friedlichen
Demonstrationsabläufe der eigenen Veranstaltungen.

»Wir können keinem verbieten, mitzugehen bei unserem Demonstrationszug, solange er
sich an das Grundgesetz hält. Egal, welche Einstellung er hat. Aber wer hat's geschafft,
50 oder 100 oder 150 Nazis und Rechtsradikale oder Hooligans durch die Stadt zu führen, ohne dass ein Schaden passiert? Ohne dass es zu Ausschreitungen kommt. Ohne,
dass die Polizei eingreifen muss? Und die Leute gehören auch zum Volk.«

Die Leute seien vernünftig, bedankten sich stets höflich bei den Polizisten,
würden trotz unterschiedlicher Herkunft die Ruhe bewahren können. Beein-
druckt erinnerten sich Dresdner Pegidisten an einen »Abendspaziergang« im
Dezember, als auf der Straße Am Terassenufer etwa 300 Gegendemonstranten mit einer Blockade den Zug stoppten, die etwa 7.000 Pegida-Anhänger
sich jedoch nicht hätten aus der Ruhe bringen lassen. Statt eine Auseinandersetzung einzugehen, sei man einfach umgekehrt. »Das werde ich nie vergessen«, sagte einer unserer Diskutanten, der an jenem Abend mit auf der Straße
gewesen war, noch immer sichtlich begeistert. Ein anderer ebenfalls damals
Anwesender fügte hinzu: »Diese Emotionen, die dort sind, die dort gekocht
haben.« Und dennoch habe man »Größe« gezeigt, sei ruhig geblieben. Das
zeichne Pegida aus. Auch andere von uns Befragte schilderten die Demonstrationen als prägende Erlebnisse – als »Überwindung einer Ohnmacht« beispielsweise. Pegidas Zukunft stand man indes skeptisch gegenüber. Man sah
die Gefahr, sich intern »zu verzetteln« und sich in »Einheitsbrei« und eine
»rechte Hoolszene« aufzuspalten. Auch das Gegenüber – die NoPegida-Pro-
teste – erschienen zu ressourcenstark: »Schwierig, wenn auf der einen Seite
Parteien und Politiker dahinterstehen, auf der anderen Seite Laien.«
   Die Pegidisten – die Erzählungen der Befragten zusammenfassend – verstanden sich also als ein Teil des Volkes, als Ausdruck des Unbehagens, als
Hinweisgeber auf vielfache Missstände im Land, als gesellschaftlicher Mah-
ner. Denn, so machte ein Dresdner Pegida-Aktiver deutlich, man müsse die

Frage in die Zukunft gerichtet versuchen zu beantworten: Wie wird »das Volk« zukünftig sein? Dann werde verständlich, aus welchen Gründen heute »Wir sind das Volk« gerufen werde. »Und da würde ich den muslimischen Zuzug schon versuchen zu begrenzen«, erläuterte der Mann. »Was an Asylbewerbern reinkommt, sind zwei Drittel Moslems.« Er selbst sei »islamkritisch«, lehne »diese Zwangsehen« ab, »diese patriarchalischen Lebensformen mit der Zurücksetzung der Frau«, »diese Parallelgesellschaften und was alles zum Islam gehört«. Und weiter führte er aus:

»Die Wessis haben es nicht geschafft in vierzig Jahren, ihre Moslems zu integrieren. Da muss man einmal durch Duisburg-Marxloh und durch Neukölln laufen, um das Produkt zu sehen. Wenn ich jetzt noch mehr Moslems ins Land lasse, werden die auch nicht integriert werden. Das wird nicht besser werden. Nichts deutet darauf hin, dass es in Zukunft besser wird.«

Wer gehört dazu und wer nicht? Vor allem entlang der Themen Zuwanderung und Integration wurden diese Fragen von den Gesprächsteilnehmern beantwortet. Wobei darauf hingewiesen werden muss, dass diese beiden Themen, sowie die Asyl- und Flüchtlingspolitik, auch an vielen anderen Stellen während der Diskussionen angeführt wurden, wenn es den Befragten beispielsweise darum ging, politische und gesellschaftliche Entwicklungen zu kommentieren. Teilweise wiesen Befragte bereits in den Vorstellungsrunden von sich aus auf die »Problematik mit den Migranten« hin. Ohne dass wir unsere Gesprächseinladungen darauf ausgerichtet hatten, zeigten die von uns Befragten an diesen Stellen ein überaus hohes Maß an Redebereitschaft. Als Anhänger eines Protestes »gegen die Islamisierung des Abendlandes« muss das wenig verwundern. Jedoch setzte ihre Argumentationsstruktur anders ein, nicht bei der Benennung von Ausschlüssen und Abgrenzungen, sondern bei der Betonung einer grundsätzlich vorherrschenden Offenheit. Denn zunächst, so die Befragten, betreibe die deutsche Gesellschaft keinerlei aktive Ausgrenzung, heiße vielmehr – und bewiesenermaßen – jeden willkommen. »Es kann sich in dem Volk jeder einpassen«, sagte einer unserer Gesprächsteilnehmer aus Dresden. Und die überwiegende Mehrheit der Menschen, die in das Land gekommen sind, würde dies auch tun. Die Integrationspolitik wirke. Das »halbe Ruhrgebiet« sei polnisch.

»Unsere Migrationspolitik, wie sie von Deutschland gemacht wird, und dass sich Leute im Zweifel integrieren können, ist wunderbar, funktioniert. Und es gibt die Fidschis, die integriert sind [...]. Es gibt auch Afrikaner, die integriert worden sind, es gibt Russland-Deutsche, die integriert worden sind. Und aus anderen Nationen gibt es auch Leute, die gerne hier leben und hierher kommen und sich integrieren. Kein Thema! Und da sind Angebote da, die werden genutzt, das beruht auf Gegenseitigkeit und das funktioniert.«

Ein anderer Diskutant fügte hinzu:»Im Zweifel haben wir alle einen Migra-
tionshintergrund.« Diesen scheinbar beschwichtigenden Äußerungen folgten im Tonfall sowie im Inhalt heftige Kritiken an den arbeits- und sozial-
politischen Folgen von Zuwanderung und Asyl, die oftmals gruppenbezogen
formuliert wurden. »Wir brauchen keine Zuwanderung, bin ich der festen
Überzeugung«, sagte eine Teilnehmerin. Die Forderung nach ausländischen
Arbeitskräften habe System. Die Absicht sei, den hier arbeitenden Menschen
weniger bezahlen zu müssen. Deshalb wolle man Zuwanderer gezielt ins Land
holen. Die Frau war der Meinung, dass »die Leute, die wir haben, die sollen
nicht Taxi fahren, die Akademiker, sondern sollen ordentlich bezahlt werden«.
Dahinter stecke die wirtschaftspolitische Furcht vor einem steigenden Lohn-
niveau, das durch Zuwanderung von Arbeitskräften niedrig gehalten werden
solle, wie ein anderer Pegidist sagte, was in seinen Augen nicht »im Interesse der Menschen« sei. Er, so der Befragte weiter, würde seinen »Leuten auch
gerne mal viel mehr bezahlen [...] ist nicht schön mit 1.200 Euro seine Familie
ernähren zu müssen« – »nichts gegen Zuwanderung und Integration«. Zum
einen also herrschte die Meinung vor, auf eine gezielte Zuwanderungspolitik
gänzlich verzichten zu können; zum anderen wurde die bestehende Praxis dafür angegangen, dass sie »die falschen Menschen« ins Land lasse – genannt
wurden hier vor allem »Türken und Araber«. Wiederum: Man könne das nie
für alle gleichermaßen sagen, immer mag es einzelne Ausnahmen geben,
doch sei ganz augenscheinlich unter diesen Bevölkerungsgruppen, dass sie
»Parallelkulturen« aufbauen und pflegen würden. Wer sich in Berlin einmal
umgesehen hätte, wisse Bescheid. Verwandte würden warnen, durch einige
Straßen lieber nicht mit dem Auto zu fahren. »Da haben Sie in manchen Ge-
genden das Gefühl«, so ein Befragter aus Dresden, »Sie sind gar nicht mehr
in Deutschland.« Er erzählte von Reisen ins Ruhrgebiet, nach Essen und Duisburg, wo man über seine Ehefrau (»als Blondschopf«) habe denken müssen,
sie sei »eine Zugewanderte«. Soweit sei die »Überfremdung« dort schon fort-
geschritten. Die Beispiele aus Berlin und Teilen Westdeutschlands seien er-
schreckend und müssten als Warnungen verstanden werden. An diesen Stellen verwiesen etliche Befragte auf die Bücher von Thilo Sarrazin sowie die
Artikel und Auftritte des ehemaligen Bezirksbürgermeisters von Berlin-Neukölln Heinz Buschkowsky. Beide hätten den Weg vorgezeichnet, seien in ihren
Analysen und Beschreibungen im Kern unwiderlegt. Auch die Tatsache, dass
in Sachsen im Allgemeinen und in Dresden im Besonderen der Anteil an Ausländern, sowie Deutschen muslimischen Glaubens, sehr gering ist, führe aus
Sicht der Befragten ins Leere. Zu eindringlich, zu abschreckend, zu furcht-
erregend seien die Beispiele andernorts. »Ich möchte nicht, dass es so wird,
wie es dort ist«, brachte es ein Teilnehmer für sich zusammen. Und auch der
Blick zurück diente als Beleg der Richtigkeit der eigenen Wahrnehmung, dass
etwas nicht mehr in Ordnung sei: »Das gab es in der DDR nie. Es war alles

zwar runtergekommen, aber du konntest noch überall hingehen.« Einige der
Gesprächsteilnehmer vertraten die Auffassung, dass sich eine Art kulturelle
Unterwanderung mit dem Ziel einer Machtübernahme vollziehe, die sie je-
doch durchschaut hätten.

»Und da kann es sich sagen lassen, aber auch bloß in engem Kreise, dass die Tendenz
besteht, dass die Zuwanderung von Türken, auch Arabern, das Bestreben haben, über
die Deutschen zu bestimmen, was die zu tun und zu lassen haben. Also nach Toleranz
stinkt das nicht, diese Richtung. [...] Ob das die Türken oder die Araber sind, wenn die
eines Tages die Mehrheit haben – das bahnt sich schon an, die wollen dann sagen, wo es
hier langgeht. Da ist nichts mit Toleranz! Was man uns ja immer beibringen will.«

Man glaubt, ein Vorhaben begriffen zu haben, das etappenweise verlaufe. Der
unaufgeklärte, uneinsichtige, naive gesellschaftliche »Mainstream« aus Politik und Medien würde verkennen, um was es dabei eigentlich gehe, während
man selbst die Zeichen »klipp und klar« sehe. Mit Verständnis und Verstän-
digung sei dem nicht beizukommen – so die Meinung –, schließlich sei auf
der Gegenseite auch kein echtes Entgegenkommen vorhanden, höchstens ein
vordergründiges, aus strategischen Erwägungen formuliertes. Noch sei es aber
nicht soweit – »im Moment geht's gerade noch so« –, der Vorgang könne ge-
stoppt werden. Allerdings, wie ein Befragter betonte: »Wenn die dann alles fix
und fertig haben, lassen die nämlich die Katze langsam aus dem Sack.« Die
Politik würde dies nicht erkennen beziehungsweise unterschätzen. Fragwürdig erscheint einigen Befragten dann auch die Flüchtlingspolitik der Bundes-
regierung, die »dem Volk nie alles sagt«. Natürlich sei ein Flüchtling, »der
wirklich aus seinem Land flüchtet, weil er dort eben Zustände vorfindet, die
nicht mehr ertragbar sind«, beispielsweise jemand aus den Kriegsregionen
in Syrien, in Deutschland aufzunehmen. Dieser würde sich dann auch in
Deutschland ganz anders verhalten, zu schätzen wissen, »was er hier hat in
dem Land«. Jedoch müsse die Politik den Menschen im Aufnahmeland erläutern, wer aufgenommen würde und aus welchen Gründen dies an den jeweiligen Orten passiere. Hier setzten etliche Klagen an. Warum man nur höre, dass
junge Männer hierherkommen, aber keine Frauen und Kinder. Warum man
im Fernsehen Flüchtlingsschiffe mit Frauen und Kindern sehe, aber ins »Asylheim« nebenan nur junge Männer aus Tunesien zögen (»Ist auch komisch,
[...] wo ist denn da der Bürgerkrieg?«). Oder warum man schlichtweg belogen
werde, wie eine Befragte schimpfte. Sie erzählte von »unserem kleinen Ort«, in
dem »auch ein Asylheim eröffnet« worden sei. Aber, nicht aus Syrien, sondern
aus Serbien kämen die Flüchtlinge, die dort untergebracht wurden. »Da fühlst
du dich doch verarscht oder?«, sagte ihr ebenfalls an der Diskussion teilneh-
mender Ehemann und fügte an: »Also, das sind garantiert keine ethnischen
Serben, jede Wette. Das sind entweder Zigeuner oder Bosniaken, irgendwelche

Moslems aus der Ecke.« Und weiter: »Sie mögen die serbische Staatsbürgerschaft haben«, doch sei darüber hinaus nicht gesagt worden, woher genau die Flüchtlinge stammten und was ihre Beweggründe seien. »Einfach eine Lüge«, befand der Mann.

Egal, ob zugewandert, als Flüchtling ins Land gekommen oder hier geboren, ob mit deutscher Staatsangehörigkeit oder nicht, eine Gruppe wurde in unseren Gesprächsrunden exponiert dargestellt: Menschen muslimischen Glaubens. Ein Befragter raunte beim Thema Integration:

»Dann gibt es Leute, da funktioniert es nicht. Und dann sag ich mal: Augen aufmachen, wie jeder Kriminalist, der sagt, ich habe fünf Mal ein ähnliches Vergehen, was ist das verbindende Element? Und dort muss man mal stutzen. Und da muss man drüber reden!«

Andere Diskutanten fassten es noch eindeutiger: »Migranten sind nicht das Problem [...]. Das Problem ist der Islam.« Sie sagten beispielsweise: »Migranten können kommen, so viele sie wollen, mich stört nur der Islam.« Zu hören war auch: »Von den Polen, die hier einwandern, hörst du nichts. Von den Vietnamesen hörst du nichts, die integrieren sich alle. Nur diese...«. Es werde suggeriert, Deutschland hätte ein »mittleres Integrationsproblem«, machte ein Teilnehmer deutlich, doch das »ist völlig falsch! Wir haben ein großes islamistisches Integrationsproblem und sonst überhaupt keins.« Hier also – an »den Moslems« und »dem Islam« – entlud sich heftige Kritik, die ressentimentbeladen, vorurteilsbehaftet, teils aggressiv, stark ablehnend bis feindselig vorgetragen wurde. Nur selten kam es in den Runden während dieser Erzählstrecken zu Widersprüchen anderer Diskussionsteilnehmer, die sich dann auch kaum an der grundsätzlichen antimuslimischen Stoßrichtung, als lediglich an der Heftigkeit der Forderungen und Ausdrucksweisen festmachten. So stand für einen Leipziger Teilnehmer beispielsweise fest, dass Muslime, die nach Deutschland kommen, sich »komplett assimilieren, germanisieren und am besten noch christianisieren« müssten. Auch ihre Vornamen müssten sie ablegen. Wer »Murad oder Mohammed« heißt, sei nicht integrationswillig, die Möglichkeit, seinen Namen zu ändern sei in Deutschland schließlich gegeben, machte der Leipziger deutlich, worauf eine Gesprächsteilnehmerin entgegnete, dass solche Forderungen zu weit gingen. Überdies fand sich jedoch wenig Gegenrede in den Runden. Der Islam wurde in der Summe als kulturell rückständig, als gewalttätig und als gefährliche politische Überzeugung dargestellt, deren Gläubige die Welt zu unterjochen gewillt sind, ja, von ihrer Religion dazu beauftragt seien. Einschränkende, relativierende, gemäßigte Äußerungen entwickelten sich lediglich im Blick zurück. Die europäische Kultur hätte sich ohne den Islam anders entwickelt, der in Spanien vor rund 700 Jahren letztlich das griechische Erbe antrat und rettete, so dass es in die Renaissance überführt werden konnte. Herrliche Gebäude mit beeindruckender

Architektur seien von dieser Zeit geblieben. Jedoch: Der Islam habe sich »in ganz unterschiedlichen Ausprägungen entwickelt und im Moment meines Erachtens in eine sehr extreme Richtung«, wie es hieß. Zwar gebe es »durchaus einen toleranten Islam«, wie in einer Runde anklang, allerdings trete er »halt relativ wenig in Erscheinung«. Die Befragten problematisierten hier punktuell die in ihren Augen schwierige Aufgabe, »die Spreu vom Weizen« zu trennen, einen weltoffenen friedlichen Islam von einem feindseligen Islam zu separieren. Man war allerdings mehrheitlich nicht davon überzeugt, tatsächlich auf ein dialogbereites Gegenüber zu treffen – zu geschlossen, zu abweisend, letztlich undurchdringlich sei der Islam. Es handele sich teils bloß um eine fadenscheinige islamische Toleranz, die die dahinterliegenden Motive verdecke und kaschiere, waren von uns Befragte überzeugt.

Man betonte eklatante kulturelle Unterschiede: die Neigung, »Parallelgesellschaften« zu bilden, unter sich bleiben zu wollen, sich abgrenzen zu wollen.[37] Ein sich stetig verschärfendes Problem, wie Teilnehmer befanden. Denn auf der einen Seite drohe das Phänomen »Parallelgesellschaft« durch weiteren islamischen Zuzug zuzunehmen und auf der anderen Seite wachse es stetig aus sich selbst heraus – auch ohne weitere Zuwanderung. Schließlich, so rechnete man vor, läge die Geburtenrate von Moslems in Deutschland deutlich höher als die der »autochthonen Bevölkerung«. Das schrieb bereits Thilo Sarrazin in seinem Buch »Deutschland schafft sich ab« mit dem Ergebnis: »In drei Generationen haben wir mehrheitlich Türken in Deutschland«, wie ein Befragter sagte. Die »Islamisierung« hänge also bereits mit der demographischen Entwicklung zusammen. Sarrazin sei damals zwar vielfach angegriffen worden, »aber nie bezüglich seiner Statistik«. Unter sich lebend und mit vielen Kindern – so blickten die Befragten auf in Deutschland lebende Muslime. Sie gingen zudem davon aus, dass sie »Eigenarten«, die sie aus ihren Heimatländern mitbrächten, auch hier kultivieren und reproduzieren würden, dass beispielsweise die Männer im Teehaus säßen und ihre Frauen arbeiten ließen.

Neben diesen von den Befragten eher als kulturell beschriebenen Unterschieden, von ihnen nicht selten auch als Abartigkeiten dargestellt – fanden sich zahlreiche Zuschreibungen und Verweise auf eine dem Islam immanente Gewaltbereitschaft. Die Befragten meinten, der Islam formuliere einen Anspruch auf Führerschaft, der ganzheitlich, rigoros, hart, zum Teil auch gnadenlos zur Umsetzung gebracht werden solle. Dies wurde untermauert zunächst von der Dokumentation seiner Rückständigkeit. Wenn »das Öl alle ist«, bliebe »von Gottesstaaten« nichts mehr übrig – sie würden »sich in die Steinzeit zurück entwickeln«, wo Chaos und das Faustrecht regierten. Unmenschlichkeiten seien bereits heute in anderen islamisch geprägten Ländern zu beobachten. Angeführt wurden Genitalverstümmelungen von Frauen im zentralafrikanischen Tschad – »Alle Frauen dort sind beschnitten. Aber richtig heftig. Also das machen die auch heute noch. Und das hört nicht auf.« Insbesondere verwiesen Befragte jedoch auf den terroristischen Islamismus, der das »wahre Gesicht« des Islams zum Vorschein bringe. Die Bilder des »Islamischen Staates« (IS) seien ihnen präsent, kenne ein jeder – Krieg und Vergewaltigungen, Kopfabschneiden und Vollverschleierung der Frauen. »Da hakt's bei mir aus. Sowas kann doch kein normaler Mensch wollen«, entfuhr es einem Dresdner Befragten.

»Das ist dieser Islam. Wenn die Leute Fernsehen anschalten und in die Zeitung gucken, was siehst Du? IS – 120 Kinder in Pakistan in die Luft gesprengt. 3000 dort gemeuchelt, in Afrika. Dort ist das ja normal, ne? Also das ist doch ganz klar, dass die Leute sich fragen: Was ist denn dort los? Das ist auf der Welt im Jahr 2015.«

Die Gewalt sei in der Religion angelegt, schließlich würden Attentäter und Märtyrer annehmen dürfen, nach ihrem Tod ins Paradies zu kommen, dort dann »72 Jungfrauen oder was auch immer« zu erhalten, obwohl »das doch Mörder« seien – »Wir machen uns darüber lustig, aber die nehmen das ernst.«

Mögen Aussagen wie die oben angeführten selbst in unseren Diskussionsrunden eher zu den drastischen Meinungsbeiträgen gehören, zeigte sich dennoch die gefestigte Überzeugung unter den Teilnehmern, dass es sich beim Islam weniger beziehungsweise nicht ausschließlich um eine Religion, sondern (auch oder vor allem) um eine Weltanschauung handele, der eine gewisse Programmatik eingeschrieben sei, die sich nach fixen Überzeugungsgrundsätzen richte. »Die Idee ist, zu übernehmen«, fasste es ein von uns Befragter zusammen. Ein anderer sagte: »Der Islam ist keine Religion, sondern politische Ideologie.« Im Koran sei sie niedergeschrieben, in der Scharia finde sie ihre (aus-)gelebte, praktische Anwendung. In den Augen vieler von uns Befragter ist das offenkundig. Es gelte wachsam zu sein, denn die Gefahr sei klar zu erkennen. Beispielsweise Salafisten in Deutschland, die den Koran in seiner wörtlichen Bedeutung und nicht interpretierbar predigten (»ein eklatanter Verstoß gegen die Demokratie«), die die Scharia über das Grundgesetz stellten (»muss rigoros unterbunden werden«) und die von islamistischen Terroristen den Umgang mit Waffen erlernen, als »Schläfer« Anschläge vorbereiten könnten, stellten eine akute Bedrohung dar. Der Staat habe viel zu lange zugeschaut. Einen »Religionsbonus« habe man den Muslimen im Namen der Toleranz und der Weltoffenheit zugestanden. »So viele Sondersachen« hätten sie sich aufgrund dieser zugestandenen Freiheiten bereits erkämpft, wie eine Befragte sagte und verdeutlichte: »Bei denen habe ich immer das Gefühl, die versuchen das immer auszutesten wie kleine Kinder, die sich dann immer mehr rausnehmen und sich immer Souveränitätsrechte holen, die ihnen gar nicht zustehen.« Damit müsse Schluss sein. Es müsse vielmehr kontrolliert werden, was in den islamischen Gotteshäusern hierzulande gebetet werde – »und wenn in der Moschee solches Zeug gepredigt wird, dann muss ich die zumachen«.

Bei Verstößen gegen »unsere Grundrechte« müsse »der Staat von seinem Gewaltmonopol Gebrauch machen und müsste dagegen massiv vorgehen«. Doch das sahen die von uns Befragten derzeit nicht – bestenfalls ansatzweise. Stattdessen sei eine überwiegende Offenheit, gar Anbiederung an den Islam zu beobachten, die Pegida ja letztlich auch bewog, gegen sie zu protestieren. Ein Befragter brachte seine Sorge wie folgt zusammen: »Wenn du sagst, der Islam gehört zu Deutschland, wirst du da kaum eine Distanz reinkriegen.«

Doch eine Grenzziehung sei zwingend vonnöten – auch weil sich Juden in Mitteleuropa heutzutage nicht mehr sicher fühlen könnten. Die islamistischen Attentate in Frankreich Anfang 2015, die sich ausdrücklich auch gegen Juden gerichtet haben, hätten das verdeutlicht. Ein deutscher »Aufschrei« sei indes ausgeblieben – »wo immer betont wird, wir haben so viel aus unserer Geschichte gelernt«. Auf salafistischen Demonstrationen in Deutschland würde »massiv der Ruf ›Juden ins Gas‹« skandiert. Studien erschienen, aus denen hervorging, dass der Antisemitismus in Deutschland stark zunähme, 18 Prozent der Deutschen seien antisemitisch, berichtete eine Befragte und bestritt sogleich: »Das glaube ich nicht, weil, wenn ich mich in unserem Bekanntenkreis umgucke und so, da kenne ich überhaupt niemanden, der so in die Richtung...«. Vielmehr sei zu hinterfragen, worauf sich die 18 Prozent bezögen. »Warum sind das ›die Deutschen‹«, fügte die Frau an, »das wird doch ein ganz großes Potenzial geben im Bereich der Muslime. [...] Und das ist unerträglich.« Ausgerechnet die Juden – die »betreiben ihre Religion ja zuhause«, sind »nicht aggressiv«, der Glaube »ist Privatsache bei denen« und »du wirst nie belästigt von denen« – sie fühlten sich »auch bedroht. Und das kann nicht sein!«

Neben Zuwanderern und Flüchtlingen, Moslems und Juden gehörte in den Diskussionsrunden eine weitere Gruppe zu »den anderen«. Gemeint sind die Gegendemonstranten, die NoPegida-Anhänger und – in den Worten der Befragten – »die Roten, die Nazis raus blöken.« Ihnen – den meist jüngeren Opponenten – sprachen die von uns Befragten das Wissen, die (Lebens-)Erfahrung und die Bildung ab, über die Belange, die Pegida umtrieben, urteilen zu können. Eine Vielzahl von Begegnungen hätte das bewiesen. Ein Befragter berichtete von einer Demonstration nahe der Dresdner Frauenkirche, die er sich angeschaut habe – »viele Unwissende« habe er ausgemacht: »Die wussten nicht, wovon sie reden.« Ein anderer sagte über die Gegendemonstranten, sie seien »unbedarft bis sonst wohin«, wenn sie riefen »Ihr seid eine Schande für Deutschland«, »Ihr Faschisten« oder »Nazis raus aus dieser Stadt«. Rufe dieser Art, so die Befragten, hätten betroffen gemacht. Ein ums andere Mal habe man die Gelegenheit genutzt und den »jungen Leuten« Contra gegeben: »Wir haben alle die ganzen Jahre gearbeitet, Steuern gezahlt, zwei Kinder großgezogen, also wir sind bestimmt keine Schande für Deutschland.« Entgegnet habe man auch: »Bevor du hier losplapperst, mach dich erstmal schlau.« Denn, so die Wahrnehmung der Befragten, auf der anderen Seite war man vor allem

»auf Konfrontation aus«, teilweise als »wenn die im Drogenrausch wären« und dabei war beim Gesagten »nicht viel Substanz, Geist dabei«. Einer unserer Diskussionsteilnehmer führte einen Dresdner Politikwissenschaftler an, der es »so schön auf den Punkt gebracht« habe: »Auf der einen Seite stehen die Studenten und auf der anderen Seite laufen die, die mit ihren Steuern das Studium finanzieren.« Auch die gezeigte Lebensleistung, die menschlichen Verdienste und der erbrachte Beitrag für die Gesellschaft – so die Diskussionsteilnehmer – werteten Pegidas Proteste auf. Man war sich sicher: »Pegida – das ist ein ganz anderes Niveau.«

ANMERKUNGEN

1 | Zum Protestverständnis als »Handeln gegen andere« vgl. Slavoj Žižek, Auf verlorenem Posten, Frankfurt a.M. 2009, S. 37.

2 | Im deutschen Sprachraum scheint sich ein wenig die Unterscheidung durchgesetzt zu haben, dass der Begriff der »Gruppendiskussion« für Realgruppen verwendet wird, während man mit Fokusgruppen ein Setting meint, in dem die Teilnehmer einander unbekannt sind. Hier werden, da die Konstellation der Gruppen klar ist, sich die meisten Teilnehmer nicht kannten, beide Begriffe synonym verwendet. Zur Anwendung von Fokusgruppen in der Politikwissenschaft vgl. Stine Marg, Mitte in Deutschland. Zur Vermessung eines politischen Ortes, Bielefeld 2014, S. 91-143.

3 | Vgl. Marlen Schutz, Quick and Easy!? Fokusgruppen in der angewandten Sozialwissenschaft, in: dies. u.a. (Hg.), Fokusgruppen in der empirischen Sozialwissenschaft. Von der Konzeption bis zur Anwendung. Wiesbaden 2012, S. 9–22, hier S. 9.

4 | Vgl. zur Selbstläufigkeit: Aglaja Przyborski u. Monika Wohlrab-Sahr, Qualitative Sozialforschung. Ein Arbeitsbuch, München 2010, S. 116.

5 | Je kreativer die Gruppendiskussion ist, desto häufiger wird sie im deutschen Sprachgebrauch auch als Gruppenwerkstatt bezeichnet. Ursprünglich entwickelt von: Helmut Bremer, Von der Gruppendiskussion zur Gruppenwerkstatt. Ein Beitrag zur Methodenentwicklung in der typenbildenden Mentalitäts-, Habitus- und Milieuanalyse, Münster 2004.

6 | Hierzu auch: Thomas Kühn u. Kay-Volker Koschel, Gruppendiskussionen. Ein Praxis-Handbuch, Wiesbaden 2011, S. 139-171.

7 | Giovanni Sartori, Demokratietheorie, Darmstadt 2007, S. 114.

8 | Thomas Kühn u. Kay-Volker Koschel, Gruppendiskussionen. Ein Praxis-Handbuch, Wiesbaden 2011, S. 53.

9 | Vgl. eingehender zu der Methode insbesondere im Zusammenhang mit der Erforschung von Protest: Stephan Klecha, Stine Marg u. Felix Butzlaff, Wie erforscht man Protest. Forschungsdesign und Methodik, in: Franz Walter u.a., Die neue Macht der Bürger. Was motiviert die Protestbewegungen?, Reinbek 2013, S. 14-47, hier insbesondere

S. 25–34; auch: Lars Geiges, Occupy in Deutschland, Die Protestbewegung und ihre Akteure, Bielefeld 2014, S. 58–66.

10 | Ist von Personen, Teilnehmern etc. die Rede, sind hier immer männliche als auch weibliche Gesprächspartner gemeint.

11 | Grundsätzlich einführend: Hermann Bausinger, Heimat und Identität, in: Elisabeth Moosmann (Hg.), Heimat. Sehnsucht nach Identität, Berlin 1980, S. 13–29; aktuell dazu vgl. Simone Egger, Heimat. Wie wir unseren Sehnsuchtsort immer wieder neu erfinden, München 2014.

12 | Alle in diesem Kapitel verwendeten Zitate sind Aussagen aus den von uns geführten und transkribierten Fokusgruppen und Interviews. Zum Schutz der Anonymität der Befragten werden sie hier nicht näher belegt.

13 | Dazu vgl. Volker Sellin, Mentalität und Mentalitätsgeschichte, in: Historische Zeitschrift 241, H. 3 1985, S. 555–598.

14 | Auch geschichtswissenschaftlich für andere Hochwassergebiete dokumentiert u.a. bei: Patrick Masius, Risiko und Chance. Das Jahrhunderthochwasser am Rhein 1882/1883 – eine umweltgeschichtliche Betrachtung, Göttingen 2013.

15 | Zur Vorstellung, dass die Suche nach Anerkennung ein starkes Antriebsmoment für Engagement, in diesem Fall politischen Protest sein kann, vgl. Christoph Hoeft u.a., Wer organisiert die »Entbehrlichen«? Viertelgestalterinnen und Viertelgestalter in benachteiligten Stadtquartieren, Bielefeld 2014, S. 228 f.

16 | Kathrin Oertel sagte in einem Interview mit blu news: »Wir haben einmal die Dummheit begangen, eine solche Einladung anzunehmen. Wie gesagt: beim Sachsenspiegel [Sendung des MDR-Fernsehens, Anm. d. V.]. Wir dachten uns: was soll uns passieren? Die fragen uns ein paar Sachen und wir wissen ja, für was wir stehen. Es war dann aber mehr ein Tribunal als ein Interview. Uns saßen drei Journalisten gegenüber, die uns 75 Minuten mit Fragen fast schon beschossen haben. Die Kamera immer nur auf uns gerichtet, die Interviewer waren nie im Bild. Am Ende wurden 2 Minuten und 28 Sekunden ausgestrahlt; mit Untertiteln. Die Fragen wurden von einer Computerstimme vorgelesen und schriftlich eingeblendet. Für uns war klar: Ok, das ist blöd gelaufen.... [...] Wir haben uns danach jedenfalls gedacht, das machen wir nie wieder. Solange wir im Ansatz nicht mithalten können. Es ist uns mittlerweile klar, dass man sich mit manchen gar nicht zu unterhalten braucht. Wenn etwa ein Spiegel-Journalist vor meiner Tür steht, weiß ich, dass ich mit ihm nicht zu reden brauche. Der ist nicht an Inhalten interessiert, sondern geht mit der Intention in so ein Gespräch: ›Wie kann ich Pegida möglichst in die Pfanne hauen?‹«, o.V., Pegida-Gründer im blu-News Interview, 11.01.2015, online unter: www.blu-news.org/2015/01/11/pegida-gruender-im-blu-news-interview/ [zuletzt eingesehen am 11.02.2015].

17 | Hier wie im Folgenden vgl. Günther Haller, »Lügenpresse!« – Ein neuer alter Kampfruf, in: Die Presse, 03.01.2015, online unter http://diepresse.com/home/zeitgeschichte/4628933/Lugenpresse-Ein-neuer-alter-Kampfruf [zuletzt eingesehen am 10.02.2015].

18 | Vgl. Jens Dirksen, »Lügenpresse« ist immer ein Propagandawort gewesen, in: Westfalenpost, 13.01.2015, online unter www.derwesten.de/wp/kultur/luegenpresse-ist-immer-ein-propagandawort-gewesen-id10232961.html [zuletzt eingesehen am 10.02.2015].

19 | Vgl. Tatjana Festerling, Die Wahrheit über HoGeSa-Demo, in: Journalistenwatch. com, online unter http://journalistenwatch.com/cms/2014/10/27/tatjana-festerling-die-wahrheit-ueber-die-hogesa-demo/ [zuletzt eingesehen am 10.02.2015].

20 | Der Vorstand der Patriotischen Plattform, Tatjana Festerling Mitglied der Patriotischen Plattform, 02.12.2014, online unter http://patriotische-plattform.de/blog/2014/12/02/ tatjana-festerling-mitglied-der-patriotischen-plattform/ [zuletzt eingesehen am 10.02.2015].

21 | »Politik trifft auf Protest – Pegida« bei »Günther Jauch«, 18.01.2015, online unter http://daserste.ndr.de/guentherjauch/Politik-trifft-auf-Protest-Pegida-bei-GUeNT HER-JAUCH,guentherjauch474.html [zuletzt eingesehen am 10.02.2015].

22 | Vgl. Ingrid Brodning, Wirr ist das Volk: Die digitale Parallelwelt der Pegida-Anhänger, in: profil.at, 09.02.2015, online unter www.profil.at/oesterreich/wirr-volk-parallelwelt-pegida-anhaenger-5497170 [zuletzt eingesehen am 11.02.2015].

23 | Eine Sichtweise, die sie laut einer repräsentativen Studie vom Dezember 2014 mit der Mehrheit der Deutschen teilen. 63 Prozent der Deutschen haben demnach wenig oder gar kein Vertrauen in die Ukraine-Berichterstattung deutscher Medien. Die Berichterstattung sei »einseitig/nicht objektiv«, befanden 31 Prozent davon. Vgl. o.V., Vertrauen in die Medien-Berichterstattung über den Ukraine-Konflikt. Eine Umfrage im Auftrag des NDR-Medienmagazins ZAPP, Dezember 2014, S. 5, online unter www.ndr.de/fernse hen/sendungen/zapp/inffratest100.pdf [zuletzt eingesehen am 11.02.2015].

24 | Vgl. exemplarisch hierzu: Kluft zwischen Deutschen und Politikern so tief wie nie, in: Der Spiegel, 27.12.2006. Zur einer differenzierten Auseinandersetzung mit dem Begriff »Politikverdrossenheit« vgl. grundsätzlich: Kai Arzheimer, Politikverdrossenheit. Bedeutung, Verwendung und empirische Relevanz eines politikwissenschaftlichen Begriffs, Wiesbaden 2002; differenzierter im Zusammenhang mit den jüngsten Entwicklungen vgl. ebenso: Klaus Christoph, »Politikverdrossenheit«, veröffentlicht auf: www. bpb.de/geschichte/zeitgeschichte/deutschlandarchiv/61504/politikverdrossenheit? p=all [zuletzt eingesehen am 14.02.2015].

25 | Vgl. hierzu: Dieter Rucht und Roland Roth, Soziale Bewegungen und Protest – eine theoretische und empirische Bilanz, in: dies. (Hg.), Die sozialen Bewegungen in Deutschland seit 1945. Ein Handbuch, Frankfurt a.M. 2008, S. 635–668; Franz Walter, Bürgerlichkeit und Protest in der Misstrauensgesellschaft. Konklusion und Ausblick, in: Franz Walter u.a. (Hg.), Die neue Macht der Bürger. Was motiviert Protestbewegungen?, Reinbek 2013, S. 301–343.

26 | Vgl. hierzu und im Folgenden: Stine Marg, Mitte in Deutschland. Zur Vermessung eines politischen Ortes, Bielefeld 2014, vor allem S. 208–243.

27 | Vgl. exempl. o.V., De Maizière zeigt Verständnis für »Pegida«-Demonstranten, in: Frankfurt Allgemeine Zeitung Online, 12.12.2014, online abrufbar unter: www.faz.net/ aktuell/politik/inland/thomas-de-maiziere-mahnt-sorgen-von-pegida-ernst-zu-neh men-13317185.html [zuletzt eingesehen am 12.02.2015]; Martina Frietz, Wer sich fremd fühlt im eigenen Land, ist nicht gleich ein Ausländerhasser!, in: Focus-Online, 02.01.2015, online einsehbar unter: www.focus.de/politik/deutschland/fietz-am-frei

tag/zur-asyl-debatte-die-angst-vieler-deutschen-ernst-nehmen_id_4379633.html [zuletzt abgerufen am 14.02.2015].

28 | Vgl. hierzu auch jüngste Umfragen unter der Dresdner Bevölkerung, die zu 89 Prozent Pegida ablehnen. Vgl. Werner Mathes, Manfred Güllner im Interview: »89 Prozent der Dresdener lehnen Pegida ab.«, in: Stern, 11.02.2015, online einsehbar unter: www. stern.de/politik/deutschland/stern-interview-mit-forsa-chef-guellner-89-prozent-der-dresdner-lehnen-pegida-ab-2172564.html [zuletzt eingesehen am 12.02.2015].

29 | Vgl. hierzu: Robert Roßmann, Merkel verurteilt »Kälte und Hass« bei Pegida, in: Süddeutsche Zeitung, 31.12.2014.

30 | Nach seinem Antrittsbesuch war Gauck bisher nicht in Russland gewesen, sein Verhältnis zu dem Land gilt als angespannt, da sein Vater in einem russisch-sibirischen Arbeitslager interniert gewesen war. Dennoch hatte Gauck, wie viele Bundespräsidenten vor ihm, keinen Besuch bei den Olympischen Winterspielen geplant. Vgl. o.V., Gaucks Olympia-Absage verärgert Russland, in: Zeit-Online, 08.12.2013, online abrufbar unter: www.zeit.de/politik/2013-12/reaktion-gauck-boykott-olympia [zuletzt eingesehen am 12.02.2015].

31 | Vgl. hierzu grundlegend und zusammenfassend: Wilhelm Heitmeyer (Hg.), Deutsche Zustände. Folge 10, Frankfurt a.M. 2011.

32 | Vgl. hierzu jüngst: Oliver Decker, Johannes Kiess und Elmar Brähler, Die stabilisierte Mitte. Rechtsextreme Einstellungen in Deutschland 2014, online abrufbar unter: www.uni-leipzig.de/~kredo/Mitte_Leipzig_Internet.pdf [zuletzt eingesehen am 14.02.2014].

33 | Vgl. Dieter Rucht, Kollektive Identität, in: Forschungsjournal Neue Soziale Bewegung, Jg. 8 (1995) H. 1, S. 9–23; vgl. Cristina Flesher Fominaya, Collective Identity in Social Movements, in: Sociology Compass, Jg. 4 (2010) H. 6, S. 393–404.

34 | Vgl. grundlegend dazu: Carolin Emcke, Kollektive Identitäten. Sozialphilosophische Grundlagen, Frankfurt a.M. 2000.

35 | Verwiesen wurde in unseren Diskussionsrunden überdies darauf, dass bei den Montagsdemonstrationen im Jahr 1989 ebenfalls »Rechte« zu den Demonstranten gehörten. »[...] denn auch unter den Frustbürgern von 1989 waren Positionen vertreten, die mit den Grundimpulsen des freiheitlichen, weltoffenen, revolutionären Umbruchs wenig zu tun hatten«, schreibt dazu auch: Friedrich Schorlemmer, Ihr seid nicht das Volk!, in: Der Freitag, 11.02.2015, online unter: https://www.freitag.de/autoren/der-freitag/ihr-seid-nicht-das-volk [zuletzt eingesehen am 14.02.2015].

36 | O.V., Pegida-Gründer spielt Hitler, in: Frankfurter Allgemeine Zeitung, 21.01.2015, online unter: www.faz.net/aktuell/politik/inland/lutz-bachmann-pegida-gruender-spielt-hitler-13382531.html [zuletzt eingesehen am 14.02.2015].

37 | Die Debatte um »Parallelgesellschaft« geht u.a. zurück auf: Wilhelm Heitmeyer, Helmut Schröder u. Joachim Müller, Desintegration und islamischer Fundamentalismus. Über Lebenssituation, Alltagserfahrungen und ihre Verarbeitungsformen bei türkischen Jugendlichen in Deutschland, in: Aus Politik und Zeitgeschichte, B. 7–8 (1997), S. 17–31.

5. Deutsche »Deutungs-Ursuppe«

Mails, Meinungen und Mediendiskurse

In mittlerweile unzähligen Reportagen und Kommentaren haben sich die Tages- und Wochenzeitungen bemüht, das Phänomen »Pegida« zu verstehen, dessen Ursachen zu ergründen und die Konsequenzen für die deutsche Politik einzuschätzen. Dabei wurde auch viel darüber räsoniert, wie mit dieser Bewegung umzugehen sei. Pegida, das ließ sich schnell bemerken, bewegte nicht nur Menschen auf der Straße, sondern auch die Redaktionen der Massenmedien. Dort waren sich zunächst viele nicht sicher, ob sie sich hier einem Geschehnis von historischem Ausmaß gegenübersahen oder lediglich Zeuge eines Aufloderns politischen Unmuts wurden. Anfangs erschien den politischen Berichterstattern Pegida als eine Demonstration gegen Flüchtlingsheime, getragen von Anwohnern, die unter einem skurrilen Label, zudem unter dem Eindruck häufiger Flüchtlingswellen und einer zunehmenden Präsenz des Islam standen und deshalb obendrein eine Islamisierung befürchteten – was unter den Politikjournalisten insgesamt obligatorische Fragen nach der Legitimität der Proteste aufwarf und zu einigen Berichten zu verpflichten schien, aber im Protestfuror der letzten Jahre zunächst nicht weiter verwunderte. Als diese allwöchentlichen »Spaziergänge« und Kundgebungen jedoch anhielten und damit ein unerwartetes Durchhaltevermögen zeigten, vor allem aber die Zahl der Teilnehmenden auf einen fünfstelligen Wert anschwoll, geriet Pegida unweigerlich zu einem alles andere überdeckenden Nachrichtenthema, das die Tages- und Wochenpresse dominierte.

Dauer und Größe des Pegida-Protestes lösten in den deutschen Massenmedien eine sich selbst verstärkende Berichterstattung aus. Keine ernstzunehmende Redaktion konnte sich spätestens Mitte Dezember 2014 mehr leisten, auf eigene Beiträge über das Phänomen zu verzichten. Plötzlich waren für die politische Kultur der Bundesrepublik düstere Szenarien nicht mehr nur denkbar, sondern schienen unmittelbar bevorzustehen. In einem Artikel des *Spiegel*[1] von Mitte Dezember 2014 zeigte sich dies besonders deutlich: Dessen acht Autoren fragten darin, was los sei »im international zweitbeliebtesten Einwanderungsland«, ob nun etwa »eine diffuse Angst vor Überfremdung zurück[kehrt] wie in den Neunzigerjahren, als in Rostock-Lichtenhagen ein Asylbewerberheim brannte«. In dem Artikel zitierte Umfragen schienen auszusagen, dass große Teile der Bevölkerung die Positionen von Pegida teilten – so würden 34 Prozent der Bürger eine fortschreitende Islamisierung Deutschlands beobachten. Überdies seien, so die Autoren weiter, zuletzt vermehrte Demonstrationen gegen Asylbewerberheime registriert worden, durchschnittlich würden solche Einrichtungen zweimal pro Woche attackiert, auch mit Brandstiftung und Körperverletzung. Ein antimuslimischer Blog verzeichne auf Facebook täglich 70.000 Besucher, im Hintergrund stünden völkische Agitatoren zur rechtsextremistischen Mobilisierung der Masse bereit, ein Konflikt- und Gewaltforscher konstatierte die Entstehung einer »radikale[n] Parallelgesellschaft«, Sicherheitsbehörden seien alarmiert.

Vor diesem Hintergrund zogen nun zahlreiche Menschen mit Parolen und Deutschlandflaggen durch eine deutsche Großstadt. All diese Indizien schienen sich zu einer unheilvollen Kraft zu verdichten, welche die Bundesrepublik bald erfassen könnte. In diesem Artikel wurde die Lage beinahe ähnlich bedrohlich gezeichnet, wie sie ihrerseits die Pegida-Anhänger mit Blick auf eine angebliche Islamisierung Deutschlands darstellen. Dieser alarmierende Grundton unterscheidet sich von der Nüchternheit, mit der inzwischen das augenscheinliche Ende der Pegida-Blüte betrachtet wird, die verwelkt sei – wie ein heftiger Schmerz.

Zunächst: Medien – Zeitungen, Radio- und Fernsehsendern – kommt in der repräsentativen Demokratie eine ungemein wichtige Funktion zu. Medien »definieren Themen und sie strukturieren Entscheidungen«[2]; sie sind »Diskursproduzenten«, indem sie »Fakten gewichten oder mehr oder weniger Raum für die Bewertungen und Einschätzungen anderer Akteure geben«[3]. Sie erweitern zudem »unser Problembewusstsein und unser Diskursuniversum«[4]. Was erst einmal prominent in den Medien zirkuliert, kann nur schwerlich wieder abgewiesen werden.[5] Durch Schlagzeilen und Kommentare prägen Medien die Meinungen ihrer Rezipienten und strukturieren Reflexionen, Gedanken und Vota.[6] In einem politischen System, das den Bürger zum Souverän erhebt, sind der freie Austausch von Auffassungen und der Widerstreit unterschiedlicher Alternativen elementar, erst Meinungsvielfalt ermöglicht die sorgfältige Abwägung politischer Entscheidungen und eine fundierte Meinungsbildung für den Wahlakt. Insofern lohnt sich im Falle der Pegida-Demonstrationen ein Blick auf den Umgang derjenigen, die Meinungen verbreiten und beeinflussen, mit dem Dresdner Protestphänomen, das zwischen Dezember 2014 und Februar 2015 so intensiv und stellenweise auch leidenschaftlich diskutiert wurde. Welche Erklärungen fanden deutsche Journalisten für Pegida, zu welchen Reaktionen rieten sie der Politik und wie bewerteten sie die Pegida-Proteste insgesamt? Zudem erhielten wir etliche »Innenansichten« sächsischer Bürger, die uns schrieben, wie sie Pegida wahrnehmen würden. Eine – wie wir finden – besonders eindrückliche E-Mail, die uns erreichte, soll dieses Kapitel abschließen.

PANISCHER ALARMISMUS
UND DIE PROGNOSE VOM BALDIGEN ZERFALL

Doch zunächst der Blick auf die Medien. Bereits zu Beginn der medialen Betrachtung der Dresdner Ereignisse herrschte wenig Einigkeit unter Journalisten. Pegida sei »verstörend«, da hier die Zugkraft eines unbegründeten Slogans bewiesen werde, und zeige, dass »ausländerfeindliche Haltungen wieder am stärksten in Ostdeutschland zu Tage treten«.[7] Man müsse sich nun sorgen, nicht wieder in die Zustände der frühen 1990er Jahre zurückzufallen, »eine Zeit voller Angst«[8]. Während der *Zeit Online*-Journalist Lenz Jacobsen Anfang Dezember 2014 schrieb, in Deutschland »droht weder eine rechte Revolution, noch hasst eine nicht mehr schweigende Mehrheit plötzlich alle Ausländer«[9], schlug der *Spiegel* nur wenige Tage später einen demgegenüber geradezu alarmistischen Ton an. In der deutschen Gesellschaft vollziehe sich ein bedrohlicher Rechtsruck, der einen fundamentalen Wandel des Parteiensystems zur Folge habe. Laut einer TNS-Umfrage seien 65 Prozent der Deutschen der Meinung, die Große Koalition berücksichtige die Sorgen der Bevölkerung im Kontext von Flüchtlingspolitik und Zuwanderung nur unzureichend: »Jetzt ist Platz für eine rechtspopulistische Law-and-Order-Bewegung, die sich mit der AfD verbindet.«[10] Einige Kommentare stellten auch den Bezug zu den Bestsellern Thilo Sarrazins her, dem »geistigen Wegbereiter der jetzigen Proteste«[11]. Dieser habe vermeintlich belastbares Zahlenmaterial geliefert.[12] In diesem Kontext wirkte Pegida wie eine im Nachhinein plausible Station auf einer linearen Entwicklungskette.

Bei der Lektüre einiger Presseartikel in der Anfangsphase von Pegida ließ sich mitunter der Eindruck einer politischen Zeitenwende gewinnen, als könnte binnen weniger Wochen über ganz Deutschland verteilt plötzlich rechtsextreme Xenophobie an die Oberfläche treten. Einig war sich die deutsche Presselandschaft in diesem Befund aber ganz und gar nicht. Nicht überall in den Redaktionen gab man sich derart besorgt, stattdessen blickten nicht wenige mit gelassenem Optimismus, mit ruhiger Nüchternheit auf die Ereignisse und formulierten die eine oder andere Durchhalteparole.

Noch ehe die Weihnachtsfeiertage begonnen hatten, prognostizierten erste Einschätzungen den baldigen Zerfall von Pegida – eine Vorhersage, die sich anschließend mehrfach wiederholte. Den Protesten mangele es an essenziellen Bestandteilen, die ein Bündnis auf Dauer stellen könnten.[13] Neben einer beständigen Führungsfigur fehle ein konkretes Konzept, auf das die Politik eingehen könnte, die politische Kooperationsfähigkeit sei gering, es gebe kein Ziel, kaum jemand wisse, wohin die montäglichen Zusammenkünfte steuerten: »Irgendwann wird es Pegida nicht mehr geben. Die Demokratie hält das aus.«[14] Der Glaube an eine politische Zeitenwende, an einen fundamentalen Wandel der politischen Kultur in Deutschland, war unter Journalisten nicht sehr groß –

wenn auch kaum jemand leugnete, dass Pegida das Symptom eines neuen Grades an Unzufriedenheit mit Parteien und Parlamenten sei.

ZWEI DOMINANTE ERKLÄRUNGSSTRÄNGE

Wo sich also die Vorhersagen über die Entwicklung und Auswirkungen der Dresdner Montagsmärsche in ihrem Tonfall und ihrer Besorgnis deutlich unterschieden, gab es auch eine gespaltene Meinung über deren Ursachen. Pegida, so eine vielerorts vorgebrachte Einschätzung, sei ein aus kollektiver Angst entstandenes Konglomerat hasserfüllter Menschen, das seinen Zuspruch aus diffusen Ängsten und amorpher Wut beziehe, für umfänglich verdrossene Menschen sich als ein bislang alternativloses Ventil angeboten habe.[15] Für diese seien Parteien (und Medien) längst keine vertrauenswürdigen Instanzen mehr, Flüchtlinge und radikale Islamisten hätten ihnen nun einen konkreten Bezugspunkt für ihren bereits zuvor vorhandenen, jedoch orientierungslosen Unmut gegeben.[16] Viele Pegida-Anhänger müsse man als frustrierte Erwerbstätige sehen, die nicht verstehen, weshalb sie hart arbeiten müssen, »nur damit so ein paar Asylbewerber durchgefüttert werden können«[17]. Leute aus der Mittelschicht, die angeblich Angst vor sozialem Abstieg und der Veränderung ihrer Lebenswelt haben und darauf mit paranoiden Ansichten und hysterischen Aktionen reagierten. Kurz: Ein brüchiges Bündnis, das auf »Einigkeit in der Unzufriedenheit«[18] basiere und das von geschickten Wortführern initiiert und mobilisiert worden sei, sich aber letztlich nicht auf eine stabile Grundlage, auf anhaltende Empfindungen stütze.

Von manchen Kommentatoren ist dies als ein Ergebnis der politischen Normalisierung der deutschen Parteiendemokratie gewertet und Pegida in diesem Zusammenhang als eine Spielart des in ganz Europa seit Längerem verbreiteten Populismus betrachtet worden. Nach einer ganzen Garde von Populisten à la Haider, Le Pen, Fortuyn oder Blocher in den Nachbarstaaten sei der Rechtspopulismus nun eben auch in der Bundesrepublik angekommen.[19] Die These von den seit längerer Zeit ultimativ Politikverdrossenen aus der Mitte der Gesellschaft, die durch Berichte über Salafisten aufgeschreckt worden seien, sich von den im Bundesparlament befindlichen Parteien nicht mehr repräsentiert sähen, von den Massenmedien keine Grundlage für eine fundierte Meinungsbildung mehr erwarteten und infolgedessen anfällig für rechtspopulistische Impulse seien – sie bildet einen von insgesamt zwei großen Erklärungssträngen, welche in den Zeitungen geknüpft wurden.

Der andere ist die These vom Sachsen-Spezifikum, also die der Deutung einer im europäischen Kontext zu betrachtenden Normalisierung der Bundesrepublik quasi entgegengesetzte Überlegung, dass Pegida vornehmlich ein Resultat der politischen Kultur des sächsischen Freistaats, wenn nicht gar al-

lein der Stadt Dresden sei. Diese Erklärungsvariante tauchte immer wieder
auf, von Dezember bis Januar.[20] In einem Gastbeitrag in der *Welt* wagte der
Schriftsteller Peter Schneider »die Vermutung, dass Pegida zunächst einmal
ein ostdeutsches Phänomen ist und keine nennenswerte Ansteckung in West-
deutschland erreicht. Die DDR war mit einem Prozent – weitgehend kasernier-
ten Ausländern – ein nahezu ausländerfreies Territorium; ihre Bürger hatten
nie gelernt, mit Fremden zu leben.«[21] Auch andere Beiträge begründeten diese
These mit dem Hinweis auf die starke Abwesenheit islamischer Menschen in
Ostdeutschland im Allgemeinen, in Dresden im Speziellen. Aber auch weitere Indizien kamen als Argumente hinzu: Dresdens Bürgertum sei besonders
rechtskonservativ, rechtsextreme Gewalt werde von den Behörden häufig bloß
halbherzig sanktioniert, eine gegen Rechtsextremismus gerichtete Zivilgesellschaft habe es in Sachsen sehr schwer, kurz: »Im Zweifel steht in Sachsen der
Feind links.«[22] Pegida sei eine »Geisteshaltung«, die »tief in Teilen der Stadt«
stecke,[23] folglich also eine politisch-kulturell kuriose Ausnahmeerscheinung.

DIE SYNTHESE VOM VERSAGEN DER POLITIK

Gingen die Meinungen über Entstehung und Konsequenzen von Pegida im
deutschsprachigen Journalismus also auseinander, so waren sich die Presseinter-
preten hingegen einig in ihrer Kritik an deutschen Parteien, Regierungen und
Parlamenten. Zunächst: Etliche Beiträge schrieben der professionellen Politik
eine erhebliche Mitverantwortung an Pegida zu und kritisierten sie zudem für
wenig Souveränität im Umgang mit der Bewegung. Ratlose Reaktionen aus Parteien sowie der Bundes- und manchen Landesregierungen seien da gekommen,
mit denen sich das Problem nicht lösen lasse, so die nahezu einhellige Meinung
der Presse. Es sei falsch, ohnehin vagen Pegida-Forderungen gleich mit Gesetzes-
vorschlägen nachzukommen,[24] und es führe in eine Sackgasse, sich zu fragen, ob
den Demonstrationen mit Verständnis oder Ablehnung zu begegnen sei.[25]
   Gerade letztere Frage war allerdings auch Gegenstand der medialen Erörterung; in etlichen Beiträgen legten sich journalistische Autorinnen und
Autoren auf eine Handlungsempfehlung für die politischen Akteure fest. Vor-
dergründig polarisierten sich hierbei ebenfalls zwei Lager: Da waren jene, die
entschieden gegen einen Dialog argumentierten, weil sie den Urhebern und
Anhängern kruder, rassistischer Rhetorik und populistischer Slogans keine
Aufmerksamkeit schenken wollten: »Pöbler dürfen nicht den Eindruck haben,
sie müssten nur laut und lange genug pöbeln, bis ihnen die Politik um den
Bart geht.«[26] Ohnehin, so schrieben nicht wenige Beobachter, könne man ja
kaum mit Leuten diskutieren, die Fakten entweder verdrehten oder an ihnen
gar nicht erst interessiert seien, die sich verschwörungstheoretisch jeglichen
Gesprächs mit einem vermeintlichen Meinungskartell aus Medien und Politik

verweigerten.[27] Diese politisch fragwürdige und zahlenmäßig letztlich doch vermutlich kleine Gruppe dürfe nicht durch den Medienfokus und das Gespräch mit Parteiführern, Parlamentsvertretern und Regierungsrepräsentanten aufgewertet werden.[28]

Neben dieser deutlichen Ablehnung eines Gesprächsangebots seitens der Politik waren aber genauso Stimmen zu vernehmen, die mit der gleichen Vehemenz, bisweilen etwas pathetisch, diesen Dialog forderten, denn »Dialog und Debatte gehören zu den Elementen jeder lebendigen Demokratie. [...] Wer sich seiner besseren Argumente sicher ist, sollte eine Auseinandersetzung nicht scheuen.«[29] Zumal dann, wenn sich wie im Falle von Pegida der Protest in friedlichen Bahnen im Rahmen einer pluralistischen Demokratie bewege. »Religionen«, so ein Kommentator, »müssen es in Demokratien ebenso wie Politiker oder Unternehmen aushalten, dass sie öffentlich hart angefasst werden.«[30] Auf dieser Seite der Debatte hieß es dann mancherorts, es sei überheblich und diskriminierend, die Menschen in den Demonstrationszügen als »dumm« abzuqualifizieren.[31] Statt sie mit selbstgefälligem Spott zu überziehen, solle man diese, wenn auch unzutreffenden, Gefühle ernstnehmen und mit kraftvollen Argumenten erwidern.[32] In einem vieldiskutierten Gastbeitrag in der *Frankfurter Allgemeinen Zeitung* schrieb dann auch der Politologe Werner J. Patzelt: »Mit Andersdenkenden sollte man hingegen ins Gespräch kommen – voll guten Willens, höflich und ohne Arroganz.«[33] Beiläufig sei bemerkt, dass der Pegida-Diskurs aber auch so manches Ressentiment gegenüber der Politik vonseiten der Medien zum Vorschein brachte; so schrieb der *Cicero*-Kolumnist Alexander Grau: »Doch was Hetze und Verleumdung ist, was hingegen Sorge oder begründete Skepsis, das entscheidet man heutzutage im Kanzleramt. Gut zu wissen.«[34]

An diesem Punkt – Pegida zwar nicht entgegenzukommen, aber ernst zu nehmen – gelangte der journalistische Diskurs immer stärker zu einer Synthese. Danach habe die Politik viel zu lange Themen ignoriert, die großen Teilen der Bevölkerung wichtig seien, und Meinungen tabuisiert, die auf viel Zuspruch stießen. Die Pegida-Aktionen seien »zornige Zusammenkünfte gegen die vermeintliche Herrschaft politischer und medialer Eliten, die den gesunden Menschenverstand der Straße, so jedenfalls stellt es sich ihnen dar, unter der Knute einer gängelnden Sprache der politischen Korrektheit halten«[35] würden. Das Schlagwort »Islamisierung« sei im Grunde austauschbar, stehe lediglich für den Vorwurf eines »weit über die Felder von Einwanderung und Integration hinausreichenden Politikversagens, um nicht zu sagen Politikverbrechens«[36]. Die Politik habe »einen immer größer werdenden Raum des Ungesagten«[37] geschaffen, der Zorn habe sich in einem »zunehmend ungerechten Wirtschaftssystem«[38] aufgestaut, Pegida sei letztlich »ein Symptom für die jahrzehntelange Verleugnung von Ressentiments quer durch die Gesellschaft«[39].

Denn, so das Argument, auch ohne Pegida bestünden ja Ressentiments, Sorgen und Ängste in der Bevölkerung fort, der selbstzerstörerische Konflikt unter den Pegida-Organisatoren sei »kein Grund, das alles abzuhaken. Nichts ist vorbei.«[40] Die konventionellen Parteien hätten populistischen Stimmen einen Resonanzboden bereitet und müssten nun selbstkritisch ihr Vorgehen überdenken. Die »Unzufriedenen zu erreichen, mit ihnen ins Gespräch zu kommen und Lösungen für Sorgen und Ängste zu finden«, sei »eine Aufgabe, der sich Politik und Gesellschaft nicht verschließen dürfen«[41], es werde »Zeit für die etablierten Parteien, die Herausforderung als solche zu erkennen«[42]; um zu beweisen, dass »eine Demokratie in vernünftiger Weise auf solche Anstöße reagieren kann«, sollten sich die Parteien »der geäußerten Ängste weiter annehmen, ohne dabei die Mehrheitsgesellschaft zu vernachlässigen«[43].

Früher habe noch die Union zuverlässig solche Ressentiments aufgefangen und damit das Wachstum rechter Parteien verhindert. Wo sonst CDU und CSU das rechtspolitische Potenzial mit Law-and-Order-Statements absorbiert hätten, würde dies in Ermangelung eines profilierten Flügels und sichtbarer Persönlichkeiten nun nicht mehr funktionieren, weshalb sich AfD und Pegida bald zu einer neuen Rechten verbinden könnten.[44] Dafür sei jetzt eine Repräsentanzlücke entstanden. In einem Gastbeitrag für *Welt am Sonntag* schrieb die Schriftstellerin Monika Maron: »Seit alle Parteien sich um den Platz in der Mitte streiten und die CDU den konservativen Teil der Bevölkerung sich selbst überlassen und die liberale Partei sich selbst zugrunde gerichtet hat, seit das Wort Normalität nur noch in Anführungszeichen benutzt werden kann, aber jede Minderheit nicht nur Akzeptanz, sondern Deutungshoheit beansprucht, seitdem war es nur eine Frage der Zeit, wann sich am verwaisten konservativen Flügel der Gesellschaft eine politische Kraft ansiedeln würde.«[45]

Im medialen Diskurs spitzte sich allmählich die Meinung zu, dass Pegida als konkrete Gruppe zwar ignoriert werden könne, aber unbedingt zum Anlass genommen werden müsse für eine überfällige »Hinwendung der Politik zu den Menschen«[46], für einen veränderten, ja geläuterten Umgang mit den Problemen der Bürgerinnen und Bürger. So war es am Schluss also fast nirgends mehr der Dialog mit Pegida, der als eine empfehlenswerte Option galt, sondern der Dialog mit den Wählerinnen und Wählern. Pegida, so das Fazit, habe als eine besondere Form von Politikverdrossenheit[47] die mangelhafte Fähigkeit der Parteien enthüllt, Interessen zu orten – zu aggregieren, wie es in den politikwissenschaftlichen Lehrbüchern gerne heißt – und in politische Diskussionen und Entscheidungen zu überführen. Mit anderen Worten: Pegida habe also unmissverständlich verdeutlicht, dass Parteien in ihrer ursprünglichen Kernkompetenz versagt haben: repräsentativ zu sein in einer repräsentativen Demokratie.

So bedauerlich der Zustand auch sei, so habe Pegida wenigstens auch positive Begleiterscheinungen hervorgerufen. Erstens war eine gewisse Erleichterung zu spüren, dass trotz sporadischer Ableger in anderen Städten dem Protestphänomen doch insgesamt eine Welle der Empörung entgegengeschlagen war.[48] Infolge der Berichte seien auch Sensibilität und Engagement für Flüchtlinge gestiegen.[49] Zweitens galt die starke Ablehnung, auf die im Januar 2014 das zeitweise Demonstrationsverbot von Pegida unter Journalisten stieß, als Beleg für die zuverlässige Akzeptanz von Meinungspluralität. Vielerorts erklang das (Eigen-)Lob, für das Demonstrationsrecht eingestanden zu sein, obwohl man die Botschaften der Demonstrierenden doch ablehne.[50] Drittens aber, und das artikulierte sich als bedeutsamste Erkenntnis der vergangenen Wochen, habe Pegida die seit Langem ausstehende Rückkehr zu notwendigem Streit, zu einer demokratisch gesunden Konfliktkultur bewirkt. »Das Beste an Pegida ist der Zwang, sich dazu verhalten zu müssen. Da sind die vielen Gegendemos, die neuen Diskussionsforen, die Zeitungen, die wieder voller Streit sind plötzlich. In den Städten wird, so banal das zunächst auch klingt, wieder geredet. [...] Politik von der Konsistenz eines Puddings ist seit Pegida nicht mehr plausibel.«[51] Und ganz ähnlich resümierte in einem Interview mit der *Süddeutschen Zeitung* Deutschlands einziger Professor für Völkerverständigung: »Wir brauchen mehr Streit in Demokratien. Ich bin nicht froh über die Positionen, die Pegida vertritt. Aber sie sind ein Zeichen dafür, dass wir uns auseinandersetzen. Es braucht Streit und Abgrenzung von genau diesen problematischen Positionen, damit Demokratie vital ist.«[52]

Aber nicht nur die Politikelite war Gegenstand journalistischen Räsonnements. Die drastische Ablehnung, denen Pressevertreter auf den Pegida-Veranstaltungen begegneten, hinterließ offenbar Spuren. Schon Anfang Dezember kam leichte Kritik an Medienbeiträgen auf, die »Pegida den Gefallen tun, sie platt zu beschimpfen«[53]. Um Weihnachten kam die Meinung hinzu, Medien hätten durch ihre Ignoranz bestimmter Standpunkte zur Entstehung von Pegida beigetragen, manche Positionen des politischen Meinungsspektrums der Bevölkerung seien im öffentlichen Diskurs nicht repräsentiert und für sie sei nun mit Pegida ein Ventil geschaffen worden.[54] Die Feindseligkeit, mit der Journalisten während ihrer Demonstrationsbesuche konfrontiert wurden, die kollektiven »Lügenpresse«-Rufe oder sogar Handgreiflichkeiten, scheint manche Redakteure konsterniert und zu kritischer Selbstreflexion bewogen zu haben; im Unterton erschrocken resümiert etwa der *Zeit*-Journalist Martin Machowecz: »Ich glaube, uns war nicht klar, wie sehr auch wir Journalisten im Osten schon lange zum Establishment gehören, gezählt werden. [...] Das, was Politiker schon lange erleben – Ablehnung in übelstem Tonfall –, hat jetzt auch die Medien erwischt.«[55] So haben viele Politikbeobachter aus den Zeitungsredaktionen für sich anscheinend die Lehre gezogen, mit mutmaßlichen Tabuisierungen zu einem nicht gering verbreiteten Volksverdruss beigetragen zu haben.

Am Ende wurde von vielen Journalisten wenig Zweifel daran gelassen, dass es infolge von Pegida in Deutschland dann doch zu so etwas wie einem politischen Klimawandel gekommen sei; zukünftig werde es »rauer werden«[56], es gehe mittlerweile »um den schwindenden Konsens und die zunehmende soziale Kälte in einem ungerechten Land«[57]. Rechts der Unionsparteien, aber noch links der NPD, werde sich ein neuer Akteur formieren. So wie die SPD Ende der 1970er Jahre der Entstehung der Grünen zugesehen habe, würde nun die Union dem Amalgam aus AfD und Pegida gegenüberstehen.[58] Die professionelle Politik, aber eben auch die Medien müssten sich wandeln, sie hätten nun »zu argumentieren und abzuwägen, hinzuhören und Antwort zu geben, nicht aber zu schimpfen, zu drohen, zu poltern. Sonst wird aus der Glaubwürdigkeitskrise endgültig eine Demokratiekrise.«[59]

Auch unser Göttinger Institut erhielt eine Vielzahl an Zuschriften und E-Mails, die einzelne Aspekte der medialen Berichterstattung über Pegida aufnahmen, weiterentwickelten oder kritisierten. Ein hohes Maß an Deutungsbedarf wurde darin erkennbar, doch fanden sich in diesen Briefen selbst, die uns vor allem aus Dresden und Leipzig erreichten, auch ganz bemerkenswert tiefgründige Gedanken und Beobachtungen zu den Entwicklungen rund um Pegida. Wir dokumentieren im Folgenden eine Mail, die uns am 19. Januar 2015 aus Dresden erreichte.

»Seit Monaten bemühen sich unsere Medien – neue wie alte – und Scharen politisch aktiver Menschen um eine allgemeingültige Umschreibung des Phänomens ›PEGIDA‹ in Dresden. Ihr Institut hat eine neue – nicht repräsentative – Umfrage veröffentlicht. Gerne möchte ich aus meiner persönlichen Sicht, als westdeutsch-sozialisierter Mittfünfziger, der seit 20 Jahren in Dresden lebt und arbeitet, einige Gedankengänge dazu beisteuern, warum Pegida speziell in Dresden so ›erfolgreich‹ die öffentliche Diskussion besetzt hält. Durch meine Einblicke in das gesellschaftliche Tagesgeschehen seit '94 und ein gewisses Engagement im Ortsgeschehen [u.a. für eine Partei, d.V.] bin ich zu dem Schluss gekommen, dass wir die nahezu ›alternativlos‹ peinliche Lage Dresdens zu großen Teilen den Jahrzehnten einer ununterbrochenen CDU-Regierung im Freistaat Sachsen und Dresden verdanken. Ich kenne aus dem Umfeld der Bürgerrechtler so manche/n, die/der dem Freistaat Sachsen den Rücken zugekehrt und resigniert das Weite gesucht hat. Eine kürzlich veröffentlichte Studie der Uni Leipzig (Die stabilisierte Mitte – Rechtsextreme Einstellung in Deutschland 2014; Autoren Decker, Kiess, Brähler), hat übrigens den ›Extremismus der Mitte‹ definiert, jener Mitte, die die Studie der TU Dresden von Prof. Vorländer (vergangene Woche), als gut ausgebildet beschreibt. Bildung scheint also in diesem Fall nicht vor Xenophobie, Chauvinismus, Gruppennarzissmus zu schützen – aus meiner Sicht ist das unverständlich. Viele einheimische Freunde und Bekannte, die meine Familie und ich in den letzten zwanzig Jahren in Dresden gefunden haben, sind weitgehend ratlos, woher die ›Verrohung‹ des Bürgertums kommt. Auch wenn wir die aktuellen gesellschaftlichen Entwicklungen ansatzweise wissenschaftlich umschreiben können, die babylonische Interpretationsverwirrung, die Pegida in unserer Gesellschaft ausgelöst hat, konnte offensichtlich niemand vorhersehen. Warum?

Es scheint inzwischen Übereinstimmung in der Meinung zugeben, dass Pegida hauptsächlich in Dresden bzw. Sachsen beheimatet ist, nur hier gibt es den enormen Zulauf. Hierzu erscheint mir ein Vergleich vor dem geistigen Auge: Die DDR winkt uns aus dem Jenseits zu, wie im Klassiker ›Moby Dick‹ der tote Kapitän Ahab vom Rücken des weißen Wals. Er winkt den Seeleuten auf seinem Schiff zu, bevor der weiße Wal anschließend das Walfangschiff – selbst tödlich verletzt – in die Tiefe zieht, nur ein Schiffbrüchiger überlebt.

Welche ›überarbeitete BRD‹ wird aus dem gegenwärtigen gesellschaftlichen Durcheinander hervorgehen? Werden wir das Grundgesetz vor autoritär motivierten Übergriffen schützen können? Ich habe inzwischen den Eindruck, als ob ungeahnt viele meiner sächsischen Mitbürgerinnen & Mitbürger – auch im Jahr 25 nach der Wiedervereinigung – noch nicht auf dem Boden jener freiheitlich demokratischen Grundordnung angekommen sind, in die man sie 1990 ›fallen‹ ließ.

So wie ich es mir habe erzählen lassen, waren die Mitbürgerinnen & Mitbürger Sachsens über Jahrzehnte der Indoktrination im DDR-System ausgesetzt, wo mittels gleichgeschalteten Staatsverbänden von den Pionieren bis zur Staatssicherheit und des Schulfachs ›Staatsbürgerkunde‹ das freie individuelle ICH zum homogenen ostdeutschen WIR des ›Kollektivs‹ modelliert wurde. In diesem WIR findet – aus meiner Sicht – auch der Spruch ›Wir sind das Volk‹ seinen Ursprung – eine verschworene Gemeinschaft. WIR im Kampf gegen den ›Klassenfeind‹!

Es ist ein ›Wir‹, in dem bis vor 25 Jahren Konsens bestand, dass man unter sich bleiben würde und das auch wollen musste, wenn man nicht in Schwierigkeiten geraten wollte. Das Fremde war in der DDR immer verdächtig und im Zweifel kam es vom ›Klassenfeind‹. Man lebte in einem Staat, der keinen Individualismus ertragen konnte, ›Multi-Kulti‹ wäre in der DDR undenkbar gewesen – unkontrollierbar. Man bedenke, jeder Kulturschaffende musste seine Texte auf Doktrin-Konformität prüfen lassen. Hier steht das Vertrauen in eine Wertegemeinschaft – basierend auf den Menschenrechten, gegen nachhaltig implantiertes Misstrauen gegenüber Allem und Jedem –, außer es/er stammt aus demselben Stall.

Ist es vielleicht auch das indoktrinierte DDR-Bildungssystem, das die fatale Sozialisierungsgrundlage darstellt, aus der das Nachtschattengewächs Pegida hervorsprießt? Pegida mit einem Orga-Team, das man, bedingt durch seinen selbsternannten Alleinvertretungsanspruch des ›Kollektivs‹ auch als einen gruseligen Wiedergänger des ›Staatsrats der DDR‹ sehen könnte?

Das DDR-System, in dem Frau Oertel, Herr Jahn oder Herr Bachmann aufwuchsen, betrieb einen Staat, in dem Vertragsarbeiter aus Vietnam, Kuba, Nicaragua, dem Jemen oder Angola in strenger Trennung von DDR-Bürgern lebten, und aus Prinzip nach der Vertragsarbeitszeit wieder ins Heimatland zurückgeführt wurden. Zwar wurden die Vertragsarbeiter durchaus entlohnt, mit einer nachhaltigen Ausbildung, aber zuvor durften die sozialistischen Schwestern & Brüder ihre ganze Arbeitskraft dem Arbeiter- und Bauernstaat ›schenken‹ – manche haben dabei auch ihre Gesundheit ruiniert.

Die vielen noch heute hier im Osten Deutschlands lebenden Vietnamesen werden gerne von Pegida-Anhängern als positives Beispiel für Integration genannt. Diese Vietnamesen haben sich nach der Wiedervereinigung – unter starken Reibungsverlusten – eine Existenznische gesucht, um bleiben zu können. Sie leben weitgehend isoliert von der deutschen Bevölkerung, pflegen die eigene Kultur – sehr im Verborgenen. Ich selbst habe hier in Dresden Freunde unter den Vietnamesen gefunden, weil ich offen auf sie zugegangen bin. Meinen einheimischen Kolleginnen und Kollegen ist deren Kultur nach wie vor fremd, es sind halt die ›Fidschis‹. Integration im Verständnis von Pegida ist ›Unterordnung‹ – bis zur Unsichtbarkeit! Aus der Sicht einer DDR-Sozialisation ist es auch kein Wunder, wenn man sich als Mitglied des Pegida-Kollektivs als Nazi beschimpft fühlt – wo doch nur ein kleiner Teil Nazis mitläuft – der DDR-Bürger war doch – per Staats-Definition – Antifaschist. Die Nazis, das waren doch die Kapitalisten im Westen, die ehemaligen SS-Leute, die – trotz Entnazifizierung viel zu schnell wieder zu Amt und Würden kamen – eben die mit der ›kapitalistischen Lügenpresse‹. Auch das DDR-System bediente sich beim Nazi-Vokabular, wenn es gegen den Klassenfeind ging. Wenn heute viele Politiker gegenüber Pegida sehr viel Verständnis aufbringen möchten, dann ist vielleicht deren Sicht auf die enorme Spannweite des hier repräsentierten Extremismus eingeschränkt. Das könnte primär an der bevorzugten, gängigen Extremismus-Definition liegen, die besagt, dass Extremismus immer nur ganz weit links oder rechts außen einer bürgerlichen Mitte existieren kann. Auch mein erster Reflex war ... alles Nazis, Hooligans, Dynamos, was ja für die ersten Demonstrationen Ende Oktober auch stimmte. Woher kommt die große Übereinstimmung der heterogenen Pegida-Masse in ihrem Chauvinismus, Gruppennarzissmus und ihrer Xenophobie?

Möglicherweise war nicht nur das gleichgeschaltete Familienwesen und Bildungssystem der introvertierten DDR, sondern auch der ab 1990 anschließende, sozialpflegerisch weitgehend unbegleitete Übergang in die freiheitlich-demokratische Gesellschaft in vielen Phasen der psychosozialen Entwicklung einer relativ großen Zahl von Menschen in den neuen Bundesländern äußerst nachteilig. Extremismus ist – laut Studie der Uni Leipzig – bei Wählern aller Parteien zu finden. Ich möchte ergänzen, offensichtlich ganz besonders bei den Nichtwählern, denn dieser Teil der Bevölkerung scheint sich, mit seinen nationalistischen Forderungen, nicht angemessen politisch vertreten zu fühlen. Aber wie können wir diese ›vergessenen‹ Bevölkerungsschichten ins freiheitlich-demokratische Boot holen?

Bei den Pegida-Spaziergängen sind selbstverständlich auch Anhänger der ›Neuen Rechten‹ – aller Ausprägungen, von radikal über identitär bis libertär – dabei, und in anderen deutschen Städten sind es oft ausschließlich Nazis, die die Inszenierung der diversen ›XY‹GIDAS steuern. Leider ist es gerade die nationalistische, wie sozialistische Denkweise, welche einer ausgrenzenden DDR-Doktrin am nächsten kam. Als Folge fühlten und fühlen sich auch viele jüngere Ostdeutsche, in fataler Weise auf die psychosozialen Probleme ihrer Eltern und Lehrer aufbauend, dem Weg einer ›Neuen Rechten‹ verbunden. Der Nährboden hierfür ist in Dresden u.a. die Dynamo-Fußballszene und deren Hooligans. Schon immer schlug man sich während der Dynamo-Spiele die Köpfe ein und beschäftigte Hundertschaften der Polizei. Die Ultras und Hooligans von 1992 sind heute im Alter von Herrn Bachmann und Herrn Jahn – Rassismus hat in dieser Szene einen festen Halt.

Das Pegida-Kollektiv mit seinem selbsternannten Staatsrat, ›Orga-Team‹ genannt, ist eine verschworene Gemeinschaft von Menschen, die weder in der DDR noch im wiedervereinigten Deutschland den erhofften Respekt erfahren haben, den sie nun z.B. Asylsuchenden oder Muslimen verweigern. Könnte es also tatsächlich sein, dass wir in den letzten 25 Jahren ein riesiges psychosoziales Problem großer Teile der Bevölkerung der ehemaligen DDR verdrängt haben? Pegida hat sich im Vorfeld der Demonstrationen von einer ›Neuen Rechten‹ beraten lassen, die längst nicht mehr so dumm ist, sich in eine ›dumpfbackige Nazi-Schmuddel-Ecke‹ stellen zu lassen. Die Neue Rechte ›inszeniert‹ den Protest so, dass ganz ›normale, gutgestellte Unzufriedene‹ ungeniert mit Demokratiefeinden auf die Straße gehen können.

Verpackung ist alles! Niemanden scheint es zu stören, dass man hier keinem demokratischen Prinzip, sondern einem Führerprinzip huldigt, oder hat das Pegida-Kollektiv zu irgendeiner Zeit seine Forderungen und Positionen mit dem ›Volk‹, das spazieren geht, basisdemokratisch abgestimmt? Die Gründe, bei Pegida mitzulaufen, sind so vielseitig wie die Zahl der Teilnehmer_innen. Homogenisiert allein durch den Deckmantel des Protests gegen eine Islamisierung – gefährlich emotional überladen mit Vorurteilen gegen das Fremde. Wäre es nicht zunächst angebracht, für eine Re-Christianisierung der ehemaligen DDR zu sorgen, bevor man sich auf christlich-jüdische Werte beruft?

Die Einflüsse der ›Neuen Rechten‹ sind nicht christlich, sie kommen u.a. von Thilo Sarrazin – man hörte ihm gut zu und ließ sich mit ihm fotografieren sowie von Felix Menzel bzw. aus dem gesamten Umfeld der ›Blauen Narzisse‹ – Lutz Bachmann wurde in dieser ›identitären Jugendzeitschrift‹ vielfach hochgejubelt und schon früh porträtiert. Aus dieser Szene wurde auch das erfolgreiche ›Protestdesign der Pegida‹ maßgeblich mitgestaltet. Für den schnellen Aufschwung hat man die Pläne der Stadt Dresden, neue Asylbewerberunterkünfte zu bauen, kalkuliert missbraucht, der stadtteilbezogene, fremdenfeindliche Protest ist auch Anfang 2015 nach wie vor groß und wird weiter geschürt. Nun denn, es sind Nazis dabei … aber hier in Dresden besteht die Pegida-Masse in nicht unwesentlichen Anteilen aus fast vergessenen Deutschen, die noch immer mit mindestens einem Bein in der ›guten Deutschen‹ Demokratischen Republik stehen, dem Klassenfeind innerlich die Stirn bietend, seitdem er – angeführt von Helmut Kohl – 1990 die DDR annektierte. Es ist die ›extrem nationalistische Mitte‹, die zunächst Helmut Kohl zujubelte, 1990 voreilig und euphorisch die CDU wählte, dann aber von der sächsischen CDU-Führung kaum beachtet wurde – weil sie doch CDU gewählt hatte. Diese Leute wollten schon 1989 – als Kohl in Dresden mit Deutschland-Deutschland-Rufen frenetisch empfangen wurde – ein anderes, ein ›nationalistisches Deutschland‹. Ganz so, wie man es in der DDR gelernt hatte, wollte man auch stolz auf das neue, große Deutschland sein. Aber die Integration der Menschen, die sich ihr Leben in der DDR sehr gut eingerichtet hatten, dort ohne Probleme funktionierten, war nicht auf Nachhaltigkeit angelegt. So hat man eine große Bevölkerungsgruppe nach und nach als Wähler und

›potenzielle Demokraten‹ wieder ›verloren‹, unbemerkt von der politischen Führung, bis Pegida kam. Man hat sie nicht ins Boot geholt … und langsam vergessen. Ganz typisch ist die Verharmlosung des DDR-Systems, die man hier tagtäglich erleben kann, realistisch betrachtet ist diese ›Ostalgie‹ jedoch weitgehend mit Sprüchen gleich- zusetzen wie ›Unter Hitler war nicht alles schlecht‹. Pegida-Anhänger sehnen sich nach ›Zucht und Ordnung‹. Menschen, die aus autoritären Systemen kommen, sind eben nicht per se freiheitliche Demokraten, wenn man auch glaubt, sie ›befreit‹ zu haben. Wer hat sich denn nach der Wiedervereinigung um die Integration der zuvor zufriedenen DDR-Bevölkerung in eine freiheitlich-demokratische Grundordnung bemüht? Natürlich waren jene Menschen, die unter dem DDR-System gelitten hatten, 1990 überglücklich, endlich Menschenwürde, endlich individuelle Freiheit, selbstverantwortliches Gestal- ten des eigenen Lebens, Mitverantwortung übernehmen dürfen etc. pp.

Was aber hat die Wiedervereinigung den anderen Menschen geboten, die sich zuvor im DDR-System – gemütlich – eingerichtet und ihre vom Kollektiv zugestandene Rol- le akzeptiert hatten, sich unterordneten oder im System hochgearbeitet hatten, damit zu Amt und Würden gekommen waren? Es gab die umjubelte D-Mark, eine ordentliche Portion bürgerlicher Freiheiten und die Reisemöglichkeit – wann und wohin man wollte. Mit den neuen Freiheiten konnte man aber mangels Arbeitsplatz nichts anfangen. Die Arbeitslosigkeit im Osten war in den 90ern enorm hoch und ist noch immer höher als im Westen. Nach außen wurde in den 90ern eine Art subventioniertes Wirtschafts- wunder inszeniert, ›blühende Landschaften‹, denn so hatte es die CDU Konrad Ade- nauers vorgemacht – in den 50ern und 60ern. Hier hielten sich die selbsternannten Enkel Adenauers an das Wirtschaftswunder-Wachstumsmodell. Dahinter verbarg sich aber auf dem Gebiet der ehemaligen DDR die Abwicklung von Staatsbetrieben und gan- zen Industriezweigen, die Auflösung des alten – sehr personalintensiven – autoritären Staatsapparates und Einrichtung der ›Treuhand‹ – mit allen erdenklichen Nachteilen für ›normale‹ ehemalige DDR-Bürger. Leider haben die Nachfolger Adenauers etwas We- sentliches übersehen. Auch im ›Original‹ des westdeutschen Wirtschaftswunders hatte man den ›Faktor Mensch‹ vergessen und landete unversehens in den Unruhen von '68. Kristallisiert sich da nicht gerade aus der ›Deutungs-Ursuppe‹ um das Pegida-Kollektiv heraus, dass es die Wiedervereinigung war, bei der etwas schief gelaufen sein muss? Dann ist Pegida das Symptom eines grundlegenden gesellschaftlichen Problems, das die letzten 25 Jahre im Dornröschenschlaf verbracht hat. Das wachgeküsste Volk ver- hält sich allerdings weniger wie eine gütige Prinzessin als vielmehr wie ein wütender Drache.

Die TU-Studie (Prof. Vorländer) ist aus meiner Sicht der Beleg dafür, dass sich insbeson- dere im Freistaat Sachsen die Frustration ›über das BRD-System‹ über weite Bereiche der Gesellschaft spannt und sich immer mehr der »Vergessenen« unter dem kleinsten gemeinsamen Nenner, der ›Islamisierungsgefahr‹ mit ihrer hohen emotionalen Mobili- sierungskapazität, am ›Ventil‹ Pegida versammeln. Was hier in Dresden aus diesem psy- chosozialen Überdruckventil im Umfeld von Asylbewerberheimen höchst real heraus- zischt, ist Chauvinismus und Gruppennarzissmus mit einem sehr konkreten Potenzial, den sozialen Frieden nachhaltig zu stören. Die Wiedervereinigung hat ihren Zauber im 25. Jubiläumsjahr endgültig verloren. Hoffen wir, dass unsere – effektiv – noch ›junge‹ Demokratie der Situation wirklich gewachsen ist. Wir sind jedenfalls in den Stadtteilen Dresdens schwer damit beschäftigt, die gegen Asylsuchende aufgeheizte Stimmung zu normalisieren. Ehrenamtlich engagierte Menschen versuchen, gestützt von demokratischen Kräften aus Politik und Verwaltung, in direkten Gesprächen, Bürgerversammlungen, an Runden Tischen, in Selbsthilfegruppen, Initiativen und Vereinen zu retten, was noch zu retten ist – während sich jene Bürgerinnen und Bürger, die sich durch Pegida enthemmt fühlen, mit zunehmender Gewaltbereitschaft gegen neue Asylbewerberheime und Asylsuchende selbst wehren. Pegida hat unsere Dresdner Gesellschaft bereits nachhaltig zersplittern lassen. Jetzt geht es primär darum, noch größere Schäden zu verhindern, danach die Scherben einzusammeln und wieder zu einem Ganzen zusammenzufügen. Das wird jedoch nur funktionieren, wenn es gelingt, die wütenden Vergessenen zu besänftigen – um wieder mit ihnen sprechen zu können.«

ANMERKUNGEN

1 | Maik Baumgärtner u.a., Neue deutsche Welle, in: Der Spiegel, 15.12.2014.
2 | Hans Mathias Kepplinger, Systemtheoretische Aspekte politischer Kommunikation, in: Wolfgang R. Langenbucher (Hg.), Politische Kommunikation. Grundlagen, Strukturen, Prozesse, Wien 1986, S. 175.
3 | Annie Waldherr, Gatekeeper, Diskursproduzenten und Agenda-Setter. Akteursrollen von Massenmedien in Innovationsprozessen, in: Barbara Pfetsch u. Silke Adam (Hg.), Massenmedien als politische Akteure. Konzepte und Analysen, Wiesbaden 2008, S. 171–195, hier S. 179.
4 | Hans-Jürgen Bucher, Die Medienrealität des Politischen. Zur Inszenierung der Politik im Fernsehen, in: Ute Frevert u. Wolfgang Braungart (Hg.), Sprachen des Politischen. Medien und Medialität in der Geschichte, Göttingen 2004, S. 281.
5 | Vgl. dazu: Kepplinger, Systemtheoretische Aspekte politischer Kommunikation, S. 183.
6 | Vgl. Jürgen Gerhards u. Friedhelm Neidhardt, Strukturen und Funktionen moderner Öffentlichkeit: Fragestellungen und Ansätze, in: Stefan Müller-Doohm u. Klaus Neuman-Braun (Hg.), Öffentlichkeit. Kultur. Massenkommunikation. Beiträge zur Medien- und Kommunikationssoziologie, Oldenburg 1991, S. 31–89, hier S. 41.
7 | Rainer Pörtner, Verstörender Protest, in: Stuttgarter Zeitung, 10.12.2014.
8 | Hasnain Kazim, Demonstrativer Irrsinn, in: Spiegel Online, 16.12.2014, online abrufbar unter: www.spiegel.de/politik/deutschland/pegida-kommentar-zum-wachsenden-fremdenhass-in-deutschland-a-1008600.html [zuletzt eingesehen am 11.02.2015].
9 | Lenz Jacobsen, Echte Gefühle, falsche Wahrheiten, in: Zeit Online, 09.12.2014, online abrufbar unter: www.zeit.de/gesellschaft/zeitgeschehen/2014-12/pegida-dresden-protest-islamisierung-umgang-kommentar/komplettansicht [eingesehen am 11.02.2015].

10 | Melanie Amann, Nikolaus Blome u. Peter Müller, Apo von rechts, in: Der Spiegel, 15.12.2014; anschließend auch Harry Nutt, Der Verlust der Mitte, in: Frankfurter Rundschau, 17.12.2014.

11 | Hasnain Kazim, Demonstrativer Irrsinn, in: Spiegel Online, 16.12.2014, online abrufbar unter: www.spiegel.de/politik/deutschland/pegida-kommentar-zum-wachsenden-fremdenhass-in-deutschland-a-1008600.html [zuletzt eingesehen am 11.02.2015]; auch Christoph Sydow, Der Brave-Bürger-Fremdenhass, in: Spiegel Online, online abrufbar unter: www.spiegel.de/politik/deutschland/rassismus-gegen-fluechtlinge-in-dresden-hamburg-und-berlin-a-1004904.html [zuletzt eingesehen am 13.02.2015]; Jakob Augstein, Null Toleranz für Pegida, in: Spiegel Online, 18.12.2014, online abrufbar unter: www.spiegel.de/politik/deutschland/jakob-augstein-ueber-pegida-eine-folge-von-angst-und-armut-a-1009297.html [zuletzt eingesehen am 11.02.2015].

12 | Hannah Beitzer, Das Jahr der großen Wut, in: Süddeutsche Zeitung, 17.01.2015, online abrufbar unter: www.sueddeutsche.de/politik/pegida-hogesa-afd-und-montagsmahnwachen-das-jahr-der-grossen-wut-1.2271049 [zuletzt eingesehen am 11.02.2015].

13 | Siehe hierzu: Stefan Locke, Masse und Ohnmacht, in: Frankfurter Allgemeine Zeitung, 21.12.2014, online abrufbar unter: www.faz.net/aktuell/politik/inland/pegida-ueber-den-umgang-mit-einem-phaenomen-13331379.html [zuletzt eingesehen am 11.02.2015]; Peter Grottian, Pegida wird an sich selbst scheitern, in: Frankfurter Rundschau, 06.01.2015; Thorsten Denkler, Wo nur die Wut zählt, in: Süddeutsche Zeitung, 22.01.2015, online abrufbar unter: www.sueddeutsche.de/politik/pegida-wo-nur-die-wut-zaehlt-1.2316573 [zuletzt eingesehen am 11.02.2015]; Daniel Deckers, Pegida löst sich auf, Frankfurter Allgemeine Zeitung, 28.01.2015, online abrufbar unter: www.faz.net/aktuell/politik/inland/pegida-loest-sich-auf-fuehrerlose-bewegung-13395885.html [zuletzt eingesehen am 11.02.2015].

14 | Thorsten Denkler, Wo nur die Wut zählt, in: Süddeutsche Zeitung, 22.01.2015, online abrufbar unter: www.sueddeutsche.de/politik/pegida-wo-nur-die-wut-zaehlt-1.2316573 [zuletzt eingesehen am 11.02.2015].

15 | Stephanie Lahrtz, Verängstigte und unverstandene Mitläufer, in: Neue Zürcher Zeitung, 16.12.2014, online abrufbar unter: www.nzz.ch/international/deutschland-und-oesterreich/veraengstigte-und-unverstandene-mitlaeufer-1.18445463 [zuletzt eingesehen am 11.02.2015]; Byung-Chul Han, Sehnsucht nach dem Feind, in: Süddeutsche Zeitung, 17.12.2014, online abrufbar unter: www.sueddeutsche.de/politik/psychologie-von-pegida-sehnsucht-nach-dem-feind-1.2269476 [zuletzt eingesehen am 11.02.2015]; Stefan Locke, Masse und Ohnmacht, in: Frankfurter Allgemeine Zeitung, 21.12.2014, online abrufbar unter: www.faz.net/aktuell/politik/inland/pegida-ueber-den-umgang-mit-einem-phaenomen-13331379.html [zuletzt eingesehen am 11.02.2015]; Berthold Kohler, Schrecklich einfach, in: Frankfurter Allgemeine Zeitung, 05.01.2015, online abrufbar unter: www.faz.net/aktuell/politik/inland/pegida-proteste-schrecklich-einfach-13352769.html [zuletzt eingesehen am 11.02.2015].

16 | Siehe Thomas Assheuer, Die nationale Querfront, in: Die Zeit, 01.01.2015; Joachim Güntner, Reflexe einer verunsicherten Mittelschicht, in: Neue Zürcher Zeitung,

19.01.2015, online abrufbar unter: www.nzz.ch/feuilleton/reflexe-einer-verunsicher ten-mittelschicht-1.18463714 [zuletzt eingesehen am 11.02.2015]; Wolfgang Blieffert, Pegidas Probleme, in: Hessische/Niedersächsische Allgemeine, 23.01.2015, online abrufbar unter: www.hna.de/politik/bachmanns-ruecktritt-pegidas-probleme-4666403. html [zuletzt eingesehen am 11.02.2015].

17 | Thorsten Denkler, Wo nur die Wut zählt, in: Süddeutsche Zeitung, 22.01.2015, online abrufbar unter: www.sueddeutsche.de/politik/pegida-wo-nur-die-wut-zaehlt-1.23 16573 [zuletzt eingesehen am 11.02.2015].

18 | Sven Siebert, Die Kunst der Politik, in: Sächsische Zeitung, 29.01.2015, online abrufbar unter: www.sz-online.de/sachsen/kommentar-die-kunst-der-politik-3026840.html [zuletzt eingesehen am 11.02.2015].

19 | So z.B. Thomas Kirchner, Im politischen Spektrum festgekrallt, in: Süddeutsche Zeitung, 03.02.2015, online abrufbar unter: www.sueddeutsche.de/kultur/afd-und-pegida-im-politischen-spektrum-festgekrallt-1.2331928 [zuletzt eingesehen am 11.02.2015].

20 | Michael Lühmann, Pegida passt nach Sachsen, in: Zeit Online, 16.12.2014, online abrufbar unter: www.zeit.de/politik/deutschland/2014-12/pegida-dresden-politi sche-tradition/komplettansicht [zuletzt eingesehen am 11.02.2015]; Hannah Beitzer, Das Jahr der großen Wut, in: Süddeutsche Zeitung, 17.01.2015, online abrufbar unter: www.sueddeutsche.de/politik/pegida-hogesa-afd-und-montagsmahnwachen-das-jahr-der-grossen-wut-1.2271049 [zuletzt eingesehen am 11.02.2015]; Joachim Güntner, Reflexe einer verunsicherten Mittelschicht, in: Neue Zürcher Zeitung, 19.01.2015, online abrufbar unter: www.nzz.ch/feuilleton/reflexe-einer-verunsicherten-mittelschicht-1.18463714 [eingesehen am 11.02.2015]; Hendrik Lasch, Warum funktioniert Pegida nur auf Sächsisch?, in: Neues Deutschland, 19.01.2015, online abrufbar unter: www.neues-deutschland.de/ artikel/958823.warum-funktioniert-pegida-nur-auf-saechsisch.html [zuletzt eingesehen am 11.02.2015]; Ulrich Clauß, Das unappetitliche Problem der Pegida-Bewegung, in: Welt Online, 28.01.2015, online abrufbar unter: www.welt.de/debatte/kommentare/ article136883280/Das-unappetitliche-Problem-der-Pegida-Bewegung.html [zuletzt eingesehen am 11.02.2015].

21 | Peter Schneider, Pegida, eine ratlose Bewegung weißer Männer, in: Die Welt, 03.01.2015, online abrufbar unter: www.welt.de/politik/deutschland/article135959876/ Pegida-eine-ratlose-Bewegung-weisser-Maenner.html [zuletzt eingesehen am 11.02.2015].

22 | Ann-Katrin Müller, Maximilian Popp u. Andreas Wassermann, Im Zentrum, in: Der Spiegel, 20.12.2014.

23 | Christian Bangel, Dresdner Zustände, in: Zeit Online, 28.01.2015, online abrufbar unter: www.zeit.de/politik/deutschland/2015-01/pegida-dresden-reportage/komplett ansicht [zuletzt eingesehen am 11.02.2015].

24 | Lenz Jacobsen, Echte Gefühle, falsche Wahrheiten, in: Zeit Online, 09.12.2014, online abrufbar unter: www.zeit.de/gesellschaft/zeitgeschehen/2014-12/pegida-dres den-protest-islamisierung-umgang-kommentar/komplettansicht [zuletzt eingesehen am 11.02.2015].

25 | Harry Nutt, Der Verlust der Mitte, in: Frankfurter Rundschau, 17.12.2014.

26 | Heribert Prantl, Die neue wilde Jagd, Süddeutsche Zeitung, 22.12.2014, online abrufbar unter: www.sueddeutsche.de/politik/pegida-die-neue-wilde-jagd-1.2276785 [zuletzt eingesehen am 11.02.2015]; siehe auch Bettina Gaus, Das, was sie wirklich meinen, in: die tageszeitung, 20.12.2014.

27 | So etwa Michael Bartsch, Das Dialogwunder geschehe, in: die tageszeitung, 10.12.2014; Jan Fleischhauer, Aufmarsch der Netzverschwörer, in: Spiegel Online, 23.12.2014, online abrufbar unter: www.spiegel.de/politik/deutschland/jan-fleisch hauer-ueber-die-demonstrationskultur-von-pegida-a-1010093.html [zuletzt eingesehen am 11.02.2015]; Detlef Esslinger, Entladung des Gefühlsstaus, in: Süddeutsche Zeitung, 19.01.2015, online abrufbar unter: www.sueddeutsche.de/politik/pegida-ent ladung-des-gefuehlsstaus-1.2310701 [zuletzt eingesehen am 11.02.2015].

28 | Siehe Torsten Krauel, Der peinliche Größenwahn der Pegida-Bewegung, in: Welt Online, 19.01.2015, online abrufbar unter: www.welt.de/debatte/kommentare/article 136547294/Der-peinliche-Groessenwahn-der-Pegida-Bewegung.html [eingesehen am 11.02.2015]; Heribert Prantl, Die neue wilde Jagd, Süddeutsche Zeitung, 22.12.2014, online abrufbar unter: www.sueddeutsche.de/politik/pegida-die-neue-wilde-jagd-1.2 276785 [zuletzt eingesehen am 11.02.2015].

29 | Wolfgang Blieffert, Die Debatte ist notwendig, in: Hessische/Niedersächsische Allgemeine, 20.01.2015, online abrufbar unter: www.hna.de/politik/kommentar-pegi da-debatte-notwendig-4657026.html [zuletzt eingesehen am 11.02.2015].

30 | Alexander Kissler, Wählerbeschimpfung ist keine Lösung, in: Cicero, 10.12.2014, online abrufbar unter: www.cicero.de/salon/kritik-pegida-waehlerbeschimpfung-ist-kei ne-loesung/58606 [zuletzt eingesehen am 11.02.2015].

31 | So bspw. Friederike Haupt, Dummheit ist keine Schande, in: Frankfurter Allgemeine Zeitung, 23.12.2014, online abrufbar unter: www.faz.net/aktuell/politik/pegida-und-meinungsfreiheit-dummheit-ist-keine-schande-13333508.html [zuletzt eingesehen am 11.02.2015].

32 | Lenz Jacobsen, Echte Gefühle, falsche Wahrheiten, in: Zeit Online, 09.12.2014, online abrufbar unter: www.zeit.de/gesellschaft/zeitgeschehen/2014-12/pegida-dres den-protest-islamisierung-umgang-kommentar/komplettansicht [zuletzt eingesehen am 11.02.2015]; Alexander Grau, Der scheinheilige Umgang mit Pegida, in: Cicero, 03.01.2015, online abrufbar unter: www.cicero.de/berliner-republik/pegida-die-pegi da-hysterie/58693 [zuletzt eingesehen am 11.02.2015].

33 | Werner J. Patzelt, Edel sei der Volkswille, in: Frankfurter Allgemeine Zeitung, 21.01.2015, online abrufbar unter: www.faz.net/aktuell/feuilleton/debatten/die-verortung-von-pegida-edel-sei-der-volkswille-13381221.html [zuletzt eingesehen am 11.02.2015]; ausführlich diskutiert u.a. auf Patzelts Facebookseite, online abrufbar unter: https://m.facebook.com/WJPatzelt [zuletzt eingesehen am 23.01.2015].

34 | Alexander Grau, Der scheinheilige Umgang mit Pegida, in: Cicero, 03.01.2015, online abrufbar unter: www.cicero.de/berliner-republik/pegida-die-pegida-hysterie/58693 [zuletzt eingesehen am 11.02.2015].

35 | Harry Nutt, Der Verlust der Mitte, in: Frankfurter Rundschau, 17.12.2014.

36 | Berthold Kohler, Schrecklich einfach, in: Frankfurter Allgemeine Zeitung, 05.01.2015, online abrufbar unter: www.faz.net/aktuell/politik/inland/pegida-proteste-schrecklich-einfach-13352769.html [zuletzt eingesehen am 11.02.2015].

37 | Wolfram Weimer, Wieso wird Pegida nicht ignoriert?, in: Handelsblatt, 26.12.2014, online abrufbar unter: www.handelsblatt.com/meinung/kolumnen/kurz-und-schmerzhaft/whats-right-wieso-wird-pegida-nicht-ignoriert/11161634.html [zuletzt eingesehen am 11.02.2015].

38 | Jakob Augstein, Null Toleranz für Pegida, in: Spiegel Online, 18.12.2014, online abrufbar unter: www.spiegel.de/politik/deutschland/jakob-augstein-ueber-pegida-eine-folge-von-angst-und-armut-a-1009297.html [zuletzt eingesehen am 11.02.2015].

39 | Sascha Lobo, Nichts sehen, nichts hören, viel sagen, in: Spiegel Online, 17.12.2014, online abrufbar unter: www.spiegel.de/netzwelt/web/sascha-lobo-ueber-pegida-der-latenznazi-a-1008971.html [zuletzt eingesehen am 11.02.2015].

40 | Lenz Jacobsen, Nichts ist vorbei, in: Zeit Online, 28.01.2015, online abrufbar unter: www.zeit.de/politik/deutschland/2015-01/pegida-oertel-bachmann-streit-kommentar [zuletzt eingesehen am 11.02.2015].

41 | Karsten Frei, Es ist noch nicht vorbei, in: Neue Osnabrücker Zeitung, 28.01.2015, online abrufbar unter: www.noz.de/deutschland-welt/politik/artikel/542148/pegida-im-chaos-es-ist-noch-nicht-vorbei [zuletzt eingesehen am 11.02.2015].

42 | Thomas Kirchner, Im politischen Spektrum festgekrallt, in: Süddeutsche Zeitung, 03.02.2015, online abrufbar unter: www.sueddeutsche.de/kultur/afd-und-pegida-im-politischen-spektrum-festgekrallt-1.2331928 [zuletzt eingesehen am 11.02.2015].

43 | Uwe Kuhr, Quo vadis, Pegida?, in: Freie Presse, 28.01.2015, online abrufbar unter: www.freiepresse.de/NACHRICHTEN/MEINUNG/Quo-vadis-Pegida-artikel9099951.php [zuletzt eingesehen am 11.02.2015].

44 | Melanie Amann, Nikolaus Blome u. Peter Müller, Apo von rechts, in: Der Spiegel, 15.12.2014.

45 | Monika Maron, Der Sturm der Empörten, in: Welt am Sonntag, 04.01.2015; ähnlich auch Ulrich Clauß, Pegida, Mitte oder Mob?, in: Die Welt, 13.12.2014; Nikolaus Busse, Das Pegida-Potential, in: Frankfurter Allgemeine Zeitung, 21.01.2015.

46 | Heribert Prantl, Die neue wilde Jagd, Süddeutsche Zeitung, 22.12.2014, online abrufbar unter: www.sueddeutsche.de/politik/pegida-die-neue-wilde-jagd-1.2276785 [zuletzt eingesehen am 11.02.2015].

47 | Dazu Jasper v. Altenbockum, Die Bürgerverdrossenheit der SPD, in: Frankfurter Allgemeine Zeitung, 26.01.2015.

48 | Siehe etwa Joachim Güntner, Reflexe einer verunsicherten Mittelschicht, in: Neue Zürcher Zeitung, 19.01.2015, online abrufbar unter: www.nzz.ch/feuilleton/reflexe-einer-verunsicherten-mittelschicht-1.18463714 [zuletzt eingesehen am 11.02.2015].

49 | Dazu Stefan Locke, Masse und Ohnmacht, in: Frankfurter Allgemeine Zeitung, 21.12.2014, online abrufbar unter: www.faz.net/aktuell/politik/inland/pegida-ueber-den-umgang-mit-einem-phaenomen-13331379.html [zuletzt eingesehen am 11.02.2015].

50 | Stellvertretend Markus Becker, Freiheit auch für miese Meinung, in: Spiegel Online, 13.01.2015, online abrufbar unter: www.spiegel.de/politik/deutschland/kommentar-zum-legida-aufmarsch-leipzig-kippt-karikaturen-verbot-a-1012637.html [zuletzt eingesehen am 11.02.2015]; Reinhard Veser, Wir sind Dresden, in: Frankfurter Allgemeine Zeitung, 18.01.2015, online abrufbar unter: www.faz.net/aktuell/politik/inland/kommentar-wir-sind-dresden-13377540.html [zuletzt eingesehen am 11.02.2015].

51 | Martin Machowecz, Pegida und ich, in: Die Zeit, 05.02.2015.

52 | Bernd Kastner, Interview mit Michael Reder, Wir brauchen mehr Streit, in: Süddeutsche Zeitung, 12.01.2015, online abrufbar unter: www.sueddeutsche.de/politik/auseinandersetzung-mit-pegida-wir-brauchen-mehr-streit-1.2297685 [zuletzt eingesehen am 11.02.2015].

53 | Lenz Jacobsen, Echte Gefühle, falsche Wahrheiten, in: Zeit Online, 09.12.2014, online abrufbar unter: www.zeit.de/gesellschaft/zeitgeschehen/2014-12/pegida-dresden-protest-islamisierung-umgang-kommentar/komplettansicht [zuletzt eingesehen am 11.02.2015].

54 | Marlen Hobrack, Warum wir Pegidas Schweigen zuhören sollten, in: Der Freitag, 22.12.2014, online abrufbar unter: https://www.freitag.de/autoren/marlen-hobrack/warum-wir-pegidas-schweigen-zuhoeren-sollten?komplett=true [zuletzt eingesehen am 11.02.2015].

55 | Martin Machowecz, Pegida und ich, in: Die Zeit, 05.02.2015.

56 | Thomas Kirchner, Im politischen Spektrum festgekrallt, in: Süddeutsche Zeitung, 03.02.2015, online abrufbar unter: www.sueddeutsche.de/kultur/afd-und-pegida-im-politischen-spektrum-festgekrallt-1.2331928 [zuletzt eingesehen am 11.02.2015]. So auch schon Harry Nutt, Der Verlust der Mitte, in: Frankfurter Rundschau, 17.12.2014: »Das Klima wird rauer in Deutschland [...]«.

57 | Jakob Augstein, Null Toleranz für Pegida, in: Spiegel Online, 18.12.2014, online abrufbar unter: www.spiegel.de/politik/deutschland/jakob-augstein-ueber-pegida-eine-folge-von-angst-und-armut-a-1009297.html [zuletzt eingesehen am 11.02.2015].

58 | Jasper v. Altenbockum, Unterm Pflaster liegt der Pegida-Strand, Frankfurter Allgemeine Zeitung, 02.02.2015, online abrufbar unter: www.faz.net/aktuell/politik/inland/kommentar-von-jasper-von-altenbockum-zu-pegida-13405007.html [zuletzt eingesehen am 11.02.2015].

59 | Alexander Kissler, Wählerbeschimpfung ist keine Lösung, in: Cicero, 10.12.2014, online abrufbar unter: www.cicero.de/salon/kritik-pegida-waehlerbeschimpfung-ist-keine-loesung/58606 [eingesehen am 11.02.2015].

6. Alternative Annäherungen?

Bemerkungen zum Verhältnis von AfD und Pegida

Alle Parteien hatten sich irgendwann zu Pegida zu verhalten. Zu groß war – wie oben dargestellt – die Medienresonanz, die Pegida in die Schlagzeilen, ihre Wortführer in Polit-Talks und die Politiker in Berlin und den Landeshauptstädten in die Situation brachte, sich zu erklären. Wie bewerten Sie Pegida? Die Antwort auf diese Frage aus dem Mund eines möglichst prominenten Politikers hatte im Herbst/Winter 2014/15 per se höchsten Nachrichtenwert – und zwar für alle bedeutenden deutschen Medien. Dementsprechend viele Kommentare und Einschätzungen von Politikern entstanden. Die meisten davon fielen überaus ablehnend aus, wie eine kurze Zusammenstellung einiger Wortmeldungen zeigt. Innenminister Thomas de Maizière sagte dem Fernsehsender *Phoenix*, die Pegida-Veranstalter seien »die allerschlechtesten Ratgeber« und die Bezeichnung »Patriotische Europäer« sei »eine Unverschämtheit«. Justizminister Heiko Maas verlangte, alle Parteien sollten sich klar von den Protesten distanzieren. »Auch im politischen Meinungskampf gibt es Grenzen«, so der SPD-Politiker.[1] Finanzminister Wolfgang Schäuble mahnte: »Parolen ersetzen keine Fakten.«[2] Die rheinland-pfälzische Ministerpräsidentin Malu Dreyer diktierte den Journalisten in die Notizblöcke: »Pegida spielt mit der Angst vor einer angeblichen Überfremdung und Islamisierung unserer Gesellschaft. Das verurteile ich.« Sie warnte: »Lassen Sie sich nicht von Pegida instrumentalisieren!« Grünen-Fraktionschef Anton Hofreiter sagte: »Pegida schürt rassistische Vorurteile und betreibt Hetze gegen Muslime. Hier müssen wir klare Kante zeigen.« Altkanzler Helmut Schmidt sprach von »dumpfen Vorurteilen, an Fremdenhass und Intoleranz« und fügte hinzu: »Doch das ist nicht Deutschland.« Und Ex-Kanzler Gerhard Schröder forderte einen neuen »Aufstand der Anständigen«. Seine Parteifreundin und Bundestags-Vizepräsidentin, Claudia Roth, sagte kurz nach dem Rücktritt Lutz Bachmanns Mitte Januar 2015: »Pegida ist und bleibt eine rassistische Veranstaltung.«[3] Pegida wurde zur Chefsache. Jeweils bis in die Führung der Parteien beschäftigte man sich mit den Protesten Dresdner Provenienz. SPD-Chef und Vizekanzler Sigmar Gabriel geriet in die Kritik, als er »privat«, wie er mitteilte, an einer

Diskussionsveranstaltung mit Pegida-Anhängern in der sächsischen Landeshauptstadt teilnahm.[4] Seine Generalsekretärin Yasmin Fahimi hatte zuvor jede Diskussion mit Pegida kategorisch abgelehnt, im Dezember 2014 noch verkündet: »Die Pegida-Organisatoren betätigen sich als geistige Brandstifter.«[5] Doch letztlich nahm Gabriel vorweg, was sich mehr und mehr Anfang 2015 in den etablierten Parteien als Konsens abzeichnete: Mit der Pegida-Führungsriege sollte das Gespräch weiterhin verweigert, mit den Demonstrationsteilnehmern indes der Dialog gesucht werden.[6]

Eine Partei stellte die Ausnahme dar, war letztlich von Beginn an der Pegida nahe, unterstützte sie teils konkret, teils abstrakt und hatte unter ihren Mitgliedern führende Köpfe bei Pegida und ihren Ablegern in Deutschland. Die Rede ist von der AfD, der Alternative für Deutschland. Dem ambivalenten Verhältnis der erst 2013 gegründeten Partei zu den Pegida-Protesten soll im Folgenden schlaglichtartig beleuchtet werden.

Anfänglich waren es nicht die Pegida-, sondern die HoGeSa-Veranstaltungen, die die AfD bewegten. Ende Oktober – wenige Tage nach den ersten »Spaziergängen« Pegidas – veröffentlichte die Partei im Namen ihres Sprechers Bernd Lucke eine Stellungnahme, in der man den »politischen Islamismus« zwar bereits als »verfassungsfeindliche Bedrohung« einstufte, sich zugleich aber entschieden von den HoGeSa-Demonstrationen distanzierte. »Eine Teilnahme von AfD-Mitgliedern an derartigen Demonstrationen, deren Unterstützung oder Billigung wäre ein schwerer Verstoß gegen Ordnung und Grundsätze der AfD und würde zur Einleitung von Parteiordnungsmaßnahmen bis hin zum Parteiausschluss führen«,[7] hieß es. Die Botschaft bewegte die Anhänger der Partei jedoch offenbar zu gemischten Reaktionen. Auf Facebook machten (ehemalige) Sympathisanten ihrem Ärger Luft: »Hiermit ziehe ich meinen Mitgliedsantrag zurück!«, »Ich bin zwar nicht studiert [sic!] aber dumm, blind und taub bin ich auch nicht. Wenn das so weiter geht gründe ich aich ne Partei . [sic!]«[8]

Auch als die Dresdner AfD im November 2014 offenbar gemeinsam mit CDU, LINKE, Grünen und SPD mit einer Resolution für mehr Solidarität mit Asylbewerbern warb und die Pegida-Parole »Wir sind das Volk!« kritisierte, kam es laut *Junge Freiheit* zu parteiinternen Auseinandersetzungen, in deren Folge man deutliches Unverständnis für die Gegendemonstrationen äußerte.[9] Verhaltene Zustimmung der örtlichen AfD zu den »Spaziergängen« Pegidas hatte man bereits zuvor vernehmen können. Die Partei hatte eine Erklärung des »so genannte[n] Netzwerk[es] Asyl, Migration, Flucht« kritisiert, in der Pegida für »das Schüren von Rassismus und Islamophobie« verantwortlich gemacht wurde.[10] Wenige Tage später wurde die Zustimmung lauter. In einer Pressemitteilung begrüßte die AfD-Fraktion im Stadtrat der Landeshauptstadt nun »ausdrücklich« die »gewaltfrei, friedlich und sachlich« durchgeführten Demonstrationen Pegidas, kritisierte vielmehr, dass die Bewegung blockiert und verunglimpft wurde. Allerdings distanzierte man sich von den inhalt-

lichen Positionen und verwies auf die generelle Parteiferne Pegidas.[11] Eine
ähnliche Pressemitteilung des Landesverbands Sachsen folgte Anfang Dezember – unterzeichnet von seiner Vorsitzenden Frauke Petry.[12]

Die Positionen der AfD-Bundesspitzen wirkten zu diesem Zeitpunkt un-
einheitlich: Während Partei-Vize Alexander Gauland seine Partei rasch zur
Unterstützung Pegidas anhielt, äußerte Bernd Lucke nur verhalten Sympathie
und empfahl Zurückhaltung, Hans-Olaf Henkel, wie Gauland stellvertreten-
der AfD-Sprecher, zeigte sich skeptisch.[13] Offenbar hatten jedoch »[i]n den vergangenen Wochen [...] viele Mitglieder der Partei in Anrufen und Mails auf eine
eindeutige Unterstützung der AfD für Pegida gedrungen«.[14] Gleichwie: Eine
einhellige Linie wurde nicht verfolgt, die Fronten blieben bestehen. Gauland[15]
nahm durchaus wohlwollend als »Beobachter« an einer Pegida-Demonstration
teil, Petry[16] suchte als Vorsitzende der AfD-Fraktion im sächsischen Landtag
das Gespräch mit Pegida und erkannte »inhaltliche Schnittmengen«, während
Lucke[17] und vor allem Henkel[18] derlei Wortmeldungen von Parteifreunden sich
betont besonnen gebend relativierten und Distanz übten. Die verschiedenen
Positionen der AfD bezüglich Pegida erschienen insofern – zumindest ihrer
medialen Wahrnehmung nach zu urteilen – stark personalisiert. Wohl aus diesem Grunde wurde der dargestellte und sich an Köpfen festmachende Dissens
der Parteiführung bezüglich Pegida mit generellen Flügelkämpfen und unterschiedlichen Wählermilieus der Partei in Verbindung gebracht.[19] Gauland und
Petry werden dem nationalkonservativen Lager der AfD zugerechnet, das »am
rechten Rand um Wählerstimmen werben«[20] wolle. Lucke und auch Henkel
lassen sich demgegenüber eher im wirtschaftsliberalen Flügel verorten.[21] Die
Frage, inwiefern die vielbeschworenen Flügelkämpfe tatsächlich von ideologischen Differenzen oder doch vielmehr von strategischem Kalkül zeugen,[22]
ist insofern auch am Beispiel des Verhältnisses von AfD zu Pegida interessant. Aufschlussreich erscheint, in welchen Punkten man sich in der AfD im
Umgang mit Pegida einstimmig präsentierte. So verurteilte die AfD-Führung
anscheinend jede Zuspitzung und Polemik anderer Parteien gegen Pegida,
wofür insbesondere die Neujahrsansprache Angela Merkels der Partei eine ge-
eignete Plattform bot.[23] Der partielle Zusammenhalt – sowohl parteiintern als
auch zwischen Partei und Pegida – präsentierte sich somit als Resultat eines
gemeinsamen Gegenbildes. Ähnlich einig zeigte man sich auch beim Rücktritt Lutz Bachmanns, zumindest seine Person betreffend. Gauland und Petry
grenzten sich hier deutlich von Bachmanns Äußerungen und Fotoaufnahmen
ab;[24] Gauland verkündete gar, dieser sei nie sein »natürlicher Verbündeter«
gewesen – allerdings im Gegensatz zu den teilnehmenden Pegidisten auf den
Straßen Dresdens selbst, zu denen er sich noch immer klar bekannte.[25] Mit
dem Rückzug Kathrin Oertels wurde er jedoch auch da zurückhaltender.[26]

Neben den meist medial verbreiteten Unterstützungsbekundungen und
öffentlichen Positionierungen von AfD-Vorderen erhielten Pegida sowie einige

ihrer Ableger zudem konkrete personelle Unterstützung von AfDlern. Achim Exner ist hier ein Beispiel unter anderen. Die Homepage des Kreisverband Dresden weist ihn als Vorstandsmitglied und Ansprechpartner »Veranstaltungen« aus.[27] Auffällig ist, dass Exner, der zusammen mit Oertel dem »Orga-Team« angehörte und sich auch gemeinsam mit ihr von Pegida lossagte[28], in der offiziellen Kommunikation zwischen AfD und Pegida jedoch zu keinem Zeitpunkt im Zentrum stand. Wesentlich bedeutender für die Unterstützung seitens der AfD ist vor allem die Patriotische Plattform (PP). Die unabhängige »Organisation von Mitgliedern und Förderern der AfD« wurde im März 2014 in Weimar gegründet und »setzt sich unter anderem dafür ein, dass Deutschland gegen alle Versuche des Herausbildens einer multikulturellen Gesellschaft seine Sprache und Kultur erhält.«[29] Die Patriotische Plattform versteht sich als Vertretung des konservativ-rechten Randes der AfD und kann als durchaus Lucke-kritisch[30] gelten, wohingegen Gauland erwartungsgemäß höheres Ansehen zu genießen scheint, folgt man den von ihr verfassten Stellungnahmen.[31] Bereits Luckes strikter Kurs in Bezug auf HoGeSa stieß hier auf Missfallen. Anfang November 2014 wetterte Dubravko Mandic, Vorsitzender des Bundesschiedsgerichts der »Jungen Alternativen«, der Jugendorganisation der Partei, auf der Internetpräsenz der Patriotischen Plattform gegen den eingangs erwähnten Mitgliederrundbrief Luckes. Lucke hatte darin teilnehmenden AfD-Mitgliedern mit Konsequenzen gedroht. Unter anderem hieß es bei Mandic: »Es kann nicht sein, dass Bundessprecher Lucke seine linken Gegner im Fernsehen mit Samthandschuhen anfasst, gegen eigene Mitglieder aber bei der kleinsten Gelegenheit die schärfsten Waffen des Parteienrechts in Stellung bringt! Herr Lucke lässt sich von den Tugendwächtern der politischen Korrektheit treiben. […] Die Zahl der Salafisten mit Fronterfahrung in diesem Land wächst stetig. Und unsere Führung regt sich darüber auf, wenn ein paar von uns versuchen, mit besorgten Hooligans zu demonstrieren.«[32]

Am 11. November 2014 folgte auf der Internetpräsenz der Patriotischen Plattform ein vom sächsischen AfD-Vorstandsmitglied Hans-Thomas Tillschneider verfasster Beitrag namens »Pegida statt Hogesa!« – ein Lobgesang auf die seinerzeit noch sehr junge Pegida. Diese sei der HoGeSa überlegen, denn sie erkenne die Gefahr nicht nur im Salafismus, sondern ebenfalls in den hinter dem Begriff Islamisierung stehenden Lobbyisten, die anders als die »salafistischen Hitzköpfe« verstanden hätten, »daß sie weiter kommen, wenn sie sich am politischen Geschäft beteiligen, wenn sie in die Parteien gehen, Unterstützung für Gegenleistung anbieten, und unter dem Deckmantel der Expertise an entscheidender Stelle Konzepte und Strategiepapiere platzieren, die ihrem Wünschen und Wollen auf den Leib geschneidert sind. Die rohe Gewalt der Hooligans hilft hier nicht weiter, ja sie schadet, weil sie den Protest diskreditiert.«[33] Pegida fehle allerdings, so Tillschneider, noch »eine Partei, die den Protest in die Parlamente trägt.«[34] Wenig überraschend erscheint insofern, dass die Patriotische Plattform Anfang Dezember ein Bekenntnis der AfD zu Pegida forderte und sich für eine Übernahme von deren Kernforderung ausspricht.[35] Tillschneider zeigte sich dabei besonders aufgeschlossen gegenüber Pegida – gab sich als Teilnehmer an den Dresdner »Spaziergängen« aus, doch offenbar ist es allein bei der Anwesenheit nicht geblieben. Die Wochenzeitung *Die Zeit* hatte über das Verhältnis von AfD und Pegida berichtet und dabei auch Tillschneiders Engagement für die »Patriotischen Europäer« thematisiert.[36] In einer Auseinandersetzung mit dem *Zeit*-Beitrag beschrieb Tillschneider seine Verbindung zu den Protesten wie folgt: »Dieser Artikel steckt voller Gerüchte, verdrehter und falsch interpretierter Behauptungen. Richtig ist im Grunde nur, daß ich AfD-Mitglied und im Landesvorstand Sachsen aktiv bin, daß ich bei den Pegida-Demonstrationen mitgelaufen bin und dem Leipziger Ableger Legida als Berater zur Verfügung stehe.«[37]

Damit war Tillschneider offenbar nicht allein. Auch über ihren Mitbegründer Felix Koschkar stand die Patriotische Plattform in Kontakt zu Legida.[38] Koschkar »kandidierte 2014 für die Partei um einen Landtagssitz und gilt als wichtiger Vertreter der extrem rechten und islamfeindlichen Gruppierung der ›Identitären‹.«[39] Und schließlich trat mit Alexander Heumann noch ein weiteres PP-Mitglied[40] als Pegida-Organisator auf. Nachdem Heumann zuvor die Nähe zu HoGeSa gesucht (und offenbar auch gefunden) hatte,[41] organisierte er Veranstaltungen von Dügida, dem Düsseldorfer Pegida-Ableger. Auf seinem Blog berichtet er von seiner Dankbarkeit, »Teil dieses Prozesses zu sein und auch bei verschiedenen Demonstrationen als Mitanmelder und Redner mitzuwirken.«[42]

Das Verhältnis von AfD und Patriotischer Plattform erscheint indes problematisch, letztere pflegt offenbar ein Dissidententum. Gerne solidarisiert man sich mit anderen Abweichlern, die der Parteispitze unangenehm werden – beispielsweise Tatjana Festerling, die wegen ihrer Teilnahme an einer HoGeSa-Demonstration aus der AfD ausgeschlossen werden sollte und noch kurz vor ihrem letztlich wohl freiwilligen Ausscheiden[43] der PP beitrat.[44] Auch wurde offenbar gegen PP-Mitglied Dubravko Mandic ein Parteiausschlussverfahren eingeleitet;[45] offiziell wegen Beleidigung Barack Obamas, was die PP jedoch anzweifelte.[46] Unklar bleibt, wie stark die Patriotische Plattform von der AfD anerkannt wird, welchen Einfluss ihre Funktionäre innerhalb der Partei tatsächlich besitzen. Doch feststeht, dass es ihren Vertretern immerhin in Sachsen möglich ist, höhere Parteiämter zu bekleiden.[47] Während sich die Meinung der AfD zur Patriotischen Plattform insofern schwer nachvollziehen lässt, bleibt deren Begeisterung für Pegida evident: »Pegida darf die Kritik an der Islamisierung nicht aufgeben, sondern muß, im Gegenteil, die AfD dazu bringen, sich auch gegen eine Islamisierung des Abendlandes auszusprechen«[48], teilte die PP mit und widersprach damit Achim Exner. Er ist ihnen anscheinend zu gemäßigt. Ihm empfahl die PP angesichts seines Rückzugs von Pegida den Wechsel zur CDU.[49]

Abseits der Patriotischen Plattform gibt es noch weitere Hinweise auf die maßgebliche Beteiligung anderer AfD-Mitglieder an den Aktivitäten verschiedener Pegida-Ableger. Nicht immer wurde sie von der Partei und ihren Landesverbänden toleriert. So trat beispielsweise Hans-Peter Brill aus der AfD aus, nachdem seine Teilnahme an der Organisationsveranstaltung einer geplanten Fragida-Demonstration auf massive innerparteiliche Kritik gestoßen war.[50] Die hessische AfD störte sich an dem Umstand, dass Brill die Frankfurter Demonstration offenbar gemeinsam mit einem NPD-Funktionär organisieren wollte.[51] Die vom AfD-Mitglied Michael Viehmann angemeldete und organisierte Kagida-Demonstration erregte dagegen anscheinend weniger Anstoß, schließlich trat hier der »Sprecher des AfD-Kreisverbandes Kassel-Stadt, Manfred Mattis, [...] als Redner auf«.[52] Eine undurchsichtige Rolle spielte Sebastian Rinke, angeblich ebenfalls (zeitweiliges) AfD-Mitglied[53], dem die Mitorganisation von Hagida[54] in Hannover und die Anmeldung Bragidas in Braunschweig nachgesagt wird.[55] Des Weiteren trat bei Magida das AfD-Mitglied Michael Ahlborn als Hauptredner auf, während sich der AfD-Landeschef Sachsen-Anhalts André Poggenburg[56] ebenfalls eine Unterstützung des Magdeburger Pegida-Ablegers vorstellen konnte.[57] In Bayern schließlich war der Münchener AfD-Stadtrat Fritz Schmude, der von Parteisprecher Lucke gern weniger »Leisetreterei«[58] verlangt, bei Muegida vertreten.[59] Dass es auch immer wieder Distanzierungssignale der AfD, ihrer Landes- oder Kreisverbände gab, sei an dieser Stelle betont – so halbherzig sie mancherorts auch anmuteten.[60] Allerdings muss ebenfalls darauf hingewiesen werden, dass auch an der Spitze der AfD zeitweise wohl eine gewisse, womöglich eher abstrakte Unterstützung gegeben war. Erinnert sei hier an den Rücktritt Bachmanns und die vieldiskutierte Rolle Frauke Petrys, die Pegida in dieser Angelegenheit möglicherweise beratend zur Seite stand.[61]

ANMERKUNGEN

1 | Alle Zitate nach o.V., ›Pegida‹ ist eine Unverschämtheit, in: tagesschau.de, 09.12.2014, online einsehbar unter: www.tagesschau.de/inland/pegida-diskussion-101.html [zuletzt eingesehen am 15.02.2015].

2 | Alle Zitate nach o.V., Nein zu Pegida!, in: bild.de, 06.01.2015, online unter: www.bild.de/politik/inland/pegida/promis-sagen-nein-zu-pegida-39208948.bild.html [zuletzt eingesehen am 15.02.2015].

3 | O.V., Pegida ist und bleibt eine rassistische Veranstaltung, in: Süddeutsche.de, 22.01.2015, online unter: www.sueddeutsche.de/politik/reaktionen-auf-bachmann-rueecktritt-pegida-ist-und-bleibt-eine-rassistische-veranstaltung-1.2315928 [zuletzt eingesehen am 15.02.2015].

4 | Vgl. o.V., Gabriel »privat« bei Diskussionsrunde mit Pegida, in: RuhrNachrichten.de, 24.01.2015, online unter: www.ruhrnachrichten.de/nachrichten/politik/aktuelles_berich te/Zoff-in-der-SPD-Gabriel-privat-bei-Diskussionsrunde-mit-Pegida;art29862,2603509 [zuletzt eingesehen am 15.02.2015].

5 | Jochen Gaugele, Claudia Kade u. Daniel Friedrich Sturm, Pegida-Organisatoren sind geistige Brandstifter, in: Die Welt, 21.12.2014, online unter: www.welt.de/politik/deutsch land/article135606989/Pegida-Organisatoren-sind-geistige-Brandstifter.html [zuletzt eingesehen am 15.02.2015].

6 | Dialog mit den Pegida-Anhängern, ja oder nein? Diese Frage wurde letztlich in je-der im Bundestag vertretenen Parteien geführt. Hier beispielhaft: www.tagesspiegel. de/politik/die-linke-und-pegida-rechtspopulistische-bewegung-spaltet-eine-partei/ 11281306.html [zuletzt eingesehen am 18.02.2015].

7 | Pressemitteilung der Alternative für Deutschland, Bernd Lucke, »Hooligans gegen Salafisten«, 31.10.2014, online unter: https://www.alternativefuer.de/hooligans-gegen-salafisten/ [zuletzt eingesehen am 16.02.2015].

8 | Die beispielhaft aufgeführten Kommentare finden sich auf der Facebookpräsenz Bernd Luckes, online unter: https://www.facebook.com/BerndLuckeMdEP/posts/818 905111466078 [zuletzt eingesehen am 16.02.2015].

9 | O.V., CDU und AfD kritisieren Blockadeaufrufe von Linksextremisten, in: Junge Freiheit, 19.11.2014, online unter: http://jungefreiheit.de/politik/deutschland/2014/cdu-und-afd-kritisieren-blockadeaufrufe-von-linksextremisten/ [zuletzt eingesehen am 16.02.2015].

10 | Vgl. Pressemitteilung des AfD-KV Dresden, Zur Erklärung des Netzwerkes Asyl, Mi-gration, Flucht vom 12.11.2014: Rassistische Einstellungen entladen sich auf Dresdner Ortsbeiratssitzungen, 14.11.2014, online unter: http://afd-dd.de/zur-erklaerung-des-netzwerkes-asyl-migration-flucht-vom-12-11-2014-rassistische-einstellungen-entladen-sich-auf-dresdner-ortsbeiratssitzungen/ [zuletzt eingesehen am 16.02.2015].

11 | Vgl. Bernd Lommel, Erklärung der AfD-Fraktion im Stadtrat der Landeshauptstadt Dresden zu den Demonstrationen von PEGIDA, 21.11.2014, online unter: http://afd-dd. de/erklaerung-der-afd-fraktion-im-stadtrat-der-landeshauptstadt-dresden-zu-den-demonstrationen-von-pegida/ [zuletzt eingesehen am 16.02.2015].

12 | Vgl. Pressestatement der AfD Sachsen, »Frauke Petry zu PEGIDA«, 03.12.2014, on-line unter: http://afdsachsen.de/detail.php?part=presse&detail=174 [zuletzt eingese-hen am 16.02.2015].

13 | Vgl. Jan Bielicki u. Jens Schneider, AfD-Spitze stellt sich hinter »Pegida«, in: Süddeut-sche.de, 09.12.2014, online unter: www.sueddeutsche.de/politik/reaktionen-auf-demos-afd-spitze-stellt-sich-hinter-pegida-1.2259371 [zuletzt eingesehen am 16.02.2015].

14 | Ebd.

15 | Vgl. o.V., Gauland (AfD) besucht Pegida, in: freiewelt.net, 16.12.2014, online unter: www.freiewelt.net/nachricht/gauland-afd-besucht-pegida-10050089/ [zuletzt eingese-hen am 16.02.2015].

16 | Vgl. Mitteilung der AfD Sachsen, AfD-Fraktion trifft »Pegida«-Organisatoren im Landtag, 02.01.2015, online unter: http://afdsachsen.de/detail.php?part=presse&de tail=229 [zuletzt eingesehen am 16.02.2015].

17 | Vgl. Béla Anda u. Martin Heidemanns, »Herr Lucke, schämen Sie sich nicht für die Nazis in Ihrer Partei?«, in: Bild.de, 31.01.2015, online unter: www.bild.de/politik/inland/ alternative-fuer-deutschland/schaemen-sie-sich-nicht-fuer-nazis-in-der-partei-395 72862.bild.html [zuletzt eingesehen am 16.02.2015].

18 | Vgl. Sandra Tjong, Henkel: Wir dürfen die Debatte über Auswüchse des Islam nicht tabuisieren, in: Focus.de, 07.01.2015, online unter: www.focus.de/politik/deutsch land/afd-europaabgeordneter-sieht-treffen-in-dresden-kritisch-henkel-ich-wuerde-mich-nicht-mit-pegida-an-einen-tisch-setzen_id_4387853.html [zuletzt eingesehen am 16.02.2015].

19 | Vgl. o.V., Parteienforscher Falter: AfD würde ohne Lucke untergehen, in: freiepres-se.de, 14.01.2015, online unter: www.freiepresse.de/NACHRICHTEN/DEUTSCHLAND/ Parteienforscher-Falter-AfD-wuerde-ohne-Lucke-untergehen-artikel9086705.php [zu-letzt eingesehen am 16.02.2015].

20 | O.V., Schlagseite nach Steuerbord? Henkel warnt AfD vor Rechtskurs, in: derwesten. de, 30.01.2015, online unter: www.derwesten.de/politik/schlagseite-nach-steuerbord-henkel-warnt-afd-vor-rechtskurs-id10290147.html [zuletzt eingesehen am 16.02.2015].

21 | Vgl. Sabine am Orde, Lucke setzt sich durch, in: taz.de, 16.01.2015, online unter: https:// www.taz.de/Fuehrungsstreit-in-der-AfD/!152998/ [zuletzt eingesehen am 16.02.2015].

22 | Vgl. David Bebnowski, Strategisches Scheingefecht?, in: demokratie-goettingen.de, 30.01.2015, online unter: www.demokratie-goettingen.de/blog/strategisches-scheinge fecht [zuletzt eingesehen am 16.02.2015].

23 | Vgl. o.V., AfD-Chef Lucke kritisiert Merkels Anti-Pegida-Appell, in: stern.de, 01.01.2015, online unter: www.stern.de/politik/deutschland/afd-lucke-kritisiert-merkels-anti-pegida-appell-bei-neujahrsansprache-2163383.html [zuletzt eingesehen am 16.02.2015].

24 | Vgl. o.V., AfD begrüßt Rücktritt Bachmanns, in: faz.net, 22.01.2015, online unter: www.faz.net/aktuell/politik/inland/afd-begruesst-ruecktritt-von-pegida-gruender-lutz-bachmann-13384369.html [zuletzt eingesehen am 16.02.2015].

25 | Vgl. o.V., Gauland sieht Pegida weiter als natürlichen Verbündeten, in: zeit.de, 29.01.2015, online unter: www.zeit.de/politik/deutschland/2015-01/afd-pegida-alex ander-gauland-sigmar-gabriel [zuletzt eingesehen am 16.02.2015].

26 | Vgl. Günther Lachmann, Für AfD-Vize Gauland ist das Thema Pegida erledigt, in: welt.de, 29.01.2015, online unter: www.welt.de/politik/deutschland/article136927091/Fuer-AfD-Vize-Gauland-ist-das-Thema-Pegida-erledigt.html [zuletzt eingesehen am 16.02.2015].

27 | Der Vorstand stellt sich auf seiner Internetpräsenz vor, online einsehbar unter: http:// afdsachsen.de/index.php?ct=kreis&kreis=dresden [zuletzt eingesehen am 16.02.2015].

28 | Vgl. o.V., Pegida-Sprecherin Oertel und Mitstreiter treten ab, in: focus.de, 28.01.2015, online unter: www.focus.de/tagesthema/demonstrationen-pegida-sprecherin-oertel-und-mitstreiter-treten-ab_id_4437882.html [zuletzt eingesehen am 16.02.2015].

29 | O.V., »Patriotische Plattform NRW« gegründet, in: blu-news.org, 15.09.2014, online unter: www.blu-news.org/2014/09/15/patriotische-plattform-nrw-gegruendet/ [zuletzt eingesehen am 16.02.2015]. Auf der offiziellen Internetpräsenz der PP heißt es: »Die Patriotische Plattform ist ein nicht rechtsfähiger Verein. Die Mitglieder der Patriotischen Plattform sind zugleich Mitglieder der Alternative für Deutschland (AfD) oder der Jungen Alternative (JA). Die Patriotische Plattform ist unabhängig von der AfD und kein Organ der Partei.« Online einsehbar unter: http://patriotische-plattform.de/impressum/ [zuletzt eingesehen am 16.02.2015].

30 | Vgl. Hans-Thomas Tillschneider, Klarstellung zum Artikel »Lucke im Schwitzkasten« auf dem Internetportal »theeuropean«, in: patriotische-plattform.de, 07.11.2014, online unter: http://patriotische-plattform.de/blog/2014/11/07/klarstellung-zum-artikel-lucke-im-schwitzkasten-auf-dem-internetportal-theeuropean/ [zuletzt eingesehen am 16.02.2015].

31 | Vgl. etwa Ralf Hickethier, Wir sind ein Volk, in: patriotische-plattform.de, 26.10.2014, online unter: http://patriotische-plattform.de/blog/2014/10/26/wir-sind-ein-volk-von-ralf-hickethier/ [zuletzt eingesehen am 16.02.2015].

32 | Dubravko Mandic, Anmerkungen zum Mitgliederrundbrief »Hooligans gegen Salafisten (HoGeSa)«, in: patriotische-plattform.de, 02.11.2014, online unter: http://patriotische-plattform.de/blog/2014/11/02/anmerkungen-zum-mitgliederrundbrief-hooligans-gegen-salafisten-hogesa-von-dubravko-mandic/ [zuletzt eingesehen am 16.02.2015].

33 | Hans-Thomas Tillschneider, Pegida statt Hogesa!, in: patriotische-plattform.de, 11.11.2014, online unter: http://patriotische-plattform.de/blog/2014/11/11/pegida-statt-hogesa/ [zuletzt eingesehen am 16.02.2015].

34 | Ebd.

35 | Vgl. Stellungnahme der Patriotischen Plattform, »AfD muß sich gegen Islamisierung des Abendlandes aussprechen!«, in: patriotische-plattform.de, 09.12.2014, online unter: http://patriotische-plattform.de/blog/2014/12/09/stellungnahme-der-patriotischen-plattform-afd-muss-sich-gegen-islamisierung-des-abendlandes-aussprechen/ [zuletzt eingesehen am 16.02.2015].

36 | Vgl. Christoph Dieckmann u.a., Neues aus der Tabuzone, in: Zeit Online, 17.12.2014, online unter: www.zeit.de/2014/52/pegida-dresden-wutbuerger-nationalismus-afd [zuletzt eingesehen am 16.02.2015].

37 | Hans-Thomas Tillschneider, In eigener Sache: Klarstellung zu den Aussagen in der ›ZEIT‹ vom 17.12.2014, in: patriotische-plattform.de, 18.12.2014, online unter: http://patriotische-plattform.de/blog/2014/12/18/in-eigener-sache-klarstellung-zu-den-aussagen-in-der-zeit-vom-17-12-2014-artikel/ [zuletzt eingesehen am 16.02.2015].

38 | Vgl. Christoph Dieckmann u.a., Neues aus der Tabuzone, in: zeit.de, 17.12.2014, online unter: www.zeit.de/2014/52/pegida-dresden-wutbuerger-nationalismus-afd/komplettansicht [zuletzt eingesehen am 16.02.2015].

39 | O.V., Pegida-Bewegung von AfD mitorganisiert, in: finanznachrichten.de, 16.12.2014, online unter: www.finanznachrichten.de/nachrichten-2014-12/32309953-pegida-bewegung-von-afd-mitorganisiert-007.htm [zuletzt eingesehen am 16.02.2015].

40 | O.V., »Patriotische Plattform NRW« gegründet, in: blu-news.org, 15.09.2014, online unter: www.blu-news.org/2014/09/15/patriotische-plattform-nrw-gegruendet/ [zuletzt eingesehen am16.02.2015].

41 | Vgl. Jan Bielicki u. Jens Schneider, AfD-Spitze stellt sich hinter »Pegida«, in: Süddeut sche.de, 09.12.2014, online unter: www.sueddeutsche.de/politik/reaktionen-auf-demos-afd-spitze-stellt-sich-hinter-pegida-1.2259371 [zuletzt eingesehen am 16.02.2015].

42 | Alexander Heumann, Presseerklärung zu Pegida, in: heumanns-brille.de, 29.12.2014, online unter: www.heumanns-brille.de/presseerklaerung-zu-pegida/ [zuletzt eingesehen am 16.02.2015].

43 | Vgl. Rainer Roeser, »AfD-Patrioten« gegen Lucke, in: bnr.de, 05.02.2015, online unter: www.bnr.de/artikel/aktuelle-meldungen/afd-patrioten-gegen-lucke [zuletzt eingesehen am 16.02.2015].

44 | Vgl. o.V., Tatjana Festerling Mitglied der Patriotischen Plattform!, in: patriotische-platt form.de, 02.12.2014, online unter: http://patriotische-plattform.de/blog/2014/12/02/ tatjana-festerling-mitglied-der-patriotischen-plattform/ [zuletzt eingesehen am 16.02.2015].

45 | Vgl. Ralph Guhmann, Stellungnahme zum Fall Dubravko Mandic, 17.12.2014, on-line unter: http://fr.alternativefuer-bw.de/2014/12/stellungnahme/ [zuletzt eingesehen am 16.02.2015].

46 | Vgl. o.V., Stellungnahme der Patriotischen Plattform: Ausschlußverfahren gegen Du-bravko Mandic völlig überzogen!, in: Patriotische-Plattform.de, 16.12.2014, online unter: http://patriotische-plattform.de/blog/2014/12/16/stellungnahme-der-patriotischen-plattform-ausschlussverfahren-gegen-dubravko-mandic-voellig-ueberzogen/ [zuletzt ein-gesehen am 16.02.2015].

47 | Siehe Tillschneider oder PP-Mitglied Siegfried Droese: o.V., Die Patriotische Plattform gratuliert ihrem Mitglied Siegbert Droese zur Wahl als neuem Vorsitzenden des Kreisver-bandes Leipzig der AfD., in: patriotische-plattform.de, 11.01.2015, online unter: http:// patriotische-plattform.de/blog/2015/01/11/die-patriotische-plattform-gratuliert-ihrem-mitglied-siegfried-droese-zur-wahl-als-neuen-vorsitzendem-des-kreisverbandes-leipzig-der-afd/ [zuletzt eingesehen am 16.02.2015].

48 | O.V., Standpunkt der Patriotischen Plattform: Die AfD kann von Pegida lernen, nicht Pegida von der AfD!, in: patriotische-plattform.de, 13.01.2015, online unter: http://patrio tische-plattform.de/blog/2015/01/13/standpunkt-der-patriotischen-plattform-die-afd-kann-von-pegida-lernen-nicht-pegida-von-der-afd/ [zuletzt eingesehen am 16.02.2015].

49 | Vgl. o.V., Die Patriotische Plattform widerspricht Achim Exners öffentlicher Kritik an Pegida!, in: patriotische-plattform.de, 28.01.2015, online unter: http://patriotische-plattform.de/blog/2015/01/28/die-patriotische-plattform-widerspricht-achim-exners-oeffentlicher-kritik-an-pegida/ [zuletzt eingesehen am 16.02.2015].

50 | Vgl. Nils Bremer, Fragida-Organisator tritt aus Alternative für Deutschland aus, in: Journal-Frankfurt.de, 07.01.2015, online unter: www.journal-frankfurt.de/journal_ news/Politik-10/Nach-Vorabtreffen-mit-NPD-Mitglied-Fragida-Organisator-tritt-aus-Alternative-fuer-Deutschland-aus-23474.html [zuletzt eingesehen am 16.02.2015].

51 | Vgl. Konrad Adam, Susanne Gruber u. Peter Münch, Die hessische Alternative für Deutschland distanziert sich von dem Frankfurter AfD-Mitglied Hans-Peter Brill, in: afd-hessen.org, 06.01.2015, online unter: www.afd-hessen.org/die-hessische-alternative-fur-deutschland-distanziert-sich-von-dem-frankfurter-afd-mitglied-hans-peter-brill/ [zuletzt eingesehen am 16.02.2015].

52 | O.V., Düsseldorf, Kassel, Leipzig: PEGIDA-Ableger werden von AfD-Politikern unterstützt, in: Zuerst!, 17.12.2014, online unter: http://zuerst.de/2014/12/17/duesseldorf-kassel-leipzig-pegida-ableger-werden-von-afd-politikern-unterstuetzt/ [zuletzt eingesehen am 16.02.2015].

53 | Vgl. Hagen Ernst, Gestrickter Nazi-Vorwurf, in: Preussischer Anzeiger, 17.09.2013, online unter: http://preussischer-anzeiger.de/2013/09/17/gestrickter-nazii-vorwurf/ [zuletzt eingesehen am 16.02.2015]; Kagida-Chef Michel Viehmann trat laut HNA am 17.02.2015 aus der AfD aus.

54 | Vgl. o.V., Hintergründe zur ›HAGIDA‹-Demo am 12.01.2015 in Hannover, in: linksunten. indymedia.org, 09.01.2015, online einsehbar unter: https://linksunten.indymedia.org/de/node/131488 [zuletzt eingesehen am 16.02.2015].

55 | Vgl. Andrea Röpke, Aufgeheizte ›Gidas‹, in: bnr.de, 26.01.2015, online einsehbar unter: www.bnr.de/artikel/hintergrund/aufgeheizte-gidas [zuletzt eingesehen am 16.02.2015].

56 | Der Landesvorstand stellt sich auf seiner Internetpräsenz vor, online einsehbar unter: www.afd-lsa.de/?page_id=14 [zuletzt eingesehen am 16.02.2015].

57 | Vgl. o.V., AfD-Landeschef will als ›Privatperson‹ bei Magida auftreten, in: volksstimme.de, 28.01.2015, online einsehbar unter: www.volksstimme.de/aboservice/volksstimme.de_newsletter/1414884_AfD-Landeschef-will-als-Privatperson-bei-Magida-auftreten.html [zuletzt eingesehen am 16.02.2015].

58 | Fritz Schmude, AfD und Islam, in: fs-blog.de, 01.11.2013, online einsehbar unter: www.fs-blog.de/artikel/afd-islam.htm [zuletzt eingesehen am 16.02.2015].

59 | Vgl. Felix Müller, AfD-Stadtrat demonstriert pro Pegida, in: Merkur-Online.de, 28.12.2014, online einsehbar unter: www.merkur-online.de/lokales/muenchen/stadt-muenchen/fritz-schmude-anti-islam-demo-4583947.html [zuletzt eingesehen am 16.02.2015].

60 | So beispielsweise der AfD-Bezirk Unterfranken auf seiner Homepage, online einsehbar unter: www.afdbayern.de/afd-in-bayern/struktur/bezirk-unterfranken/kv-wuerzburg/ [zuletzt eingesehen am 08.02.2015].

61 | Vgl. o.V., Skandal um Lutz Bachmann: AfD beriet Pegida in Hitler-Affäre, in: Spiegel.de, 23.01.2015, online einsehbar unter: www.spiegel.de/politik/deutschland/afd-beriet-pegida-in-der-hitler-affaere-von-lutz-bachmann-a-1014623.html [zuletzt eingesehen am 16.02.2015].

7. »Was ist nur mit den Deutschen los?«

Pegida-Rezeption im europäischen Ausland

Von den Pegida-Demonstrationen wurde auch das Ausland überrascht. Schließlich hatte man sich daran gewöhnt, dass sich die Deutschen seit 1945 allmählich eher zum Musterschüler einer dezenten liberalen Kultur entwickelt hatten. Während in vielen anderen europäischen Ländern der rechte Populismus seit den 1980er/90er Jahren systematisch wuchs, kam er in Deutschland über transitorische Ansätze bislang kaum hinaus. Das war angesichts der Historie beruhigend, erst recht seitdem die deutsche Ökonomie und Politik im europäischen Integrationsprozess an Einfluss und Gewicht erheblich zugenommen hatten.

Indes, in den Ländern, in denen nun schon seit über einem Vierteljahrhundert rechtspopulistische Parteien zu festen Faktoren im Parteiensystem gehörten, schaute man fast süffisant auf die jähen Demonstrationswellen in Deutschland. Dergleichen Straßenauftritte waren bei ihnen nicht zu erwarten, da die Zornigkeiten und Wutgefühle der Bürger in diesen Nationen längst ein probates parteipolitisches und parlamentarisches Ventil in Gestalt etwa der FPÖ, des Front National, der Partei für die Freiheit, der Schwedendemokraten, etc., etc. gefunden hatten. In *Österreich* tönte daher auch der Chef der FPÖ, Heinz-Christian Strache, dass in seinem Land die wahre Pegida-Bewegung eben die »Freiheitlichen« wären: »In Österreich ist die FPÖ von Beginn an die wahre PEGIDA. Wir haben die Fehlentwicklungen im Bereich des Islamismus immer ernst genommen.«[1] In der Tat hat die FPÖ dort den gesellschaftlichen Raum besetzt, der in Deutschland zuletzt zunehmend verwaist wirkte.[2] Dennoch existiert auch in Austria ein Pegida-Zusammenschluss, der sich aber überwiegend auf Facebook-Kundgebungen und kleine Assoziationen harter Rechtsextremer sowie militanter Fans aus der Wiener Fußballszene beschränkt.[3] Ein zentraler Organisator war ein bekannter Hooligan aus der Steiermark, bullig und kahlköpfig. Insbesondere aber zog der 28-jährige Georg Immanuel Nagel, stets in Anzug und Krawatte auftretend, die Fäden, der in einschlägigen rechten Organen publizierte, von »Geburten-Dschihad« und »Ethnomasochismus« sprach und in der Vergangenheit als DJ bei Technofei-

ern der Sadomaso-Szene auflegte, nun ein Philosophiestudium absolviert.[4] Anfang Februar mobilisierten sie in Wien zu einer Demonstration. Doch mehr als
300 Personen kamen nicht, während die Gegendemonstration immerhin rund
5.000 Leute auf die Beine brachte. Die 300 Pegidisten, überwiegend von der
berüchtigten Schlägertruppe »Eisern Wien« aus dem Umfeld der Fußballklubs
Rapid und Austria, hüpften an dem kalten Demonstrationsabend rhythmisch
in die Luft und sangen: »Hey, hey, wer nicht hüpft, der ist ein Jude.«[5] Auch
wurde, wie in Dresden, »Wir sind ein Volk« skandiert und die »Lügenpresse«
attackiert, aber viel Resonanz und Zukunft räumen die kundigen politischen
Beobachter in Österreich den Alpen-Pegidisten nicht ein: »Schließlich existiert
in Österreich, anders als in Deutschland, eine etablierte Partei mit massenhaf-
ter Wählerbasis, in der ein guter Teil der in Dresden erhobenen Forderungen
und verbreiteten Ressentiments eine wohlerprobte Heimat hat.«[6]

Ähnlich wird in den *Niederlanden* argumentiert. Was die Deutschen neuer-
dings umtreibe, sei in Holland längst nichts Neues mehr. Man verweist auf den
Pionier des Anti-Islamismus, den ermordeten Pim Fortuyn.[7] Und ihm folgte
ziemlich kongenial der Anführer der Partij voor de Vrijheid, Geert Wilders,
dessen politische Agitation auf Zuspruch bis in weite Teile der Mitte gestoßen
ist und dessen parlamentarische Vertretung als immerhin drittstärkste politische Kraft im Lande einen vom Einfluss her keineswegs marginalen Ort ein-
nimmt. Wilders, so heißt es, mache Demonstrationen nach Vorbild von Pegida
überflüssig, wenngleich ein niederländischer Ableger davon auf Facebook auch
einige Tausend Mitglieder und Sympathisanten zählt. Was Wilders in Bezug
auf sein Heimatland für entbehrlich hält, heißt er für die deutschen Nachbarn
allerdings freudig willkommen. Zumindest hat sein Gefolgsmann, der mittlerweile wohlbekannte Pegida-Demonstrant Edwin, auf der Dresdner Kundgebung am 25. Januar ein Grußwort von Wilders verlesen, in dem dieser Pegida
»von Herzen«[8] alles Gute wünschte.

Unterschiedlich fiel die Kommentarlage in den Niederlanden zu den Demonstrationen in Deutschland aus. Arend Jan Boekestijn kritisierte in *Elsevier* die
Strategie der Ausgrenzung der Pegida-Demonstranten durch das politische und
interpretierende Establishment, auch das Verhalten der Bundeskanzlerin Angela
Merkel.[9] Die schroffe Distanzierung erinnerte ihn an die Ausschlusshandlungen
von Mitte-Links seinerzeit in Holland gegen Pim Fortuyn, was damals wie heute
einen Verrat an der Freiheit der Meinungsäußerung bedeute. Demgegenüber ver-
hehlt der Kolumnist des *Volkskrant*, Dirk-Jan Van Baar, nicht seine Zufriedenheit
mit der dominanten politischen Korrektheit in Deutschland, die auch allen Anfängen von Bewegungen der Macher Wilders oder Le Pens energisch entgegen-
tritt. Dass sich auch die *Bild*-Zeitung gegen Pegida ausgesprochen hat, vermeldet
Van Baar sichtlich erleichtert.

Viel angespannter ist in Bezug auf dieses Thema das Königreich *Belgien*. In
Brüssel machen Muslime knapp ein Viertel der Einwohnerschaft aus.[10] Anfang

des Jahres 2015 führte die Polizei, auf der Suche nach islamistischen Terroristen, mehrere Razzien durch. Das innenpolitische Klima hat sich vehement ver-
schärft. Dadurch sind zunächst auch alle geplanten Pegida-Demonstrationen,
die vom Umfeld der radikalen Partei Vlaams Belang angeregt wurden, sowie
die avisierten Gegendemonstrationen hierzu mit der Begründung, eine Gefahr
für die öffentliche Sicherheit darzustellen, verboten worden.[11]

In *Frankreich* gibt es ebenfalls keinen prononcierten Bedarf für eine auto-
nome Straßendemonstrations-Initiative zur Rettung des christlichen Abendlandes gegen einen kulturell verpönten Islam. Man hat den Front National, der
zuletzt wuchtig, dabei aber taktisch geschmeidig seine Wähler- und Sympa-
thisantenanteile überall im Land ausbaute. Auf die Partei von Madame Le Pen
richten sich alle Erwartungen der rechtsorientierten Gegner des politischen
und medialen Establishments. Dennoch haben sich auch in Frankreich wie in
Österreich, Dänemark, Schweden, Norwegen und in der Schweiz Pegida-Adep-
ten zusammengefunden, hier ebenfalls jedoch, seit dem 11. Dezember 2014,[12]
vornehmlich im Kommunikationsraum von Facebook, wo bis Ende Januar 2015
über 10.000 Nutzer auf »PEGIDA FRANCE« ihr »Gefällt mir« hinterlassen
hatten.

Auffällig war, wie schwer die französischen Medien sich anfangs taten,
das neue Demonstrationsphänomen aus Deutschland politisch-kategorial zu
etikettieren. *Le Monde* charakterisierte Pegida zunächst als »mouvement d'ex-
trême droite«, also als rechtsextreme Bewegung,[13] substituierte diese Bezeichnung dann aber durch Chiffren wie »les anti-immigrés de Pegida«[14] oder »le
mouvement islamophob allemande«.[15] Die gleiche Zeitung gab sich im Folgenden viel Mühe, den neuen Protest von rechts zu durchdringen und ihn den
linksliberalen Milieus in Frankreich anschaulich und erklärbar zu machen.
Am 21. Januar 2015 brachte die Internetseite der Tageszeitung eine durchaus
informative und benutzerfreundliche, interaktive Darstellung mit Texten, Videos und Fotos, gefasst unter der Überschrift: »In Dresden auf den Spuren
von Pegida«.[16] Gewiss bemerkenswert ist, wie *Le Monde* über den Kölner Auftritt von Michel Houellebecq am 19. Januar 2015 berichtete beziehungsweise
schlagzeilte: »Houellebecq bricht im Land von Pegida sein Schweigen.«[17]

Auf die Spuren von Pegida hatte sich ebenfalls mit einigem Aufwand der
Nouvel Observateur gemacht, der am 14. Januar immerhin über drei Seiten die
ostsächsische Emeute von rechts zu ergründen versuchte. Dazu hatte das Blatt
ein längeres Interview mit Lutz Bachmann und Kathrin Oertel führen können,
was zeitgleich Vertretern der deutschen Medien nicht gelingen wollte. Die beiden führenden Pegidisten gaben sich ausgesucht höflich und maßvoll, betonten, dass sie liberaler Herkunft und keinesfalls nationalistischer, sondern allein
patriotischer Gesinnung wären. »Sind die Pegidisten Neonazis?«, fragte sich
die Sonderkorrespondentin des *Nouvel Observateurs*, Odile Benyahia-Kouide.
Ihre Antwort: »Wahrscheinlich nicht. Aber gewiss Populisten. Wenn man ihn

so hört, wie er mit strahlendem Blick die Frage stellt, ob Marine Le Pen 2017 die Wahlen gewinnt, spürt man sehr wohl, dass Lutz Bachmann nicht unzufrieden wäre, die Front National in Frankreich triumphieren zu sehen.«[18]

Besonders aufmerksam schaute man in *Spanien* auf die Aufregungen über Pegida. Die Deutschlandkorrespondenten der spanischen Zeitungen lieferten hierzu fleißig Berichte und Kommentare an die Heimatredaktionen ab. Das Interesse vieler Spanier an solcher Information hatte gewiss seinen Grund darin, dass viele Tausend junge Spanier zuletzt vor der ökonomischen Baisse im eigenen Land geflohen waren, um in Deutschland einen Ausbildungsplatz, einen Studienort oder eine Arbeitsstelle zu finden. Insofern kamen Anfang 2015 Ängste in spanischen Familien auf, ob der Nachwuchs in Deutschland überhaupt noch willkommen wäre. Darüber hinaus ängstigte man sich, dass in der Berliner Republik die europafeindlichen Stimmen möglicherweise die Oberhand gewinnen könnten, was in Spanien, das mehrheitlich die Bedeutung der deutschen Politik und Wirtschaft für das europäische Projekt anerkennt, mit großem Unbehagen beobachtet wird.[19]

Daher wurde Pegida auf der iberischen Halbinsel im Januar 2015 eher über- als unterschätzt. Ebenso wie in Frankreich hatten die spanischen Deuter der Vorgänge in Sachsen einige Schwierigkeiten, den Aufruhr der Wutbürger rund um Dresden und in anderen Städten begrifflich zu fassen und politisch einzuordnen. Aber für *El Pais* zumindest stand fest, dass man es hier nicht mit einer randständigen Anekdote, sondern mit einer ernsthaften Gefahr zu tun hätte.[20] Sichtlich erleichtert nahmen die spanischen Medien der Mitte die unmissverständlichen Erklärungen der Bundeskanzlerin Merkel und des Justizministers Maas zu Pegida auf. Auch über die Gegendemonstrationen von NoPegida wurde zufrieden berichtet.[21] Gleichwohl schimmerte die Besorgnis über eine Rückkehr nationalistisch-totalitärer Strömungen in Deutschland durch. Schließlich hätte die Bundesrepublik ökonomisch keine Sorgen; die Bürger dürften sich mehrheitlich eines soliden Wohlstands erfreuen. Was aber würde erst mit den Deutschen passieren, sollten sich diese komfortablen Rahmenbedingungen einmal (negativ) ändern?[22] Diese bange Frage stellten zu Beginn des Jahres 2015 nicht wenige Spanier.

Im Vergleich zu Spanien fällt die Berichterstattung über Pegida in der *britischen* Presse bescheidener aus. Auffällig positiv wurden allerdings auch hier die deutlichen Worte der Kanzlerin gegen Pegida gewürdigt: Ein Leitartikel des *Guardian*, der einen Besuch Merkels in London als Aufhänger nahm, referierte das Statement in ihrer Neujahrsansprache als Beweis für ihre Standhaftigkeit, um dies sodann mit Camerons halsbrecherischer Neigung zu kontrastieren, durch die allein elektoral begründete Vorgabe einer betont harten Linie bei der Migrationspolitik den Einfluss Großbritanniens aufs Spiel zu setzen.[23] Insgesamt haben alle Medien, auch die rechten, betont kritisch über Pegida be-

richtet; es gab, soweit ersichtlich, auch keinerlei Sympathiebekundungen vonseiten der UKIP oder anderer einflussreicher politischer Kräfte.

Kate Connolly, Berlin-Korrespondentin des *Guardian*, die Pegida als »populistische Anti-Immigranten-Bewegung« charakterisierte,[24] berichtete über die
Schwierigkeiten, mit den Protestierenden ein kommunikatives Verhältnis herzustellen, über deren Vorbehalte gegenüber der »Lügenpresse«, die vagen Ziele
und die windige Vergangenheit von Lutz Bachmann.[25] Wie alle ihre Kollegen
schrieb auch Connolly ausgiebig über die Gegenaktionen, zum Beispiel über
die Abschaltung der Beleuchtung des Kölner Doms oder über den Aufruf von
Prominenten in der *Bild*-Zeitung Anfang Januar, doch auch über die Vermitt-
lungsversuche von Frank Richter und anderen, die zu einem »konstruktiven
Dialog« aufriefen, wobei diese Forderung nicht weiter kommentiert wurde.[26]
Allerdings meinte Connolly, dass eine Isolationsstrategie immer das Risiko der
Ignorierung in sich berge, was in diesem Fall wohl das falsche Signal wäre:
»Sie [die Bewegung] zu verurteilen, würde bedeuten, dass man Wähler isoliert
und die Bewegung noch weiter anheizt. Aber zu ignorieren, was nach wie vor
eine junge Bewegung ohne Mandat ist, scheint eine zu gefährliche Position zu
sein für deutsche Politiker, die die Pflicht haben, die Nazi-Vergangenheit des
Landes im Kopf zu behalten.«[27]

Im *Prospect Magazine* äußerte die BBC-Journalistin Catrin Nye Zweifel
gegenüber der verbreiteten Wahrnehmung, dass die Demonstrationszüge fast
ausschließlich von »normalen Bürgern« (sie benutzt auch das Wort »Nadel-
streifennazis«) dominiert seien: »Das ist nicht das ganze Bild: es gibt dort auch
Leute, die auf einer Demonstration der English Defence League nicht sonder-
lich auffallen würden.«[28]

Als mögliche Ursachen für das plötzliche, starke Anwachsen der Bewegung wurden Merkels »politischer Konsens-Stil«, der viele Leute nach rechts
zur AfD treibe, und die Tatsache genannt, dass Deutschland mit der Aufnah-
me von 200.000 Asylbewerbern allein im Jahr 2014 das größte Aufnahmeland
in Europa sei, was bei den Bürgern Verteilungsängste auslöse. Aber auch die
regionalen Besonderheiten – sprich: Sachsen als Hochburg des Rechtsextremismus und Dresden als Zentrum des bürgerlichen Konservatismus – finden
Erwähnung.[29] Kate Connolly hielt es indes für möglich, dass Pegida nur einen
»Nebeneffekt eines wachsenden Gefühls der Empathie und Solidarität gegenüber Ausgegrenzten« darstellt.[30] Schließlich gab es noch einen Kommentar
des Berliner Schriftstellers Michael Bittner im *Observer*, in dem der Erfolg der
Bewegung in Dresden vor allem auf den Stolz der dortigen Bevölkerung auf die
lokale Kultur – und damit einhergehend die Skepsis gegenüber allem Fremden – und auf das starke Gefühl der Dresdner, »Opfer der Geschichte« zu sein,
zurückgeführt wird.[31]

»Vi er folket« (»Wir sind das Volk«) ertönte im Januar 2015 nun auch bei
Pegida-Demonstrationen in *Norwegen*. Ungefähr 200 Menschen demonstrier-

ten am 12. Januar 2015 erstmals in der Osloer Innenstadt gegen den Islam und muslimische Einwanderer. Der norwegische Sprecher der Pegida-Bewegung, Max Hermansen, fasste die Ziele der norwegischen Bewegung wie folgt zusammen: »Wir kämpfen dafür, dass westliche Werte und der Humanismus in Norwegen vorherrschend bleiben. Muslimische Einwanderung und der Islam sind dabei, die Gesellschaft zum Schlechten zu verändern.«[32]

Entgegen den Erfahrungen aus Deutschland forderte der ehemalige Offizier Hermansen die Demonstrierenden in Oslo gezielt auf, mit der Presse zu sprechen. Viele Demonstranten verweigerten jedoch jeglichen Kommentar, wandten sich demonstrativ ab oder äußerten sich nur abfällig über die Reporter. Ein Demonstrant sagte auf Nachfrage der Zeitung *Aftenposten*, dass er nicht mit den Journalisten sprechen wolle. Er beziehe seine Nachrichten aus dem Internet.[33] Eine Szene sorgte besonders für Aufsehen in der norwegischen Medienlandschaft, als der Reporter des Kanals TV2, Kadafi Zaman, von einem Demonstranten auf Nachfrage, warum er hier demonstriere, eine mehr als deutliche und vielsagende Antwort erhielt: »Ich zeige meine Abscheu gegen solche Muslimschweine wie dich, so einen Einwandererdreck wie dich.«[34]

Hermansen distanzierte sich schnell auf der Pegida-Facebook-Seite von dieser Aussage und beschwichtigte, dass Pegida-Norwegen keinesfalls rassistisch eingestellt oder gegen Einzelpersonen gerichtet sei. Die Teilnehmer der ersten Pegida-Demonstration in Norwegen sollen sich Beobachtern zufolge aus allen Altersgruppen rekrutieren.[35] Einige Gesichter der Demonstration waren allerdings wohlbekannt und stammen aus der islamkritischen, bisweilen auch islamophoben und rechtsextremen Szene Norwegens. An der ersten Demonstration nahm unter anderem der frühere Vorsitzende der islamkritischen Norwegian Defence League (NDL), Ronny Alte, sowie der Vorsitzende der SIAN (Stopp islamiseringen av Norge; Stoppt die Islamisierung von Norwegen), Stig Andersen, teil. Im Gespräch mit der Zeitung *Aftenposten* gab Andersen Auskunft über seine Beweggründe, an der Demonstration teilzunehmen: »Pegida steht für dasselbe ein wie wir. Es ist klar, dass wir hoffen, im Laufe dieses Abends mehr Mitglieder rekrutieren zu können.«[36]

Obwohl auch in anderen norwegischen Städten wie Kristiansand und Tromsø zu Pegida-Demonstrationen aufgerufen wurde, waren zuletzt in Oslo nicht mehr als 50 Menschen erschienen, während demgegenüber die Teilnehmerzahlen der Gegendemonstranten deutlich höher waren.

Zudem: Oslo ist als größte Stadt Norwegens und Zentrum des Landes keineswegs prädestiniert für eine Pegida-Bewegung. Dafür ist die Stadt zu liberal, weltoffen und multikulturell. Bei der letzten Stortingswahl im Jahr 2013 holte die rechtspopulistische Fortschrittspartei in Oslo unterdurchschnittliche 11,7 Prozent (landesweites Gesamtergebnis 16,3 Prozent). Im Gegensatz dazu erzielten die Linkssozialisten, die Grünen und die Liberalen fast alle ihre besten Ergebnisse in Oslo.[37] Die Demonstrationen in den anderen Städten des Landes sind kaum beachtenswert, nur eine Handvoll Menschen marschierte dort. Und auch die Anschläge von Anders Behring Breivik im Jahr 2011, die Norwegen erschüttert haben, dürften das offene und liberale Klima in dem Land eher noch gestärkt haben. Als Kanal und Sprachrohr der frustrierten Bürger taugt Pegida in Norwegen daher nicht. Alles in allem ist Pegida dort mehr Schein als Sein, ein Facebook-Phänomen, dem die organisatorische und inhaltliche Verwurzelung fehlt. Die internen Streitigkeiten und die geschmacklosen Kommentare im Internet dürften die Pegida-Bewegung in Norwegen weiter zur reinen Randerscheinung machen.

Im Vergleich zur deutschen Berichterstattung über Pegida und den politischen Annäherungsversuchen, wird das »kleine Häuflein«[38] in Norwegen nicht wirklich ernst genommen. Das liegt zum einen daran, dass dort keineswegs das »gemeine Volk« mitmarschiert, sondern vor allem Vertreter von Neonaziorganisationen und islamkritischen Vereinigungen, die größtenteils marginalisiert sind. Dieses Milieu hat die Zeitung *Dagbladet* in einer kenntnisreichen Reportage bereits im Jahr 2012 erkundet.[39] Dabei kommt auch Ronny Alte, der sich bei »Pegida Norge« mit Hermansen verstritt und ein Splitterbündnis gründete, zu Wort. Er kritisiert die angebliche Medienverfolgung nach den Attentaten von Anders Behring Breivik: »Nach dem 22. Juli haben die Medien ein Bild geschaffen, als ob wir alle gewalttätig und extremistisch seien. Das stimmt nicht. Weder ich noch die NDL sind gegen Einwanderung. Wir sind gegen die Islamisierung des Westens und wir wollen die Debatte ans Licht bringen. Der norwegische Staat hat seit langer Zeit nichts anderes gemacht als sich der am schnellsten wachsenden Ideologie in Europa anzupassen.«[40]

Im Unterschied zu den Protestierenden in Dresden ist das Themenfeld eher eindimensional. Proteste gegen soziale Missstände finden hier weniger Widerhall – warum auch in einem so reichen Land wie Norwegen? Ihrer Rhetorik folgend geht es vor allem um den Islam und die damit einhergehende angebliche Bedrohung für die norwegische Gesellschaft und Kultur. Gleichwohl: Auch hier findet sich am rechten Rand die Medienschelte. Man fühlt sich in der öffentlichen Debatte marginalisiert, exkludiert und nicht vertreten. Das demokratische System gilt als zersetzt von Eliten, welche die Nation und das Volk zugunsten des Islam und der Einwanderer verraten hätten. Der Protest bleibt aber überschaubar und auf den rechten Rand Norwegens begrenzt.

Dies ist wohl auch deshalb so, weil Norwegen bereits mit der Fortschrittspartei eine fest etablierte Kraft im Parteiensystem besitzt, die Teile der islamkritischen Bevölkerungsschichten politisch kanalisiert und auffängt. Sprachlich setzt sich die Fortschrittspartei noch immer deutlich vom PR-Sprech der übrigen Parteien ab, sieht die gewöhnlichen Durchschnittsnorweger, auf Norwegisch »folk flest«, als ihre Zielgruppe an. Ihre Gegner sind die vermeintlich urbanen, akademischen Machteliten, die nach ihrer Sicht vor allem die Arbeiterpartei dominieren würden. Die FrP vereint in ihrer Programmatik wirtschaftsliberale und sozialpopulistische Züge, gepaart mit einer restriktiveren Asyl- und Einwanderungspolitik. Sie ist aber weniger radikal als die Dänische Volkspartei und die Schwedendemokraten. Die FrP orientiert sich nicht an der Dänischen Volkspartei, sondern sieht mehr Gemeinsamkeiten mit der rechtsliberalen Venstre in Dänemark. In Norwegen gehört die Partei, die in vielen Gemeinden und Städten den Bürgermeister stellt, im politischen System längst zu einer festen Größe, obwohl sie ihr Anti-Establishment-Image nicht vollkommen über Bord geworfen hat.

Neben Norwegen sind auch im Nachbarland *Dänemark* seit dem 19. Januar Menschen im Zuge der Pegida-Demonstrationen auf die Straße gegangen. In Kopenhagen beliefen sich die Teilnehmerzahlen der ersten Demonstration auf etwas über 100.[41] Einer der Initiatoren der Pegida-Veranstaltung ist der ehemalige Folketingskandidat der Dänischen Volkspartei Nicolai Sennels. Sennels, der mittlerweile nicht mehr Mitglied der Dänischen Volkspartei ist, unterstrich in der Tageszeitung *Jyllands-Posten*, dass die Pegida-Bewegung keine politische, sondern eine Bewegung aus dem Volk sei. Er verwies diesbezüglich auch auf die deutschen Proteste: »Das, was wir gerne von der deutschen Pegida-Bewegung übernehmen wollen, ist, dass sie es geschafft hat, breite Schichten der Bevölkerung anzusprechen und diese Verankerung im Volk wollen wir uns auch gerne aneignen. Die Bewegung ist für Menschen mit allen Hintergründen und allen Religionen, sie sind willkommen.«[42]

Wenn Sennels von der Verankerung im Volk spricht – der dänische Begriff lautet »folkelighed« –, meint er jedoch eine andere Konnotation als die, die im deutschen Sprachgebrauch mitschwingt. Der Theologe und Politiker während der Mitte des 19. Jahrhunderts, N. F. S. Grundtvig, war sicherlich ebenso Nationalist und als Erfinder des Begriffs von der dänischen »folkelighed« geradezu der Begründer des spezifisch dänischen Populismus. »Folkelighed« meint ganz sicher nicht nur Populismus, sondern beschreibt auch das gesamte zivilgesellschaftliche Engagement, welches sich an alle sozialen Schichten richtet. Die von Grundtvig maßgeblich beförderte Volkshochschulbewegung eröffnete vor allem der Bevölkerung im ländlichen Raum einen breiten Zugang zu Bildung und Weiterbildung. Insofern appelliert Sennels nicht nur an den dänischen Nationalismus, sondern verbindet damit auch ein spezifisches Emanzipationsstreben, das er mit der Pegida-Bewegung zusammenbringen will.

Wie in Norwegen steht aber in Dänemark ebenfalls keine einzige Partei hinter der Bewegung. Die norwegische Fortschrittspartei wie auch die rhetorisch aggressivere Dänische Volkspartei haben sich bisher eindeutig von den Demonstrationen und deren Initiatoren ferngehalten. Die Vorsitzende der Fortschrittspartei und aktuelle Finanzministerin Norwegens, Siv Jensen, hatte vor einigen Jahren noch selbst vor einer »Islamisierung« Norwegens gewarnt. Seitdem hat Jensen ihre aggressive Rhetorik zurückgefahren, auch weil sie jetzt mit ihrer Partei in der Regierung als Juniorpartner der Konservativen sitzt und der antiislamische Ton seit den Anschlägen von Anders Behring Breivik sanfter geworden ist.[43] Selbst die Schwedendemokraten, die bisher in Schweden viel stärker isoliert werden als die anderen skandinavischen rechtspopulistischen Parteien und deren Ursprung in der neofaschistischen Bewegung liegt, haben bisher – jedenfalls offiziell – jegliche Zusammenarbeit mit der Bewegung in Schweden verneint.

Im bevölkerungsreichsten Land Skandinaviens besteht bisher nur eine Facebook-Gruppe, die Anfang Februar zu einer ersten Kundgebung ins südschwedische Malmö aufgerufen hat. Hinter der schwedischen Bewegung steht der umstrittene Kunstgalerist Henrik Rönnquist. Er wurde im August 2014 zusammen mit dem schwedischen Künstler Dan Park wegen Volksverhetzung gegen Roma und Farbige verurteilt.[44] In den Medien tritt Rönnquist als Verfechter und Vorkämpfer von Meinungsfreiheit, Religionsfreiheit und Demokratie auf. In einem Interview mit dem schwedischen Radio beklagte er dagegen die angebliche »Islamisierung« Schwedens und konkretisierte seine These damit, dass er Weihnachten und urschwedische Traditionen durch Muslime bedroht sehe.[45] Rönnquist behauptet, »dass Pegida eine Volksbewegung ist, die nicht rassistisch ist. Wir wollen keine Menschen hinauswerfen, sondern wir wollen unsere Traditionen bewahren, unsere Wertgrundsätze und die schwedische normale Gesellschaft.«[46]

Obwohl bei der ersten schwedischen Pegida-Veranstaltung in Malmö nur etwa 50 Demonstranten teilnahmen, ist der antimuslimische Gesinnungswandel längst angekommen. Henrik Rönnquist stößt bewusst eine Türe auf, die Einwanderer und die angeblichen Eliten in Schweden zum Sündenbock für die Erosion des Wohlfahrtsstates macht. »Sie [die schwedischen Politiker] haben bei der Einwanderung vollkommen versagt und wir können uns die ganze Einwanderung nicht leisten. Altenpflege, Schule, Betreuung – es ist kein Geld mehr übrig«, so Rönnquist. Damit knüpft er direkt an die wohlfahrtschauvinistischen Vorstellungen der Schwedendemokraten an. Das Klima in Schweden ist besonders heikel, seitdem Anfang des Jahres mehrere Anschläge auf Moscheen verübt wurden. Hinzu kommt, dass das Land pro Kopf am meisten Flüchtlinge in Europa aufnimmt und soziale Fliehkräfte das fremdenfeindliche und nationalistische Denken befeuern könnten. Die Journalistin Anna-Lena Lodenius geht dennoch davon aus, dass die Bewegung in Schweden bald zerfallen wird wie in Dänemark und Norwegen. Allerdings, so Anna-Lena Lodenius, nehme die Bewegung Themen auf, die in der Zeit liegen würden, wie die Furcht vor dem islamischen Terror. Es gebe weiterhin Potenzial, so die Expertin für Rechtsextremismus.

Insgesamt sind in *Skandinavien* im Vergleich zu den tatsächlichen Teilnehmerzahlen die verschiedenen Zustimmungswerte in den sozialen Medien weitaus höher. In Schweden gefällt mehr als 8.000 Personen, in Norwegen mehr als 4.000 der Auftritt von Pegida auf Facebook. Die Initiative für die

Demonstrationen ging fast nur von Einzelpersonen aus. Verbindungen und Überschneidungen zu anderen islamkritischen Organisationen sind zwar nicht zu übersehen, diese sind gleichwohl abseits einiger Zirkel und Verschwörungsplattformen marginalisiert. Organisatorische Anbindungen an die etablierten rechtspopulistischen Parteien in Dänemark und Norwegen sind bisher nicht auszumachen, auch wenn es inhaltliche Überschneidungen und gemeinsame Ängste durchaus gibt.

In *Polen* war das jähe winterliche Wachstum der Pegida-Kundgebungen ein wichtiges Thema. Man schaute beim östlichen Nachbarn Deutschlands genau hin, beschäftigte sich intensiv damit – allerdings: bemerkenswerterweise nicht in den explizit linken Medien. Bis Ende Januar 2015 fand sich zumindest in deren wesentlichen Periodika kein Stück hierzu.

Im Übrigen fragt man sich in Polen beunruhigt, ob der xenophobische Populismus, der sich gegenwärtig gegen die Muslime richte, demnächst nicht auch den Osten Europas ins Visier seiner Ab- und Ausgrenzungsforderungen nehmen könnte.[47] Andere Deutschlandexperten aus Polen versuchen derartige Befürchtungen dadurch zu zerstreuen, dass sie auf die regionale Exklusivität des rechten Protests abheben. So schrieb etwa Bartosz Wieliński im Dezember 2014 in der *Gazeta Wyborcza*, dass »Pegida eine Domäne des östlichen, also antimigrantischen Deutschlands ist. An vergleichbaren Demonstrationen im Westen nehmen nur einige Dutzend Personen teil. Allerdings zeigen Umfragen, dass die Parolen der Bewegung im Westen ähnlich viele Anhänger haben wie in der ehemaligen DDR«. Bei der Ursachenforschung schreibt Wieliński wenige Zeilen später, die Deutschen hätten Angst vor dem Ende der stabilen Welt. Die globale Wirtschaftskrise habe gezeigt, dass »Wohlstand und Stabilität selbst in Deutschland keine Selbstverständlichkeit sind. Das Land wird buchstäblich von Flüchtlingen aus Syrien und dem Irak überschwemmt. [...] Um sie unterzubringen, richten die zuständigen Behörden sogar leer stehende Supermarkthallen her. Und gleichzeitig gewinnen die Salafisten, radikale Anhänger des Islams, an Stärke.«[48] Knapp drei Wochen später bekräftigte der Autor seine Ansicht, als er eine Antwort auf die Frage zu geben versuchte, weshalb ausgerechnet Sachsens Hauptstadt zur »Festung« von Pegida avancieren konnte: »Das ist ein Resultat der Teilung Deutschlands und seiner späteren Wiedervereinigung. In den 90er Jahren entluden frustrierte Ossis, die sich nicht in dem neuen Staat zurecht fanden, ihre Wut bei Fremden. Wie man an Pegida sehen kann, dauert dieser Zustand bis heute an. Die Bewohner der ehemaligen DDR sind bis heute sehr viel weniger tolerant gegenüber Fremden als die Bewohner des Westens.«[49]

Weniger optimistisch, dass sich das neue Phänomen auf Sachsen und Ostdeutschland limitieren lasse, äußerte sich hingegen Mariusz Janik in der *Wprost* unter dem Titel »Das Ende von Multikulti«: »Durch Deutschland defilieren antimuslimische Märsche. Ein solches Anwachsen xenophobischer

Stimmungen gab es nicht mehr seit der Nazizeit. Die Epoche der Toleranz nähert sich dem Ende.« Die NPD sei Hauptorganisationskraft der Pegida. Schon
vor der Entstehung von Pegida habe es 200 Proteste an Orten, an denen Asyl-
unterkünfte errichtet werden sollen, gegeben. Am 11. Dezember 2014 seien dabei insgesamt drei Gebäude in Flammen gesetzt und mit Hakenkreuzen be-
schmiert worden. Bei der Ursachenforschung für die Islamfeindlichkeit weist
der Autor darauf hin, dass die Salafisten die am schnellsten wachsende extremistische Gruppierung der Bundesrepublik seien. Viele der Anhänger seien
dabei deutsche Konvertiten. Bundeskanzlerin Merkel habe sich erst zu Pegida
geäußert, als es merkliche Anbiederungsversuche der AfD an die neue Bewegung gab. Auch alle weiteren Politiker hielten sich von einer Rundumverurtei-
lung der Demonstranten zurück. Eine Tatsache, welche die Demonstranten
völlig ignorierten, sei die Notwendigkeit von Einwanderung für Deutschland.
Aufgrund des Arbeitskräftemangels blieben bereits jetzt 280.000 Arbeitsstel-
len unbesetzt.[50]

Eher hämisch und polemisch fallen Kommentare aus dem radikal- und
rechtskatholischen Lager aus. Im *Nasz Dziennik* meldete sich Ende Januar
etwa die Parlamentsabgeordnete Dorota Arciszewska-Mielewczyk von der nationalkonservativen PiS (Recht und Gerechtigkeit) folgendermaßen zu Wort:
»Der Import von Millionen Immigranten aus den arabischen Staaten hat zu
einem gleichzeitigen Import des islamischen Fundamentalismus und in der
Folge dessen Terrorismus geführt. Die Politik des ›Zusammenschmelzens‹
der zwei Welten erwies sich als teure Fiktion, gefährliche Illusion linker Ideo-
logen, Traum, der nie wahr wird.« Insgeheim sei sich Kanzlerin Merkel wohl
bewusst, wie groß die Probleme in 20 bis 30 Jahren sein werden, »wenn die
muslimische Bevölkerung etwa 20 Prozent des westlichen Europas ausmachen
wird«. Auch andere Politiker hätten längst die Gefahr erkannt, etwa Horst See-
hofer (Zitat: »Multikulti ist tot!«) oder »der SDP [sic!]-Politiker Thilo Sarrazin«.

Anschließend erwähnt sie die nach dem *Charlie-Hebdo*-Attentat aus Angst
vor weiteren Anschlägen abgesagte Pegida-Kundgebung. »Wenn es islamischen Extremisten heute gelingt, einen Marsch von mehreren Tausend gebür-
tigen Deutschen aufzuhalten, was wird dann morgen sein?« Vor kurzem habe
sie eine interessante These gehört, welcher zufolge die islamischen Fundamen-
talisten geistig beschränkt seien, wenn sie behaupten, dass der Westen ein Ort
des Teufels ist. Schließlich sei der Westen (längst) das gelobte Land Allahs und
in einigen Jahrzehnten werde der Halbmond triumphal auf den Turm des Kölner Doms gesetzt. Ihrer Meinung nach gebe es nur einen Ausweg aus dem Di-
lemma: »Es ist nur eine Frage der Zeit bis Westeuropa, darunter auch Deutschland, zur Aussiedlung der arabischen Minderheit gezwungen sein wird.« Dann
werde es im Zentrum gegen Vertreibung in Berlin auch eine Ausstellung unter
dem Titel »Die deutschen Muslime auf dem Weg nach Hause« geben.[51]

ANMERKUNGEN

1 | Daniel Steinlechner, FPÖ-Strache: Wir sind die wahre Pegida, in: News.at, 16.01.2015, online einsehbar unter: www.news.at/a/fpoe-strache-wahre-pegida [zuletzt eingesehen am 16.02.2015].

2 | Benjamin Opratko, PEGIDA in Österreich: Eine Massenbewegung?, in: ScienceORF.at, 02.02.2015, online einsehbar unter: http://science.orf.at/stories/1753092/ [zuletzt eingesehen am 16.02.2015].

3 | Jakob Winter, Kulturkrieger, Pegida kommt nach Österreich – wer steckt dahinter?, in: profil, 24.1.2015, online einsehbar unter: www.profil.at/oesterreich/kulturkrieger-pegida-oesterreich-378940 [zuletzt eingesehen am 16.02.2015].

4 | Katharina Mittelstaedt, Georg Immanuel Nagel: Freisinniger Publizist mit Hang zur Härte, in: Der Standard, 23.01.2015.

5 | Siehe Christian Bartlau, Pegida Österreich legt Fehlstart hin, in: n-tv.de, 03.02.2015, online einsehbar unter: www.n-tv.de/politik/Pegida-Oesterreich-legt-Fehlstart-hin-arti cle14440431.html [zuletzt eingesehen am 16.02.2015].

6 | Benjamin Opratko, PEGIDA in Österreich: Eine Massenbewegung?, in: ScienceORF. at, 02.02.2015, online einsehbar unter: http://science.orf.at/stories/1753092/ [zuletzt eingesehen am 16.02.2015].

7 | Vgl. insbesondere zu dieser Analogiefähigkeit und den Unterschieden der beiden Länder bei Maaike van Houten, Pegida als Duitse PVV? Zo simpel is het niet, in: Trouw, 29.01.2015.

8 | Vgl. Geert Wilders Weblog, online einsehbar unter: www.geertwilders.nl/index.php/ 94-english [zuletzt eingesehen am 16.02.2015].

9 | Arend Jan Boekestijn, Hoe draagvlak om politieke vluchtelingen op te nemen ero-deert, in: Elsevier, 5.1.2015.

10 | Vgl. Jan Hertogen, BuG 186 – Bericht uit het Gewisse – 23 april 2013. Tabelle 3.2.% moslims op de bevolking per gewest, online einsehbar unter: www.npdata.be/BuG/186-Aantal-moslims-gemeenten/ [Stand 10.02.2015] sowie geringfügig abweichend Nadia Fadil, Belgium, in: Jørgen Nielsen et al. (Hg.), Yearbook of Muslims in Europe, Leiden 2014, hier S. 84 f.

11 | Vgl. sowie Vlaams Belang: Pegida-manifestatie verboden wegens terreurdreiging, online abrufbar unter: www.vlaamsbelang.org/nieuws/10963 [zuletzt eingesehen am 16.02.2015].

12 | Vgl. https://www.facebook.com/pegidaenfrance bzw. https://www.facebook.com/ pegidaenfrance/info?tab=page_info [zuletzt eingesehen am 26.01.2015].

13 | So in der Bildunterschrift bei einem Onlineartikel von Frédéric Lemaître. Vgl. ders., En Allemagne, le discours raciste se banalise, in: Le Monde.fr, 16.12.2014, online abruf-bar unter: www.lemonde.fr/europe/article/2014/12/16/en-allemagne-le-discours-ra ciste-se-banalise_4541347_3214.html [zuletzt eingesehen am 26.01.2015].

14 | Vgl. Frédéric Lemaître, Les Allemands se disputent ›Charlie‹, in: Le Monde.fr, 13.01.2015, online abrufbar unter: www.lemonde.fr/europe/article/2015/01/13/les-allemands-se-disputent-charlie_4555047_3214.html [zuletzt eingesehen am 16.02.2015].

15 | Vgl. Frédéric Lemaître, Le fondateur de Pegida contraint à la démission, in: Le Monde. fr, 22.01.2015, online abrufbar unter: www.lemonde.fr/europe/article/2015/01/22/le-fondateur-de-pegida-contraint-a-la-demission_4561068_3214.html [zuletzt eingesehen am 16.02.2015].

16 | Vgl. Clément Martel u. Karim El Hadj, A Dresde sur les pas de Pegida, in: Le Monde.fr, 21.01.2015, online abrufbar unter: www.lemonde.fr/europe/visuel/2015/01/21/a-dres de-sur-les-pas-de-pegida_4559085_3214.html [zuletzt eingesehen am 24.01.2015].

17 | Vgl. Frédéric Lemaître, Houellebecq sort de son silence au pays de Pegida, in: Le Monde, 21.01.2015.

18 | Odile Benyahia-Kouider, La croisade de Pegida contre l'islam, in: Le Nouvel Observateur, 14.01.2015.

19 | Luis Doncel, La marea islamófoba polariza Alemania, in: El Pais, 05.01.2015, online einsehbar unter http://internacional.elpais.com/internacional/2015/01/05/actuali dad/1420489196_231287.html [zuletzt eingesehen am 09.02.2015]; Gemma Casadevall, Aislar o dialogar con la islamófoba ›Pegida‹, un nuevo dilema alemán, in: La Vanguardia, 13.01.2015, online einsehbar unter: www.lavanguardia.com/vida/20150113/ 54423318845/aislar-o-dialogar-con-la-islamofoba-pegida-un-nuevo-dilema-aleman. html [zuletzt eingesehen am 09.02.2015]; Rosalía Sanchez, Uno de cada tres alemanes apoya al ultraderechista PEGIDA, in: El Mundo, 22.12.2014, online einsehbar unter: www. elmundo.es/internacional/2014/12/22/549876ff268e3eaa498b4578.html [zuletzt eingesehen am 09.02.2015].

20 | O.V, Merkel habla claro, in: El Pais, 19.01.2015, online abrufbar unter: http://elpais. com/elpais/2015/01/18/opinion/1421608661_450971.html [zuletzt eingesehen am 09.02.2015].

21 | Vgl. Rosalía Sanchez, Miles de personas marchan contra la xenofobia y por la tolerancia en varias ciudades alemanas, in: El Mundo, 05.01.2015, online einsehbar unter: www.elmundo.es/internacional/2015/01/05/54aa6dbae2704eea788b4584.html [zuletzt eingesehen am 09.02.2015]; vgl. Luis Doncel, Miles de alemanes marchan en Dresde contra la xenofobia, in: El pais, 10.01.2015, online einsehbar unter: http://inter nacional.elpais.com/internacional/2015/01/10/actualidad/1420911070_212215. html [zuletzt eingesehen am 09.02.2015].

22 | Vgl. o.V, Merkel habla claro, in: El Pais, 19.01.2015, online einsehbar unter: http:// elpais.com/elpais/2015/01/18/opinion/1421608661_450971.html [zuletzt eingesehen am 09.02.2015]; vgl. auch Francisco de Borja Lasheras, Lucha de utopías europeas, in: El Mundo, 27.01.2015, online einsehbar unter: www.elmundo.es/opinion/2015/01/26/ 54c6a3cd268e3e44568b456f.html [zuletzt eingesehen am 09.02.2015].

23 | The Guardian view on talks between Angela Merkel and David Cameron, in: The Guardian, 06.01.2015.

24 | Kate Connolly, Dresden crowds tell a chilling tale of Europe's fear of migrants, in: The Observer, 04.01.2015.

25 | Kate Connolly, Pegida: what does the German far-right movement actually stand for, in: theguardian.com, 06.01.2015, online abrufbar unter: www.theguardian.com/

176 Pegida - Die schmutzige Seite der Zivilgesellschaft?

stand-for [zuletzt eingesehen am 15.02.2015].

26 | Kate Connolly, German leaders condemn xenophobia after Pegida protests, in: the
guardian.com, 06.01.2015, online abrufbar unter: www.theguardian.com/world/2015/jan/
06/germany-pegida-protests-dresden-immigration [zuletzt eingesehen am 16.02.2015].

27 | Kate Connolly, Dresden crowds tell a chilling tale of Europe's fear of migrants, in:
The Observer, 04.01.2015.

28 | Catrin Nye, Pegida: Why is the populist right on the rise in Germany?, in: prospectmag
azine.co.uk, 23.01.2015, online abrufbar unter: www.prospectmagazine.co.uk/world/
pegida-why-is-the-populist-right-on-the-rise-in-germany [eingesehen am 16.02.2015].

29 | Kate Connolly, Dresden crowds tell a chilling tale of Europe's fear of migrants, in:
The Observer, 04.01.2015.

30 | Ebd.

31 | Michael Bittner, Why Dresden, my home city, sees itself as a victim of history, in:
The Observer, 04.01.2015.

32 | Zitiert nach Henrik Arneberg, SIAN rekrutterte Pegida-demonstranter på nærmes-
te pub, in: Osloby, 13.01.2015, online abrufbar unter: www.osloby.no/nyheter/SIAN-
rekrutterte-Pegida-demonstranter-pa-narmeste-pub--7858172.html#xtor=RSS-3 [zu-
letzt eingesehen am 16.02.2015].

33 | Vgl. ebd.

34 | Zitiert nach Jenny-Linn Lohne, Nora Thorp Bjørnstad u. Cathrine Ekehaug, TV2s re-
porter kalt »muslimjævel« på direkten, in: Verdens Gang, 12.01.2015, online abrufbar
unter: www.vg.no/nyheter/innenriks/terrorangrepet-mot-charlie-hebdo/tv2s-reporter-
kalt-muslimjaevel-paa-direkten/a/23372842/ [zuletzt eingesehen am 16.02.2015].

35 | Vgl. Henrik Arneberg, SIAN rekrutterte Pegida-demonstranter på nærmeste pub,
in: Osloby, 13.01.2015, online abrufbar unter: www.osloby.no/nyheter/SIAN-rekrutter
te-Pegida-demonstranter-pa-narmeste-pub--7858172.html#xtor=RSS-3 [zuletzt eingesehen am 16.02.2015].

36 | Zitiert nach ebd.

37 | Vgl. die Ergebnisse zur Stortingswahl 2013, online abrufbar unter: www.nrk.no/
valg2013/valgresultat/fylker/oslo [zuletzt eingesehen am 16.02.2015].

38 | So die Deutung von Reinhard Wolff, Nur ein kleines Häuflein, in: taz.de, 13.01.2015,
online abrufbar unter: www.taz.de/!152770/ [zuletzt eingesehen am 16.02.2015].

39 | Vgl. Rønnaug Jarlsbo, Heidi Molstad-Andresen, Fryktens budbringere, in: Dagbladet,
03.05.2012, online abrufbar unter: www.dagbladet.no/2012/05/03/magasinet/ekstre
misme/nazisme/sian/ndl/21425144/ [zuletzt eingesehen am 16.02.2015].

40 | Zitiert nach ebd.

41 | Vgl. Oskar Ekström, Stort polispådrag när pegida vandrade, in: Sydsvenskan,
19.01.2015, online abrufbar unter: www.sydsvenskan.se/danmark/stort-polispadrag-
nar-pegida-vandrade/ [zuletzt eingesehen am 16.02.2015].

42 | Zitiert nach Sarah Kott, Pegida i Danmark: Vi håber ikke, at der kommer en masse
nazister og racister, in: Jyllands-Posten, 13.01.2015, online abrufbar unter: http://jyl

lands-posten.dk/indland/ECE7355905/Pegida+i+Danmark%3A+Vi+h%C3%A5ber+ik
ke,+at+der+kommer+en+masse+nazister+og+racister/ [eingesehen am 16.02.2015].
43 | Vgl. Jens Gmeiner, Die erste Stortingswahl nach Utøya, in: Berliner Republik, H. 5/
2013, S. 71–73.
44 | Vgl. Jonathan Leman u. Daniel Vergara, Dömd konstgallerist vill ta Pegida till Sveri-
ge, in: Expo idag, 19.01.2015, online abrufbar unter: http://expo.se/2015/domd-konst
gallerist-vill-ta-pegida-till-sverige_6766.html [zuletzt eingesehen am 16.02.2015].
45 | Vgl. Fredrik Ramel, Pegida startas i Sverige av Dan Park-gallerist, in: Sveriges Ra-
dio, 12.01.2015, online abrufbar unter: http://sverigesradio.se/sida/artikel.aspx?pro
gramid=3993&artikel=6064933 [zuletzt eingesehen am 16.02.2015].
46 | Zitiert nach Jonathan Leman u. Daniel Vergara, Dömd konstgallerist vill ta Pegida
till Sverige, in: Expo idag, 19.01.2015, online abrufbar unter http://expo.se/2015/domd-
konstgallerist-vill-ta-pegida-till-sverige_6766.html [zuletzt eingesehen am 16.02.2015].
47 | Adam Szostkiewicz, Dmuchać na zimne, in: www.polityka.pl, 06.01.2015, online
abrufbar unter: www.polityka.pl/tygodnikpolityka/swiat/1604643,1,przez-niemcy-prze
tacza-sie-fala-protestow-przeciwko-islamizacji-europy.read [zuletzt eingesehen am
16.02.2015].
48 | Bartosz T. Wieliński, Islamskie strachy Niemców, in: Gazeta Wyborcza, 20.12.2014.
49 | Bartosz T. Wieliński, Niemcy gaszą światła, bo mają dość Pegidy, in: Gazeta Wy-
borcza, 07.01.2015.
50 | Mariusz Janik, Koniec multi-kulti, in: Wprost, 05.01.2015.
51 | Dorota Arciszewska-Mielewczyk, Bat na Niemców, in: Nasz Dziennik, 23.01.2015.

8. Die schmutzigen Seiten der Zivilgesellschaft?
Zeiten kultureller Entfremdung und politischer Heimatlosigkeit

Ein wenig verwunderlich ist schon, wie onkelhaft gerade Zugehörige früherer Protestgenerationen den Demonstranten von Anfang 2015 begegnet sind. Am peinlichsten schmetterte in diesem Chor von Altrevoluzzern der frühere Fraktionschef der Grünen im Deutschen Bundestag, Rezzo Schlauch, den Gassenhauer vom außerparlamentarischen Heroismus der früheren und der apolitischen Haltung der heutigen Jugend.[1] In einem Beitrag für die *Süddeutsche Zeitung* repetierte Schlauch aus der Fibel des grünen Großvaters, wie »der Fritz« (Kuhn) und er – »damals in Boxberg, Frankfurt und Brokdorf« – auf Bäume geklettert seien, wo sie von der Polizei »am Ende einzeln von den Bäumen gepflückt und abtransportiert« wurden, während die NoPegidisten von heute »untergehakt bei den Repräsentanten des Staates« daherkämen. Immerhin, möchte man anfügen, zählt nun der Fritz (Kuhn) trotz aller subversiven Baumkraxeleien mittlerweile ebenfalls zur Staatsmacht. Aber das gehörte für Schlauch, nunmehr 67 Jahre alt, in seinem sentimentalen Heldenepos aus zurückliegenden rebellischen Abenteuerzeiten jetzt nicht zur Sache. Zwar wirft er den Anti-Pegida-Demonstranten herablassend vor, es mit ihren Aktionen in einer ihnen gegenüber wohlwollenden Mehrheitsgesellschaft »von Anfang an leicht« gehabt zu haben, aber schlimmer sind natürlich die Pegida-Anhänger, die, so Schlauch indigniert, »ihren Protest mit der an Hybris grenzenden Parole ›Wir sind das Volk‹ begründen« würden. Die Empörung über diesen plebiszitär-populistischen Anspruch auf Artikulation des wahren Volkswillens teilten in etlichen Kommentaren Literaten, Journalisten und auch Politikwissenschaftler, die allein schon aus diesem Slogan die beklagenswerte Demokratieferne der Pegida-Demonstranten ableiteten.[2] Denn schließlich handelt es sich bei den Kundgebungsteilnehmern nur um Minderheiten, noch dazu mit höchst egoistischen Motiven, die erst verstehen und lernen müssten, dass Politik in demokratischen Repräsentativsystemen langwierig, debattenintensiv und kompromissdurchwirkt sei.

NICHT ALLES IST RATIONALE DELIBERATION

Demokratietheoretisch mag daran sicher einiges richtig sein. Und wenn ein demokratiepädagogischer Grundkurs all diese schönen Einsichten jederzeit mit Erfolg in die Breite der Bevölkerung vermitteln und verankern könnte, bräuchte sicher niemand mehr auf Bäume klettern, um von den Sicherheitsorganen wieder grob der Bodenfläche, im Anschluss einer Gefängniszelle zugeführt zu werden. Nur sind Gesellschaften, auch demokratische, keine rationalen Diskursseminare einer verständigen, abwägenden und sachlich-deliberativen Erörterung. Auch können in diesen demokratischen Gesellschaften Einzelne, Gruppen, große Kollektive durchaus ökonomische, soziale oder politisch exklusive Interessen, die keineswegs in harmonischer Erfüllung eines Gemeinwohls aufzugehen haben, robust vertreten, ohne dass sie deshalb als demokratieunerträgliche Egoisten zu schelten oder gar auszugrenzen wären.

Doch weiter noch: Es gibt zahlreiche Gründe, um mit Pegida denkbar hart ins Gericht zu gehen. Aber der populistische Zungenschlag als solches, Vereinfachungen in der Rhetorik, die Artikulation möglicherweise ganz realitätsferner Ängste, der skandierte Anspruch, für das Volk zu sprechen, all das ist in demokratischen Konfliktgesellschaften nicht verwerflich, sondern oft genug Quelle von Problemsensibilisierungen, Lernprozessen, neuen Repräsentanzen, die fortan das vertreten, was zuvor offenkundig zu lange ausgeblendet worden war. Massenhafte Proteste pflegen eher häufig als selten mit absoluten Ansprüchen aufzutreten, die Befreiung der gesamten Menschheit zu postulieren (wie im früheren Sozialismus), die Gattung und den Planeten zu retten (wie anfänglich die Grünen), die Überwindung von Sündhaftigkeiten im jenseitigen Heil anzustreben (wie die katholisch-christdemokratischen Formationen zumindest in ihrer Konstituierungsphase) oder durch massive Steuersenkungen die Bürgerfreiheit und den ökonomischen Wohlstand schlechthin von allen Fesseln zu befreien (immer mal wieder in derart simpler Form von maßgeblichen Liberalen propagiert). In den Demonstrationszügen der Achtundsechziger sah man Tausende unbeirrt skandierend hinter den Konterfeis von Mao, Lenin, gar Stalin herlaufen; nicht wenige darunter dürften trotz dieser fundamental demokratiewidrigen, jeder friedlichen Zivilität hohnsprechenden Verirrungen heute ganz und gar biedere, an Umstürzen rundum uninteressierte Stammwähler, sagen wir, der jederzeit anpassungsbereiten Grünen sein.

Fassen wir an dieser Stelle die Ergebnisse unserer qualitativen und quantitativen Feldforschung zu Pegida zusammen: Die Sozialstruktur der Gesprächspartner aus den Interviews und Gruppendiskussionen deckt sich im Großen und Ganzen mit unseren Befunden aus der Umfrage unter Pegida-Demonstranten. Wir trafen vorwiegend auf mittelalte in familiäre Strukturen eingebundene, meist männliche Personen in einer Vollzeitanstellung mit mittleren bis gehobenen Bildungsabschlüssen. Dass sie eher als Anhänger rechter politischer

Ideen bezeichnet werden können, wurde ebenfalls in beiden Untersuchungen deutlich: Die Befragten kommen überwiegend aus dem politischen Lager von schwarz-gelb, während sie zukünftig wohl AfD oder noch weiter rechts votieren werden. Nichtwähler oder politisch Desinteressierte finden sich unter ihnen selten. Doch auch der erfahrene Aktivist und Demonstrationsroutinist ist bei Pegida eine Randerscheinung. Knapp zwei Drittel der Befragten waren mit den »Patriotischen Europäern« das erste Mal auf einer Demonstration. Und auch die Überbetonung der sächsischen Besonderheiten und Eigenarten, die auffallende Wertschätzung der sächsischen Heimat überrascht nicht, da immerhin knapp 75 Prozent der Pegida-Anhänger aus Sachsen beziehungsweise direkt aus Dresden kommen.

Während die klassischen Rechts- und Ordnungsinstitutionen durch die Befragten verhältnismäßig positiv eingeschätzt werden, begegnen sie jedoch den Medien und dem politisch handelnden Personal, insbesondere dem Bundespräsidenten Joachim Gauck und der Bundeskanzlerin Angela Merkel, mit größtem Argwohn und Misstrauen. Mit dem gegenwärtigen Arrangement der repräsentativen Demokratie sind die Pegida-Anhänger sehr unzufrieden. Sie fordern mit Nachdruck nicht nur den Ausbau plebiszitärer Elemente, sondern auch eine größere Gewichtung konservativer Leitvorstellungen innerhalb der bundesrepublikanischen Gesellschaft wie die Stärkung nationaler Interessen und die Förderung von »Recht und Ordnung«. Auffällig ist, dass die Einführung von Volksentscheiden oftmals mit dem Argumentationsmuster eines homogenen Volkskörpers verbunden ist, der quasi eine »kollektive Vernunft« präsentiert.[3] Die Pegida-Anhänger vertreten demzufolge eher einen identitären statt einen pluralistischen Demokratiebegriff, da Pluralismus und Minderheitenrechte eine marginale Rolle in ihrem demokratischen Referenzrahmen einnehmen.[4]

Einen überaus aggressiven Ton pflegten die von uns Befragten häufig, wenn es um »die anderen« ging. Sie werteten »das linke Pack«, die »Asylanten« und die »Zigeuner« gleichermaßen ab, kritisierten, diffamierten insbesondere jedoch »den Islam« und »die Muslime«. In den Diskussionen fand sich zwar auch eine an der Aufklärung orientierte Islamkritik, die beispielsweise die Unterdrückung von Frauen sowie die fehlende Säkularisierung voranstellte. Beides Kritiken, die sich aus universalistischen Werten heraus formulieren ließen. Jedoch dominierte das kulturalistisch-rassistische antimuslimische Ressentiment die Erzählstrecken zu »Integration«, »Zuwanderung« und »Asyl«, die von den Diskussionsteilnehmern eigenständig thematisiert wurden. »Islamfeindlichkeit im Sinne eines Vorurteils« entspricht nach Andreas Zick »einer abgrenzenden und intoleranten Haltung von Gruppen und ihren Mitgliedern gegenüber dem Islam oder Muslimen, weil sie dem Islam angehören«, aber auch »gegenüber Personen, von denen vermutet wird, dass sie Muslime sind.«[5] Man nahm »die Muslime« weitgehend als monolithischen Block wahr. Nicht Herkunft, Bildung oder Sozialisation prägten in den Augen der Befragten ihre Identitäten, sondern ihre islamische Religionszugehörigkeit. Dabei war jedoch auffällig, dass gerade nicht nur Anhänger des Islam als Muslime bezeichnet wurden. Vielmehr verwiesen Begriffe wie »Türkisierung« und »Bosniaken« darauf, dass »Muslime« oder »Islam« als Kategorie diente, unter die ganz unterschiedliche Bevölkerungsgruppen subsumiert wurden. Verbunden war damit, dass eigentlich sozialen Kategorien festgelegte Eigenschaften zugeschrieben, ihnen eine sie bestimmende Essenz zugewiesen wurde, die wiederum auf kulturalistischen und ethnisierenden Stereotypen basierte.[6]

So wurde der Islam in den Runden bei wenigen Ausnahmen als gewalttätig, frauenfeindlich, rückständig, archaisch und intolerant beschrieben. Muslimen unterstellte man, unter sich bleiben zu wollen, »Parallelgesellschaften« zu bilden, eher im Teehaus zu faulenzen als zu arbeiten, zugleich jedoch viele Kinder zu zeugen und damit angesichts des demographischen Wandels in Deutschland bald die Mehrheit im Land zu stellen. Man hat es schließlich auch bei Thilo Sarrazin und Heinz Buschkowsky nachlesen können, deren Thesen zum festen Bildungsinventar vieler Pegida-Anhänger zählen, und so könne man es bereits in Berlin-Neukölln oder Duisburg-Marxloh besichtigen. Hinzu kommt der islamistische Terror, der auch Europa ins Visier genommen hat. Kurzum: Die Bedrohung ist längst da, das Feindbild Islam gesetzt. Wolfgang Benz deutet diesen Blick wie folgt: »Die als negativ empfundene Eigenart der ›Anderen‹ kulturell, ethnisch, religiös oder wie auch immer definiert, dient der Hebung des eigenen Selbstbewusstseins und fixiert es durch die Gewissheit, dass die Anderen nicht integrationsfähig oder assimilationsbereit oder von ihrer Konstitution her kriminell, asozial und aggressiv sind bis hin zu Verschwörungsphantasien, in denen eine Minderheit nach Dominanz über die Mehrheit strebt.«[7] Eine rechte Orientierung, die, wie bei dem überwiegenden Teil der Diskussionsteilnehmer, mit einer nationalen Identifikation und der Stilisierung einer Art Leitkultur einhergeht, macht dabei abwertende Einstellungen gegenüber dem Islam und den Muslimen wahrscheinlicher.[8]

Mit diesen antimuslimischen Einstellungen stehen die befragten Pegida-Anhänger indes nicht allein da.[9] Ressentiments und Abwertung von Muslimen finden sich, so zeigten es zuletzt mehrere Studien, überall in der Gesellschaft. 2011 bejahten 47 Prozent der Deutschen die Aussage »Es leben zu viele Ausländer in Deutschland«. Jeder Dritte gab an, sich »durch die vielen Muslime manchmal wie ein Fremder im eigenen Land. Und die Ansicht »Wer irgendwo neu ist, sollte sich erst mal mit weniger zufrieden geben!«, teilten 54 Prozent der Deutschen.[10] Laut der neuesten »Mitte-Studie« der Friedrich-Ebert-Stiftung werden die Aussagen »Die islamische Welt ist rückständig und verweigert sich den neuen Realitäten« (58 Prozent) sowie »Der Islam ist eine archaische Religion, unfähig sich an die Gegenwart anzupassen« (56 Prozent) mehrheitlich zustimmend bewertet. Nur etwa 15 bis 25 Prozent der Befragten

aus eben jener gesellschaftlichen Mitte stehen islamfeindlichen Aussagen ablehnend gegenüber. Die höchste Zustimmung, so die Autoren, findet Islam-
feindschaft und Islamkritik im Osten; im Westen sind diese Werte »deutlich
geringer ausgebildet«.[11] Auch diese heftige Abwertung »des Anderen« ist Teil
von Pegida, wenngleich nicht ihr Alleinstellungsmerkmal.

Und dennoch: Ein rein rationales, allein diskursives, rundum nüchternes
Konfliktverhalten in gesellschaftlichen Auseinandersetzungen als probaten
Ausweis demokratischer Verlässlichkeit einzufordern, wäre ganz verfehlt. Öf-
fentlicher Streit und politische Auseinandersetzung können nicht nach den
Regeln eines Intellektuellensalons verlaufen. In Massengesellschaften gehören Emotionen dazu, zuweilen auch das große Theater, entfesselte Leiden-
schaften, erschütternde Dramen. Ignorieren Politiker und Intellektuelle des
demokratischen Zentrums solcherlei Gefühlslagen, argumentieren sie mit
gestanzten Rationalisierungsformeln staubtrocken darüber hinweg oder er-
wecken gar den Eindruck, sich durch ihren steten lehrerhaften Populismus-
Vorwurf von oben einzig neue Herausforderer zum Zwecke purer Machterhal-
tung vom Leibe halten zu wollen – dann allerdings könnte am Ende die Stunde
der veritablen kalten Tabubrecher und Demokratie sprengenden Anheizer der
kochenden Volksseele, mithin der in der Tat gefährlichen Radikalpopulisten,
wirklich schlagen.

AM ANFANG STEHT MEIST DER »APPEL AU PEUPLE«

Deutschland dürfte unter den Demokratien weltweit seit den 1950er Jahren den
geringsten Anteil an organisiertem Populismus im parlamentarischen System
ausweisen.[12] Doch ragt das Land zugleich durch den höchsten Grad an aufge-
regtem Anti-Populismus hervor. Dabei stand in den Sattelzeiten der modernen
Parteibildung regelmäßig der »Appel au peuple«. Zu Beginn ihrer Entwicklung waren alle heute durch und durch staatstragenden Parteien hemmungs-
los populistisch, bildeten einen Tummelplatz für Volksredner, Demagogen und
Sektierer jedweder Art. Der frühe *Liberalismus* war in seiner Verschmelzung
mit dem Nationalismus und der Nationalbewegung originär populistisch.
Das *katholische* Milieu agierte im Kulturkampf der 1870er Jahre mit genuin
populistischen Methoden gegen die protestantisch-liberale Führungsschicht
in Staat, Wirtschaft und an Universitäten.[13] Für das messianische proletari-
sche Welterlösungsversprechen und die bipolare Klassenanalyse der marxistischen Vorkriegs-*SPD* galt das Gleiche. Die *Konservativen* gerieten in den 1890er
Jahren durch die Allianz mit dem wüst sozialreaktionär agitierenden »Bund
der Landwirte« in einen populistisch lärmenden Verbund.[14] Noch die basis-
demokratische, zunächst antiparlamentarische Erweckungsagitation der *Grünen* stand, dann hundert Jahre später, durchweg in populistischer Tradition.

Auch die wohl (bestenfalls) halbe Neubildung der *Linken* im letzten Jahrzehnt verdankte ihren zuvor schwerlich absehbaren Erfolg zu einem Gutteil dem populistischen Geschick des Oskar Lafontaine.[15] Schließlich wiesen die *Piraten* ebenfalls die typischen Wesenszüge des Populismus aus, da auch sie alles Übel und Heil von Gesellschaft und Politik aus einem Punkt heraus interpretierten und mithilfe der von ihnen feilgebotenen Zauberformel die identitäre Übereinstimmung, ja Verschmelzung von Volk, Willensbildung und demokratischem Vollzug herzustellen versprachen.[16] »Populistische Lösungen können sich als die wahre Demokratie ausgeben, weil sie die schnelle Umsetzbarkeit von Volks- und Wählerwillen suggerieren können.«[17]

In allen historischen Fällen speiste sich der Populismus in seiner parteibildenden Gründerzeit aus zunächst rückwärtsgewandten Motiven, aus der Erinnerung an traditionelle Rechte, die durch jähe gesellschaftliche Modernisierungsschübe unbarmherzig infrage gestellt wurden. Die populistische Empörung darüber wirkte durchaus aktivierend und mobilisierend. Im Laufe einer langen parlamentarischen Selbsterziehung indes blieb nicht viel davon übrig. Die Realentwicklung von Sozial- und Christdemokraten, Liberalen und Ökolibertären jedenfalls macht deutlich, dass populistische Anfänge sich keineswegs in die Dauerhaftigkeit eines erregten Fundamentalismus fortsetzen müssen.

Allerdings: Auszuschließen ist es nach den bisherigen historischen Erfahrungen auch nicht; wo der charakteristische Radikalisierungsstoff des Populismus in Gänze freigelegt und dem eskalierenden Gebrauch einer bedenkenlosen Führung überantwortet wurde, ohne dass die Bewegungsideologie begrenzende, ethisch bindende Selbstgebote enthielt, da waren die destruktiven Kräfte, die Lust an der Enthemmung und Zerstörung letztlich nicht mehr zu bremsen oder gar zu domestizieren. Die politisch verheerenden Schlussjahre der Weimarer Republik mit ihren aufgeputschten Extremismen geben davon ein ungutes Zeugnis. Und kaum zu leugnen ist, dass der politischen Kultur im einst mustergültig liberalen Holland, im sozialpartnerschaftlich lange befriedeten Österreich oder in der konkordanzdemokratisch austarierten Schweiz die brutalisierte Rhetorik Haiders, Fortuyns, Straches und Wilders' oder Blochers nicht gut getan haben. Populisten dieses Schlages favorisieren das Schwarz-Weiß, sind als Individuen oft reichlich egomanische Gestalten, zügellos in ihrer Geltungssucht und oft genug Opfer von selbstzerstörerischen Verwegenheiten. Darin liegt natürlich die Raison und Rechtfertigung für jeden besorgten Antipopulismus.

Indes: Die populistischen Abenteurer kommen nicht, gleichsam wie Zieten aus dem Busch, in einer rundum erfreulichen Demokratie bar jeglicher Ursachen nach oben.[18] Populisten finden nur dann Gehör und Zulauf, wenn in einer Gesellschaft etwas nicht stimmt, präziser: wenn die staatlichen Repräsentativorgane an osmotischen Beziehungen zu den Bürgern verloren haben, wenn der Souverän oder Teile davon in der Folge mit der etablierten politischen

Klasse fremdelten, wenn sich ganze Gruppen von den verborgen operieren-
den Netzwerken und Aushandlungssystemen der Politik und Finanzökonomie
ferngehalten, wenn sie sich kulturell enteignet, vor allem: wirtschaftlich betro-
gen fühlen. Populisten brauchen den Resonanzboden der *Deformation*, sonst
bleiben ihre Künder nur verschrobene Sektierer für exaltierte Randgruppen.[19]
Daher ist zugkräftiger Populismus ein verlässlicher Seismograph dafür, dass
etwas schief läuft zwischen sozialen wie kulturellen Eliten hier und dem Establishment nicht zugehörigen Bürgern dort, auch: zwischen politischen Institutionen im Staatssektor oben und gesellschaftlichen Gruppen im Wurzelbereich
unten.[20] Populismus ist keineswegs ein Monopol der politischen Rechten, auch
kein Alleinstellungsmerkmal einer in Krisenzeiten panisch reagierenden sozialen Mitte. Mit dem klassischen Gestus und Duktus des Populismus erzielte
etwa die Linke Lafontaines und Gysis bei den Bundestagswahlen 2005 und
2009 Resonanz in solchen Schichten, die sich bereits in die Wahlenthaltung
und Teilhabelosigkeit verabschiedet zu haben schienen. Insofern ist Funktion
und Wirkung des Sozialpopulismus zumindest ambivalent: Er kann Gruppierungen reaktivieren, die sich zuvor nahezu apathisch ihrem Ausgrenzungs-
schicksal ergeben hatten, was auch für nicht ganz wenige der Teilnehmer von
Pegida-Veranstaltungen gilt.

Wenn Eliten, noch dazu in transnationalen Zirkeln oder bürokratischen
Stäben, zu sehr zusammenrücken und sich abschließen, in ihrer Kommunikation durch sprachliches Distinktionsgebaren abgrenzen, dann nährt das den
antielitären Protest, der nicht ohne allen Grund Salz in die Wunden eines
monolithisch verengten politischen Diskurses streut. Der Erfolg der zornig-
appellativen Außenseiter weist stets auf Defizite der herrschenden Eliten hin,
auf den Niedergang der öffentlichen Rede, auf die Erfahrungsverdünnung in
der politischen Klasse, auf den Mangel an Bildern, Fantasie, Sinnlichkeit in
der offiziellen politischen Ansprache. Populisten reklamieren nicht zufällig
für sich eine volksnahe Sprache, zu der die Eliten nicht mehr in der Lage sind.

Populisten sind Artisten der unmittelbaren Demokratie. Im Plebiszit leben
sie auf, hier verwenden sie die Instrumente und Muster, die in einer Politik der
vermittelnden Repräsentation weniger nützlich sind, auch weniger gebraucht
werden können. Die plebiszitäre Demokratie prämiert überdies die Pose des
Nicht-Politikers. Und der plebiszitäre Populist sucht die Konfrontation, den absoluten Sieg. Er reklamiert den gesunden Menschenverstand und setzt diesen
der unterstellten Verneblungsrhetorik von Politikern, Bürokraten und Intellektuellen entgegen. Daher konnte der wohl erfolgreichste Rechtspopulist in
Westeuropa der letzten Jahre, Christoph Blocher, gerade in der Referendumsdemokratie reüssieren. Er neigte nicht zu komplexen Argumentationsweisen.
Stattdessen liebte er griffige Metaphern, einprägsame Bilder, pointierte Appelle.
Blocher erzählte Geschichten, gebrauchte Analogien, stichelte und witzelte in
seinen Reden, schlagfertig, oft laut.[21]

Schon Max Weber hat auf den engen Zusammenhang von Demokratisierung und Populismus hingewiesen, hat den populistischen Politiktypus mit der Entstehung des Verfassungsstaates und der Entwicklung der Demokratie verknüpft, statt ihn lediglich als ungehörigen Bastard aus der Familie auszuschließen. Schließlich weiß jeder politisch aktive Bürger, dass auf einer Kundgebung am meisten Energien freigesetzt werden, wenn der Redner in einfacher, bildreicher, zuspitzender Sprache die Kampagne führt. Im Grunde ist auch ein dynamischer, republikanischer Sozialreformismus ohne einen Schuss Populismus schwer vorstellbar, historisch auch kaum auffindbar. Staubtrocken, stocknüchtern, mit allein redlicher Solidität wird man weitreichende politische Entwürfe in den Krisen moderner Gesellschaften mit Erfolg nicht unter das Volk bringen können.

Natürlich lauern hier auch Gefahren. Denn Populisten agitieren gerne nach Schwarz-Weiß-Mustern, ihre Rhetorik unterminiert oft auch sinnvolle, ja unverzichtbare Tabus, ihr Kampagnenstil polarisiert häufig die politische Kultur; die öffentlichen Beziehungen und Verkehrsformen verrohen dadurch. Mit Recht ist darauf hingewiesen worden, dass Populismus eine auf den Kopf gestellte Psychoanalyse mit seinen Adressaten durchführt.[22] Er hat eine Antenne für Verunsicherungen und neurotische Furchtsamkeiten, aber es geht ihm nicht um Heilung, sondern um Bekräftigung und Verstetigung von Phobien und Paranoia. Populisten therapieren nicht, sondern ziehen ihren Honig aus dem fortwährenden Leidenszustand ihrer »Patienten«. Die Personen an der Spitze des Populismus sind oft selbst seltsame Gestalten, mit verkorksten Biographien, nicht selten seelisch geschädigt, zuweilen zügellos in ihrer Eitelkeit, mitunter autoritär und autoaggressiv zugleich. Populistische Anführer sind häufig von Ehrgeiz getriebene Typen mit einer ordentlichen Portion Chuzpe. Populisten mögen im tiefsten Inneren ihr Volk gar verachten, da sie es ja für leicht verführbar halten. Aber genuine Populisten lieben diesen Moment, das Bad in der Menge, die Akklamation ihrer Anhänger, den suggestiven Griff nach der Seele der Masse. Ohne Zweifel: Demokratien sind besser dran, wenn sich diese sozialmoralisch ungebändigten Propheten ihrer selbst nicht zu agil im Alltag tummeln.

Warum Sachsen?

Aber voraussetzungslos können sie eben nicht reüssieren. Entbindungs- und Entfremdungs- sowie spirituelle Vakanzen bilden so eine Voraussetzung. Populismus mithin gedeiht vorwiegend in gesellschaftlichen Räumen, die durch den Niedergang von zuvor die Lebenswelten prägenden Vergemeinschaftungen und Normen sozialkulturell entleert wurden. Populismus und geistige Obdachlosigkeit, organisatorische Verwaisung und politischer Repräsentanzverlust gehören zusammen. Jedenfalls war es kein Zufall, dass der Pegida-Protest sich in Sachsen konzentrierte. Und wahrscheinlich wird man die Wurzeln der 2014/15 laut vokalisierten Frustrationen in den Jahren 1990/91/92 ff. finden. Schon in diesen Jahren nahmen westdeutsche Eliten und ostdeutsche Betroffene der Systemtransformation die gesellschaftlichen Verhältnisse entgegengesetzt wahr. In der alten Bundesrepublik klagten die Deutungseliten in den Medien, auch Professoren der Wirtschaftswissenschaft, ein Bundespräsident über einen lähmenden gesellschaftlichen »Stillstand«, einen »Reformstau«; und man verlangte nach einem »Ruck«,[23] nach schwungvollen »Reformen«, nach dem großen »Change«.[24] Im Osten Deutschlands mochte sich zum gleichen Zeitpunkt niemand über einen Mangel an fortwährenden und tief greifenden Veränderungen beschweren.

Während im Westen Deutschlands nach dem großen weltpolitischen Bruch von 1989 zunächst das Leben im Großen und Ganzen wie zuvor weiterzugehen schien, rutschte den Bürgern der früheren DDR der Boden in »diesen Trümmerjahren ihrer Identität«[25] nahezu vollständig unter den Füßen weg. Die Produktion in den maroden Betrieben war überwiegend nicht fortzusetzen. Ganze Regionen verarmten, boten schlagartig kaum noch realistische Hoffnungen für die Zukunft. Die erlernte Semantik der Jahrzehnte bis 1989 war wertlos, ja schädlich; man hatte sie schleunigst zu verlernen. Importeliten aus dem Westen, nicht selten herrisch und arrogant im Auftritt, gaben nun den Takt vor. Systeme und Institutionen, die im Gesundheitsbereich, in der Bildung und Ausbildung, in der sozialen Sicherung etc. vertraute Strukturen gebildet hatten, wurden binnen kurzem liquidiert. Hier vollzog sich die Zerschlagung aller bis dahin über Jahrzehnte tragenden Fundamente von einer historisch seltenen Rigidität und Entschlossenheit.[26] Neue Infrastrukturen, neue Verfassungsgebote, neue intermediäre Instanzen, ein neues Finanzwesen und eine neue Währung mussten eingeführt werden. In der Tat, Erzählungen über diese Primärerfahrungen aus der Sattelzeit des Vereinigungsprozesses tauchen in Ostsachsen bei den Aktivisten von Pegida bevorzugt auf.

All dies veränderte Deutschland und insbesondere traf das für die Regionen des Ostens zu. Die Menschen hatten große Anpassungsleistungen zu erbringen, neue Arbeitsplätze zu finden, sich dort zu bewähren, das Auskommen für die Familien zu sichern, eine zukunftsträchtige Ausbildung der Kinder zu ermöglichen, irgendwie auch die ersten Urlaube Richtung Westen zu finanzieren.[27] Viel Zeit und Energie für zivilgesellschaftliches Engagement oder politische Beteiligung blieb nicht, stand auch sicher nicht im Zentrum des Interesses. Als sie sich dann aktivierten, weil die neuen demographischen Wanderungsbewegungen ihre mühselig erworbenen Saturiertheiten und Routinen erneut infrage zu stellen schienen, wurden sie abermals von den sozialen und politischen Eliten (besonders des Westens), die in den Turbulenzen der Transformationszeit der frühen 1990er Jahre oft herrisch zur zusätzlichen Eile getrieben hatten, als Menschen abgekanzelt, die nichts von Demokratie, Weltoffenheit, kosmopolitischer Toleranz, global-kultureller Integrationsfreude verstünden. Das mochte alles richtig sein. Aber als blasierter Vorwurf aus den privilegierten Lebenszusammenhängen von im Zeitverlauf ungefährdeter Bildungsbürgerlichkeit und politischer Administrationsprofessionalität schürte er die Enttäuschungen und Verunsicherungen der lebensgeschichtlich unbehausten und ängstlichen Bürger, die ihre zuvor individuelle oder kleingruppenhafte Furcht nun populistisch-demonstrativ zu orchestrieren und verstärken suchten.

Gerade in der langen historischen Perspektive ist es interessant und erhellend, genauer hinzuschauen, wo sich – und warum dort – der neue Protest von rechts am stärksten aufgebaut und in Szene gesetzt hat. Wenige Tage vor Weihnachten 2014 konnte man in der *Sächsischen Zeitung* eine größere Reportage über »Pegida – wie alles begann« lesen.[28] Das Stück war illustriert mit einem Foto des Pegida-Gründers Lutz Bachmann, der darauf zusammen mit seiner Ehefrau und einer befreundeten Stadträtin für eine neue Textilkollektion warb. »Don't worry, be Freital« stand auf dem T-Shirt der parteilosen Stadträtin. Das Sweatshirt von Bachmann trug nur die lakonische Aufschrift »Freital«. Denn in Freital wurden die Textilien vertrieben, in einem Friseurladen an der Dresdner Straße des Orts, der unmittelbar an die sächsische Landeshauptstadt grenzt.

DAS BEISPIEL FREITAL

In dieser Gegend hat der Populismus rechts der Mitte seit den frühen 1990er Jahren fruchtbaren Boden gefunden. Indes, historisch war es in der ersten Hälfte des 20. Jahrhunderts ganz anders. Nirgendwo sonst war Deutschland seit der Industrialisierung bis zur Zeitenwende 1945/46 in der Bevölkerungsmentalität und im Organisationsverhalten so rot wie hier. Der Raum Freital, der Plauensche Grund, gehörte zu den fortgeschrittensten Pionierregionen einer differenzierten Industrieproduktion. Die Kommune selbst war lange Hochburg der Arbeiterbewegung schlechthin. Freital war in den Jahren der Weimarer Republik ein Ort sozialdemokratischer Superlative, die einzige Stadt in Sachsen mit einem sozialdemokratischen Oberbürgermeister, mit absoluten Mehrheiten bei Wahlen. Gänzlich außergewöhnlich war die Zahl der Mitglieder hier, wo über 3.000 der insgesamt 36.000 Einwohner das sozialdemokratische Parteibuch besaßen, was einzigartig blieb für eine Gemeinde dieser Größenordnung in Deutschland. Und schließlich war das ganze Tal übersät von sozialistischen Arbeiterchören, Naturfreundegruppen, Arbeiter-Turner-Klubs, Arbeiter-Fußballvereinen und anderen linken Freizeitorganisationen.

Freital hatte in den 1920er Jahren überdies den Ehrgeiz, zur Wohlfahrtsinsel im trüben kapitalistischen Gewässer der Weimarer Republik zu werden. Die Stadt zahlte infolgedessen überproportional hohe Wohlfahrtssätze. Sie gerierte sich als Oase für die Verlorenen und Gestrandeten der Gesellschaft, für Arbeitslose, für ledige Mütter, für Kleinrentner – und vor allem für Kranke. Alles im Heil-,

Fürsorge- und Wohlfahrtswesen war kommunalisiert, für alles sorgte die sozialdemokratische Gemeinde. Die Gesundheitspolitik bildete das Herzstück des Freitaler Kommunalsozialismus. Schon unmittelbar nach der Stadtgründung hatten
die Lenker im Rathaus eine Gruppe frisch approbierter, links orientierter Ärzte in
die Industriestadt des Plauenschen Grundes geholt. Die Freitaler Stadtverwaltung
hatte – was sonst in Deutschland nicht üblich war – einen ganzen Stab verbeamte-
ter Ärzte und Hebammen, Fürsorger und Betreuerinnen eingestellt.

Außerdem ragte eine ungewöhnlich expansive Wohnungspolitik heraus. An
etlichen Stellen der Stadt errichteten die Sozialdemokraten – teils als Genossen-
schafter, teils als städtische Bauherren – Siedlungen. Das betrieben sie so massiv, dass man Freital in der zweiten Hälfte der 1920er Jahre als »Rotes Wien in
Sachsen« etikettierte – in Anspielung an die modellhafte Bautätigkeit der sozialistischen Gemeindespitze in der österreichischen Hauptstadt. Und infolgedessen hatten die Sozialdemokraten in den Siedlungen fortan ihre Hochburgen,
hatten hier ihre besonders treuen, loyalen, jederzeit mobilisierbaren Wähler.

Durch das sozialdemokratische (Kommunal-)Projekt wuchs die sozial-
räumig fragmentierte, erst 1921 aus drei kleineren Industriegemeinden, ohne
gewachsenes Zentrum gebündelte Stadt zusammen. Dadurch besaß sie eine
integrative Idee, die die Identifikation der Einwohner mit ihrer Gemeinde be-
wirkte, die Selbstbewusstsein verlieh, Vitalität und Energie freisetzte. In Freital war in den Jahren der Weimarer Republik Bewegung, Tempo, Zuversicht –
trotz aller bedrückenden ökonomischen Krisen. Niemand empfand Freital in
den 1920er Jahren als langweilig, steril, öde. Auch Intellektuelle und Konvertiten des Bildungsbürgertums zog es hierhin, in das »Tal der Arbeit«, das durch
seine Arbeiterkultur und das alternative Wohlfahrtsmodell, auch durch ein
wunderschön gelegenes FKK-Bad weithin über den Raum Dresden hinaus und
ebenfalls auf die Bohème ausstrahlte. Diese Stadt hatte eine homogene Klas-
senstruktur, eine integrative Gruppenkultur und eine aus alledem resultieren-
de spezifische politische Utopie ihrer selbst. Die Nationalsozialisten kamen
hier nicht weit, blieben bei den letzten Wahlen der Weimarer Republik um 15
Prozentpunkte hinter ihrem Reichsdurchschnitt zurück. Hätte es nur Freitals
in Deutschland gegeben, die Hitler-Diktatur wäre der Welt erspart geblieben.

Obwohl es für die Nationalsozialisten in Freital (und im Dresdner Elbkes-
sel) in den Weimarer Jahren so gut wie nichts zu holen gab, galt dies keineswegs für das bis in die 1920er Jahre unbestritten »Rote Sachsen« schlechthin.[29]
In den frühen dreißiger Jahren des 20. Jahrhunderts erlitt die SPD (auch die
KPD) katastrophale Einbrüche im Vogtland und im Erzgebirge. Die seit den
1870er Jahren so imposanten roten Zitadellen der deutschen Arbeiterbewegung hatten sich bis 1932 jäh braun eingefärbt. In Sachsen hatte die NSDAP
nicht nur das bürgerliche Lager aufgesaugt, hier war sie zudem in weiten Teilen zu einer Sammelpartei für enttäuschte und daher abtrünnige Sozialisten
geworden. Aber: Es gab sächsisch-thüringische Industriezonen und Arbeiter-

quartiere, die politisch nicht zerbarsten, etwa im Raum Leipzig, vor allem aber das Elbtal um Dresden – das heutige Pegida-Gebiet also. Bis 1933 war hier die Arbeiterbewegung krisenresistent, die NSDAP allein Lagerpartei des nationalen Bürgertums.

Doch warum zerfiel die Sozialdemokratie in dem einen Gebiet und hielt sich im anderen? Entscheidend waren Organisation, Milieu, Identität. Die Arbeiterbewegung ging dort nicht unter, wo sich seit der Jahrhundertwende ein eng geknüpftes Netz von Freizeitvereinen gelegt hatte. Diese Vereine schufen und trugen das Milieu der Linken. Mit ihnen grub sie sich in die Lebenswelt der vielen eher unpolitischen Arbeiterfamilien ein, die von Marx nichts kannten, von sozialistischen Programmen nichts wussten und sich für Flügelkämpfe in SPD und KPD nicht interessierten. Die Arbeiterfußballvereine, Arbeiterchöre, Kinderfreunde und roten Turnerschaften aber waren ihnen wichtig. Der Verein war das Bindeglied zwischen Parteiavantgarden und politisch eher nachlässiger Wählerschaft. Er konstituierte Heimaten, welche die Wähler gerade dann nicht verließen, als die wirtschaftlichen Krisen drückten und viele ihren Arbeitsplatz verloren. Denn allein das Vereinswesen bot ihnen in solch schweren Zeiten Halt, Identität, Freundschaften, Aufgaben und auch lebenswichtige Unterstützungsleistungen. Eine Abkehr von der Sozialdemokratie hätte Heimatsverlust bedeutet. Dort, wo die Sozialdemokraten organisationsstark waren, wo sie als Milieupartei agierten, wo sie also Heimat geschaffen hatten, riskierte das in den frühen dreißiger Jahren kaum jemand.

Nun war es der SPD nicht gelungen, in sämtlichen Industriegebieten und proletarischen Wohnquartieren ein derart dichtes Organisationsnetz zu knüpfen. Und eben das wurde zum Problem, zu ihrem Verhängnis in den letzten Jahren der Weimarer Republik. Zwar war die SPD beispielsweise im Raum Chemnitz-Zwickau während des Kaiserreiches als fundamentaloppositionelle Bewegung gegen Staat und Bourgeoisie zur überragenden Mehrheitspartei geworden, aber eine Organisations- und Milieupartei war sie nicht. Trotz aller überwältigenden Wahlerfolge hatten sich die Sozialdemokraten hier nie tief in das Arbeits- und Freizeitleben der Menschen hineingefräst, es war hier nie ein kraftvolles Milieu entstanden mit Sinn vermittelnden Angeboten, mit Abwechslung schaffenden Geselligkeiten, mit Funktionen und Verantwortlichkeiten, die das Leben der Arbeiter und auch den Alltag von Arbeitslosen hätten füllen und strukturieren können. Es gab hier kein eigenes sozialdemokratisches Ordnungs- und Deutungssystem, keine sozialdemokratische Heimat, deren Verlust zu fürchten hatte, wer sich von der Partei abwandte. Dies wurde zur leichten Beute des radikalfaschistischen Populismus, während in den kollektiv organisierten Milieuheimaten die nationalsozialistische Agitation einfach verpuffte. Die NSDAP profitierte von den leeren Räumen des bürgerlich-liberalen Individualismus und von bestimmten entkollektivierten Arbeitsstrukturen, in welche sie mit ihren eigenen Organisationsinfrastrukturen und ihrer heilsversprechenden Weltanschauung einziehen, politisch neu penetrieren konnte. Sie sammelte, so könnte man sagen, die politisch Unbehausten der Weimarer Republik. Politisch-kulturelle Obdachlosigkeit in der Gesellschaft war die Quelle der nationalsozialistischen Diktatur.

Zurück zu Freital. Nochmals: An den Braunen ging das Rote in Freital zwischen 1933 und 1945 noch nicht zugrunde. Kaum waren die Nazis weg, kamen die Sozialdemokraten wieder vollständig zurück. Erneut schlossen sich weit über 3.000 Freitaler der SPD an. Und auch bei den für lange Jahrzehnte letzten halbwegs freien Wahlen im Osten, im Herbst 1946, votierten zwei Drittel der Freitaler Wähler für die frisch gegründete SED – es war das Spitzenergebnis für die Einheitssozialisten in Sachsen schlechthin. Doch mit der SED begann die Tragödie von Freital und der Sozialdemokratie. Am Ende der SED-Herrschaft war von der sozialdemokratischen Tradition, war von der großen munizipalsozialistischen Idee der Stadt buchstäblich nichts mehr übrig geblieben. Selbst die Erinnerungen daran waren zum Ende der 1980er Jahre komplett ausgelöscht. Einen derartig fundamentalen politischen Mentalitätswechsel in der Bevölkerung wie hier kann man in den modernen europäischen Gesellschaften des 20. Jahrhunderts wohl kein zweites Mal beobachten. Im Tal des Plauenschen Grundes mit dem Freitaler Zentrum hatten sich die meisten der dort lebenden Menschen über mehrere Jahrzehnte, vom Kaiserreich bis zur frühen SBZ, sämtliches Heil vom Sozialismus versprochen. Und als der Sozialismus dann in Gestalt der SED über sie real hereinbrach, reagierten sie bitter enttäuscht. Da gerade in Freital die Erwartungen auf die befreiende und erlösende Kraft des Sozialismus höher gesteckt waren als überall sonst in Deutschland, mussten besonders hier auch die negativen Entwicklungen in den DDR-Jahren eine überproportional tiefe Frustration erzeugen.

Als dann 1989 die DDR verflog, waren alle früheren sozialdemokratischen Einstellungen, Orientierungen, Kulturen aus dem Tal verschwunden. Die Stadt hat mit ihrer sozialdemokratischen Vergangenheit radikal gebrochen.[30] Nicht einmal zehn Prozent der Freitaler mochten 1990 der neuen SPD ihre Stimme zu geben, keine 30 Personen traten ihr – für die Jahrzehnte zuvor noch rund 3.000 Aktivisten selbstverständlich schienen – bei. Freital hat sich enthistorisiert und von der ursprünglichen Gemeindevision final abgekoppelt. Die Stadt hat mit dem Verlust der Geschichte, seiner Gründungsmission den Integrationskern verloren, welcher die Einwohner einst zur Bürgerschaft zusammenfügte. Die Einwohnerzahl ging nach 1990 drastisch zurück; ganze Häuserblöcke verwaisten; das größte Unternehmen am Ort, das Edelstahlwerk, baute massiv Arbeitsplätze ab. Die Schlote in dieser »Stadt der 1.000 Schornsteine« rauchten nicht mehr. Massenarbeitslosigkeit zerfraß das industriestädtische Selbstbewusstsein von ehedem.[31] Und die früheren genuinen Traditionen, die möglicherweise Halt im (Um-)Bruch hätten geben können, waren im vorangegangen halben Jahrhundert zerschellt und zerrieben, mehr noch: diskredi-

tiert. Im neuem Vakuum entstand dann Raum für Kleinstadtpopulisten, die
in Freital nach 1990 immer wieder periodisch jäh nach oben kamen, kühne
Versprechungen machten, dann nach allerlei Pannen und Pleiten oft im Nichts
verschwanden. Zurück blieb meist Misstrauen und Misanthropie.[32]

Im Herbst 2007 hatte ein christdemokratischer Oberbürgermeisterpopu-
list die Stadt schon einmal überregional in die Schlagzeilen gebracht, da er
Frauen mit einer Prämie von 2.000 Euro in die Kreisstadt locken und sie zur
Ansiedlung bewegen wollte. 2014 wurde dann die Öffentlichkeit auch jenseits
von Ostsachsen durch Bachmann und Pegida erneut auf Freital aufmerksam.
Was für eine Tragödie für diese Stadt, die 1921 von der sozialdemokratischen
Kommunalmehrheit erst gegründet wurde und durch den Namen – Freies
Tal – die Hoffnung und den Anspruch auf eine Kommune ohne »Ausbeutung
und Unterdrückung« in ihr Programm setzte. Solange in dieser Stadt stabile
sozialmoralische Milieus, eine eigene Idee von sich selbst und Organisationen
existierten, die auch in schwierigen wirtschaftlichen Jahren so etwas wie Heimat und Sinn boten, hatte die extreme Rechte keine Chance, hier Fuß zu fassen. Deswegen war dieser Teil Sachsens, um es zu wiederholen, in den frühen
1930er Jahren nicht braun. In dem Moment, als all das zerstört darniederlag,
drangen die rechte Mobilisierung und das Versprechen auf neue Bindungen
und Zugehörigkeiten in die politisch-kulturell entstrukturierte Landschaft ein.
Pegida ist Ausfluss und Ausdruck politischer Verwaisung, des kompletten kulturellen Traditionsschwunds einer autonomen Arbeiterbewegung, der weltan-
schaulichen Leere, von zivilgesellschaftlichen Bindungsschwächen. Und die
Attraktivität von Pegida im Winter 2014/15 rührte für Tausende ostsächsischer
Bürger nicht zuletzt darin, dass sie sich als Solidargemeinschaft anbot, in den
wöchentlichen Protesten den einzelnen das Erlebnis von Zugehörigkeit vermit-
telte und sonst wenig erlebten Gleichklang mit vielen anderen herstellte. Einst
war das die große Stärke der Linken. Der Verlust an solidargemeinschaftlicher
Praxis und konzeptioneller Perspektive der früheren, mehr und mehr vom Staat
alimentierten und in dessen Strukturen eingepassten Linken hat die Türe ge-
öffnet für neue Anbieter gemeinschaftsstiftender Aktionen und Losungen.

Negative Mobilisierung in kastrierter Zivilgesellschaft

Nur: Was geschieht dann, wenn Repräsentation und Aggregation des Bürgers
zur Bürgerschaft nicht mehr gelingen werden? Mag am Ende dann gar allein
die »negative Mobilisierung« in einer »kastrierten Zivilgesellschaft« stehen,
in der immer mehr Menschen es ablehnen, »Verantwortung für heutige und
künftige Ereignisse zu übernehmen«, lediglich in Ruhe gelassen und distanzierte Beobachter bleiben wollen, wie das für die russische Transformations-
gesellschaft Lev Gudkov und Boris Dubin deprimierend anschaulich beschrie-

ben haben?[33] Die Entstehungsbedingungen für diese »negative Mobilisierung«
wurzeln im Statusverlust und Werteverfall ganzer sozialer Gruppen. Eine
nahezu alle Menschen erfassende Orientierungslosigkeit macht sich breit,
der Pessimismus wächst und schlägt in Defätismus um. Positive Ziele und
konstruktive Hoffnungen auf ein besseres Leben werden demgegenüber rar.
An Utopien glaubt niemand mehr. Die negative Stimmung kumuliert in einer
zunächst ziellosen Aggression. »Der fehlende Glaube an ein besseres Leben
und die Erosion der Werte wirken auf die Moral wie ein HIV-Virus. [sic!] Sie
zerstören das Immunsystem, das vor Gewalt und Demagogie schützt.«[34] Diese
Aggression entfaltet durchaus eine integrative Wirkung, doch richtet sich die
diffuse Wut, ja der blanke Hass gegen konstruierte Feinde im Inneren oder Äu-
ßeren, gegen Gruppen anderer Kulturen oder Ethnien, gegen Einzelne, die aus
dem Integrationsrahmen fallen; »sie gelten als Unmenschen und verkörpern
das Böse«.[35] »Dieses ›Wir‹ hat keine Partner und braucht sie nicht. Sehr wohl
aber hat es Feinde.«[36] Die anhaltende Perspektivlosigkeit der Gesellschaft, die
durch Simulationen gegen diesen vermeintlichen Feind überspielt wird, »weckt
das Bedürfnis nach immer neuen, noch grobschlächtigeren symbolischen Aktionen, mit denen das gesamte Kollektiv angesprochen wird und all jene, die
sich verweigern, ausgegrenzt und mit zielgerichteten, aber brutalen Methoden
unterdrückt werden.«[37] Zum großen Sinnstifter und politischen Sammler wird
dann derjenige, der den Feind mobilisierungsträchtig identifiziert und dadurch
eine solche Leidenschaft entfacht, dass die Massen in die Kampagne zur Ver-
nichtung des propagandistisch dingfest gemachten Dämonen ziehen.

Gudkovs und Dubins düstere Zukunftssicht klingt wie ein beklemmendes
Porträt der Pegida-Seele in den kalten Winterwochen 2014/15. Nun wird man
für die Republik als Ganzes schon sagen dürfen, dass die politischen Institutionen weitgehend intakt, auch die bürgergesellschaftliche Konstruktivität
und das demokratische Selbstbewusstsein des mittleren deutschen Bürgertums seit den Wertewandelschüben (im Westen) der 1960er Jahre gefestigt erscheint. Viele Kommentatoren der letzten Monate schöpfen daraus auch die
Ingredienzen ihres Generalrezepts zur Abwehr des Pegida-Virus: Man müsse
die Zivilgesellschaft gegen die zündelnden Extremen von rechts mobilisieren
und in Stellung bringen.[38] »Die Zivilgesellschaft« ist der Lieblings-Topos der
um die »Politische Kultur« besorgten linksliberalen Bürger. Die »Zivilgesellschaft« leuchtet ihnen wie eine Friedensfackel; sie signalisiert Gewaltlosigkeit,
Toleranz, Mündigkeit, Altruismus, Solidarismus. Dabei umfasst die Zivilgesellschaft zunächst allein Initiativen und Selbstorganisationen von Bürgern, gewissermaßen die gesellschaftliche Fläche, die sich zwischen die einzelnen Individuen und die staatlichen Institutionen legt. Ihr Kennzeichen ist das kollektive,
aber nicht von öffentlichen Körperschaften in Gang gesetzte, gesteuerte und/
oder alimentierte Tun. Pegida ist unzweifelhaft ein zivilgesellschaftlicher Zusammenschluss, ihre Kampagnen sind Appelle aus der und an die Zivilgesell-

schaft. In den letzten Jahren haben immer wieder Abteilungen in Ministerien auf Länder- und Bundesebene »Engagementspolitik« gefordert und gefördert. Zivilgesellschaftliches Engagement galt ganz selbstverständlich als wertvolles kulturelles Kapital einer von Bürgern autonom, verständig und gemeinwohlorientiert gelebten Demokratie im Graswurzelbereich der Nation. Gerade in Deutschland und gerade in den letzten Jahren wurde der Aufruf zur »Partizipation« überwiegend ohne weitere Reflexion oder kritische Befragung bejubelt.[39]

Dabei lieferte nicht zuletzt die deutsche Gesellschaft selbst, historisch vor allem für die Jahre von 1925 bis 1932, deutliche Hinweise darauf, dass »Organisation und Aktivierung«[40] von Bürgervereinigungen jenseits von Staat und Parteienwesen keineswegs, wie es in der Tradition von Alexis de Tocqueville heute weiterhin gern axiomatisch unterstellt wird, zur Stabilisierung von Demokratie und Zivilität beitragen müssen. Ein starkes und dynamisches Assoziationswesen im öffentlichen Raum kann, wie die zweite Phase der Weimarer Republik belegte, das genaue Gegenteil bewirken. Die Zivilgesellschaft, also der von Bürgern selbst organisierte Raum zwischen Staat und Individuen, ist nicht allein ein Gewächshaus für löbliche Tugenden der Liberalität, Toleranz und Humanität. Zur Zivilgesellschaft gehören auch pathologische Ängste und Aggressionen, soziale und ethnische Ausgrenzung und Verdrängungsbemühungen, Zynismus und Verachtung gegenüber dem demokratischen Prozess.[41] Die Verbände selbst der politisch extrem Rechten stehen nicht außerhalb der Zivilgesellschaft, sondern füllen deren dunkle, schmutzige Seiten. Und auch Proteste aus der Zivilgesellschaft heraus waren/sind keineswegs schlicht und generell aufgeklärt, inkludierend, freiheitsliebend. Nicht selten verkörpern »sie in Mentalität und Praxis eher Gegenteiliges«; gewissermaßen »the ugly side of collective action«.[42]

QUERFRONT?

Die Bewegungsforscher um Dieter Rucht haben im Jahr 2014, noch vor dem Aufkommen der ersten Pegida-Straßenumzüge, eine Art Bilanz der Proteste der letzten Jahre gezogen, gleichsam von Occupy bis zu den Mahnwachen. Vieles an Handlungstechniken, Strukturen und rhetorischen Eigenarten der Montagsmahnwachen erinnerte die Sozialforscher »an die Occupy-Proteste von 2011: das rasche, fast unvermittelte Aufflammen der Bewegung, die Unsortiertheit der Teilnehmer/innen, das Fehlen und die Ablehnung fester politischer Bindungen und Strukturen, die Inszenierung von Spontaneität, Gefühlsausdruck und Unprofessionalität, das Fernhalten aller Insignien bekannter Organisationen, das Fehlen konkreter gemeinsamer Ziele, die dominante Mobilisierung über neue Medien, insbesondere soziale Netzwerke im Internet. Ähnlich wie bei Occupy erscheint es nicht unwahrscheinlich, dass die Montagsmahnwachen durch ihre inneren Widersprüche und die fehlende strategische Orientierung an Attraktivität verlieren.«⁴³ Diese interpretatorische Zusammenfassung hätte gewiss auch im Februar 2015 geschrieben worden sein können, nach den Erfahrungen mit Pegida. In der Tat fällt auf, wie begriffsschwach und deutungsdiffus bei zunehmendem verschwörungstheoretischen Geraune sich die Bewegungen in ihren sonst politisch differenten Facetten während der letzten Jahre präsentieren. Die erklärungsstarken Ideologien von ehedem haben durch ihre nunmehr abschreckenden holistisch-absoluten Ansprüche und doktrinären, dabei in der Regel fehlerhaften Drehbücher für zukünftige gesellschaftliche Umgestaltungen an Glaubwürdigkeit und Attraktivität verloren. Ersatz ist auf den Märkten der Welterklärungen und Heilsverkündungen (noch) nicht recht zu entdecken. Insofern stößt man bei Protesten derzeit auf ein Potpourri von Gedankenfetzen und Unmutsgefühlen. Die Demonstrationsaktivisten sind hier mehr ein Spiegel auch der Mitte der Gesellschaft, als sie es selbst wohl eingestehen würden. Auffällig jedenfalls ist, dass derzeit die Protestierenden von links bis rechts, wie auch die Bürger einer eher passiven Mitte, unter allen staatlichen Institutionen und politischen Repräsentanten am stärksten dem Bundesverfassungsgericht ihr Vertrauen schenken. Etliche Untersuchungen der letzten Jahre haben immer wieder herausgebracht, dass in der bundesdeutschen Bevölkerung insgesamt eine solche Haltung gegenüber dem Karlsruher Gericht besteht,⁴⁴ während der Deutsche Bundestag, die Parteien, natürlich auch Lobbygruppen und nicht zuletzt die Medien ebenso verlässlich am Ende der einschlägigen Zustimmungsrankings platziert sind.⁴⁵ Und warum? Im Grunde äußert sich darin die Neigung, aus komplexen Konflikten auszusteigen und sich einer unzweifelhaft neutralen, streng objektiven Entscheidungsinstanz anzuvertrauen, ja: unterwerfen zu dürfen. Denn die Verfassungsrichter handeln in der Wahrnehmung des Gros der Bevölkerung strikt sachlich, als unabhängige gelernte und berufene Exegeten des Rechts, die über all den hässlichen Konflikten und Streitereien stehen, welche man sonst mit Parteien und Politik verbindet und als abstoßend empfindet. Der Richterspruch in strittigen Angelegenheiten erfolgt schließlich in einem überschaubaren Zeitraum, zieht sich also nicht derart quälend lange hin wie die parlamentarischen Auseinandersetzungen. Und das Urteil verschafft, so wirkt es, Klarheit, beendet mit der Raison wissenschaftlich-wahrheitsorientierter Rechtsauslegung die Querelen des Alltags. Anker sind gesetzt, man weiß, was richtig und was falsch ist. Und daher erscheint das Gericht in Zeiten hyperverwirrender Ereignisse und Verästelungen wie ein in sich ruhender, weiser, strenger, aber gerechter Pfadführer und Patriarch. Wir sahen es: Das imponiert Pegidisten wie auch NoPegidisten.

In diesen »Querfront-Bewegungen«, wie Thomas Assheuer die uneingestandenen Affinitäten begrifflich zusammenführt, sind gar nicht in erster Linie Zukunftsvisionen gefragt, neue Konzepte für weitere Veränderungen und Transzendenzen. Denn: »Zu Ende geht die Epoche des heroischen Neoliberalismus, jener letzten Gesellschaftsutopie, die in England mit Margaret

Thatcher, in Amerika mit Ronald Reagan und in Deutschland mit Gerhard Schröder und Joschka Fischer begann.« Folgt man Assheuer, dann streben wir zumindest vorerst nicht das nächste neue Terrain einer progressiv-futuristischen Utopie an, sondern möchten das Gelände vielmehr erhalten, auf dem man sich noch einigermaßen sicher bewegen kann, das halbwegs nach den eigenen Wünschen eingerichtet worden ist. Insofern waren die Proteste der letzten Jahre abwehrende Reflexe auf einen unentwegt dynamischen, daher allmählich schwer erträglichen Kapitalismus, der »immer schon die Zukunft besetzt (hält), er ist Unruhe, Verausgabung, Maßlosigkeit, Beschleunigung. Alles scheint prekär, alles optional und auf Widerruf. Zudem mutet die aufgeklärte liberale Gesellschaft dem Einzelnen einiges zu. Er trägt die ganze Last der Autonomie und bewegt sich gleichzeitig in einem engen Korsett zivilisatorischer Normen.«[46]

Gerade deshalb, könnte man hinzufügen, benötigt der Einzelne in der »nervösen Gesellschaft« (Oliver Nachtwey), in der »das Gefühl vorherrscht, jeder sei mit jedem im Wettkampf«[47], Ruhepunkte, Oasen, Nischen, um auszuhalten und zu ertragen, was der Primat der Wirtschaft ihm täglich abverlangt. Die Moderne hat stets Räume des Nichtmodernen gebraucht, in denen sich sozialmoralische Mentalitäten, kulturelle Eigenarten, eigenwillige Zeitstrukturen konservierten, um Orte der Kompensation und Regeneration zu besitzen. Diese vormodernen Räume, welche die kapitalistischen Marktgesellschaften in paradoxer Dialektik lange durch Begrenzung stützten, aber auch die Erinnerung an Lebensweisen und Sinnmuster jenseits davon bewahrten, sind fraglos rar geworden. Der Kampf gegen die restlose Zerstörung dieser Räume, der klassischen Heimaten, der intakten Landschaften und solidarischen Lebensformen, der zeitintensiven Zuwendungen in Familie, Freundeskreisen und bürgergesellschaftlichen Zusammenschlüssen scheint unterschiedliche Kräfte, Linke in der Suchbewegung, Konservative mit Wertebindungen, aber auch Rechtsintellektuelle und deren populistisch mobilisierte Anhänger in ihrem Furor gegen »westlichen Materialismus« gleichermaßen zu motivieren, allerdings (noch) nicht politisch bewusst zu verknüpfen.

DAS PHÄNOMEN ZEMMOUR UND SARRAZIN

In Frankreich floss diese Stimmung während der letzten Jahre politisch dem Front National zu. In einem Interview mit *Le Monde* versuchte der Soziologe Alain Mergier so jedenfalls den Zulauf zur Partei von Madame Le Pen zu erklären: »Warum wenden sich die Unterschichten und die Mittelklassen immer mehr der Front National zu? Nicht weil diese Partei einen fremdenfeindlichen, rassistischen, antisemitischen Diskurs pflegt, sondern weil ihr Diskurs einen Spiegel hinhält, in dem sie ihre eigenen sozialen Erlebnisse wiedererkennen:

das Brüchigwerden der sozialen Verbindungen, deren wachsende Verwund-
barkeit, die Nichtvorhersehbarkeit des nächsten Tages. Der Vorwurf, den sie
der UMP (Neo-Gaullisten) und der PS (Sozialisten) machen, besteht darin,
sich angesichts dieser Zerstörung ihres alltäglichen Lebens taub zu stellen.«[48]
Und so werden diese Franzosen, die kein Gehör finden, von den Politikern
und auch den Medien wie »Unsichtbare« behandelt. »La France des invisibles«[49]
ist derzeit in der französischen Diskussion ein zentraler Begriff zur Erklärung
des Wachstums des Front National gerade auch in den unteren Schichten, die
früher noch treu eine der Parteien der Linken gewählt hatten.[50] Sie fühlen sich
von den sozialistischen Formationen mittlerweile vernachlässigt, unangespro-
chen, herablassend behandelt, links liegen gelassen. Die Linke erklärt ihnen
und den gefallenen Mittelschichten nicht, was seit einigen Jahren falsch läuft im
Land und im eigenen Leben. In dieser intellektuellen Leere konnte sich dann ein
Buch wie das von Éric Zemmour, das den Titel »Le Suicide français« trägt, Auf-
merksamkeit verschaffen, mehr noch: einer riesigen Nachfrage sicher sein.[51] Éric
Zemmour, trotz jüdisch-algerischer Herkunft ein Mann der extremen Rechten in
Frankreich, stellt in seinem Buch, das am 1. Oktober des letzten Jahres erschien,
die Frage nach dem Niedergang des Landes. Seine Antwort: Alles fing mit dem
Mai 1968 an. Seither hätten unterirdische Kräfte der Brüsseler Technokratie,
Eiferer für die Globalisierung, die Lobbys von Homosexuellen, Feministinnen,
Einwanderern die Nation paralysiert, die Autorität der Väter und den Respekt
vor den Lehrern untergraben, mithin: klassische und bewährte Ordnungen zerstört. Zemmour geriert sich in seinem Buch als mutiger Widersacher gegen die
Despotie der *political correctness*. Bis Ende Oktober 2014 hatte sich das Buch von
Zemmour durchschnittlich 25.000 Mal pro Tag verkauft.[52] Das erinnert erheblich an den Verkaufserfolg der Buchpublikation von Thilo Sarrazin, »Deutschland
schafft sich ab«. Denn auch in Deutschland, auch bei Pegida in Dresden gab und
gibt es ein solches Grundbedürfnis, welches der Schriftsteller Marcel Beyer so
übersetzt: »Die lechzen doch danach, dass man ihnen klipp und klar was sagt.«[53]
Offenkundig gelingt das den Sarrazins und Zemmours in diesen Milieus besser
als den Repräsentanten einer liberal-ubiquitären Toleranzkultur.

Enttäuschte und Unzufriedene wenden sich jedenfalls immer weniger den
Parteien der Linken zu, die sich lange als Transmissionsriemen der gesellschaftlichen Kritik und als Träger von Hoffnungen auf grundlegende Verbesserungen der sozialen Situation verstanden haben und begreifen durften. In einigen europäischen Ländern wäre es geradezu verniedlichend, würde man nur
von einer Reserve oder Distanz zwischen den unteren sozialen Schichten und
den sozialdemokratischen Parteiführern sprechen.[54] In England oder Frankreich war zuletzt ein veritabler Klassenhass zu erkennen[55] – seitens der Arbeiter
und Arbeitslosen gegen die habituell sich von ihnen scharf unterscheidenden
Sprösslinge aus gehobenen Wohnquartieren mit Ausbildung an Privatschulen
und an Eliteuniversitäten, die, von der Spitze sozialistischer Parteien aus, den

Bewohnern der klassischen Proletarierviertel zu mehr Bildungsanstrengungen rieten und sie zu einer freudigen Willkommenskultur gegenüber Einwanderern drängten.[56] Die Granden der sozialistischen und sozialdemokratischen Parteien schwören weiterhin – durchaus gemäß der überlieferten Programmatik – auf Internationalisierung, Vertiefung und Erweiterung der Europäischen Union, auf transnationale Vernetzungen und eine globale Weltgesellschaft. Die einstigen Kernwähler der Linken aus der industriegesellschaftlichen Tradition empfinden hingegen die Aussicht auf weitere Internationalität nicht als süßes Versprechen, sondern als bitteres Menetekel, als pure Bedrohung ihrer sowieso schon fragilen beruflichen und sozialen Existenz.[57] Ebendies wurde zum Einfallstor für den rechten Populismus, der von Marseille bis Oslo sich zur neuen, modernen politischen Repräsentanz der Arbeiter im späten zwanzigsten und frühen einundzwanzigsten Jahrhundert wandelte und weitete.

EINE NEUE KLUFT – EIN NEUER CLEAVAGE?

Die beiden Vordenker der niederländischen »Partei von der Arbeit«, Frans Becker und René Cuperus, sehen in dieser Entwicklung auch die Entstehung eines neuen Cleavage begründet, der sich gerade auf die Anhängerschaft sozialdemokratischer Parteien spaltend auswirkt: »Auf der einen Seite sind da die ›neuen Kosmopoliten‹, die der Zukunft optimistisch entgegenblicken – sowohl in Bezug auf ihre eigene Entwicklung als auch auf die Richtung der Gesellschaft insgesamt. Diese Gruppe profitiert von den neuen Möglichkeiten der Internationalisierung und genießt die Globalisierung des kulturellen Lebens. Auf der anderen Seite gibt es viele, die ihre eigenen Lebenschancen und Aufstiegsmöglichkeiten – und die ihrer Kinder – weit weniger optimistisch beurteilen. Diese Menschen sind besonders pessimistisch oder wütend über die in ihren Augen enormen Veränderungen, die ausländische Arbeitskräfte und Immigration auf den heimischen Arbeitsmarkt und in der Gesellschaft bewirken, und sie misstrauen Politikern und Parteien zutiefst. Nicht nur die Globalisierung, sondern auch neue Technologien und Managementmethoden scheinen die neue soziale, kulturelle und psychologische Kluft vertieft zu haben. Eine Kluft, die genau durch die Mittelschichten – und damit genau durch einen Teil der sozialdemokratischen Wählerschaft verläuft.«[58] René Cuperus insbesondere hat diese Sichtweise in den letzten Jahren vielfältig dargelegt und weiter zugespitzt. Er widerspricht der in linksintellektuellen Kreisen weitverbreiteten Auffassung, dass der Populismus sich von reinen Angstschimären, von zu Paranoia gesteigerten Xenophobien leiten lasse. Es komme vielmehr darauf an, zu verstehen, mahnt Cuperus, »dass der Populismus in der Wirklichkeit fußt«. Dessen linksliberalen Kontrahenten wirft der niederländische Sozialist vor, die Kategorie »Populismus« allein »zur Dämonisierung« zu instrumentalisie-

ren, um diejenigen, die damit abqualifiziert worden sind, »aus der Arena der
›normalen‹ und ›rationalen Politik‹ auszuschließen«. Dabei sei Populismus in
erster Linie ein »Ringen um Identität, soziale Anerkennung und Status«. Überhaupt hegt Cuperus die allergrößten Zweifel am gehobenen politisch-kulturellen
Niveau des sich so prononciert libertär gebenden akademischen Bürgertums:
»Das vielleicht größte Problem aber besteht darin, dass die besser ausgebildete
Hälfte der Gesellschaft ein falsches Selbstbild entwickelt hat: Die Leute geben
vor, kosmopolitisch und universalistisch, für Einwanderung und gegen Islamophobie, für die EU und gegen eine Politik des ›Law and Order‹ zu sein. Doch
viele dieser Einstellungen beruhen zumeist nur auf dem Bemühen um soziale
Statusabgrenzung gegenüber den als ordinär und vulgär wahrgenommenen
unteren Klassen. Denn wie kosmopolitisch, pro-europäisch und islamfreund-
lich ist diese akademische Elite bei genauerer Betrachtung wirklich? Provozierend kann man sagen: Die wirkliche Avantgarde sind heute die weniger Ge-
bildeten, indem sie auf die Schattenseiten der Globalisierung hinweisen und die
ungerechte und ungleiche Lastenverteilung der Globalisierung auf die politische
Agenda setzen.«[59]

Auch andere Politologen und Soziologen gehen von einer neuen Cleavage-
Dimension »Universalismus – Ethnozentrismus/Anti-Universalismus« aus.
Diese Konfliktlinie verläuft quer zur traditionellen Bipolarisierung des politischen Raums. Das Verhältnis zum Anderen, zum Fremden, zum Eingewan-
derten führt dazu, die gesellschaftliche wie politische Sphäre neu zu durch-
messen. »Der neue politische Raum, der gerade entsteht, stellt stärker auf der
einen Seite die Verteidigung der sozialen Errungenschaften in Verbindung
mit Nationalismus und auf der anderen Seite eine relative Akzeptanz des
Wirtschaftsliberalismus in Verbindung mit dem Prinzip des Universalismus
gegenüber.«[60] Während die klassisch autoritären Dispositionen, die traditionellen Disziplin- und Ordnungsnormen seit Jahrzehnten fortlaufend zurückgin-
gen, sind im Gegenzug die Xenophobie-Werte angestiegen und wachsen auch
in den letzten Jahren immer weiter. Die Verortung auf dem Universalismus-
Ethnozentrismus-Cleavage korreliert insbesondere mit Alter und Bildungs-
stand, wobei die Bildungseffekte statistisch stärker durchschlagen als die Al-
terseffekte. Aus geographischer Sicht existiert vielfach ein Graben zwischen
Metropolen und ruralen Gebieten, was die universalistischen Einstellungen
angeht.[61] Und es wird eine negative Politisierung konstatiert: Zahlreiche zuvor
eher in Passivität zurückgedrängte Bürger »kehren in die öffentliche Arena zurück und werden aktiv, an den Wahlurnen, bei der politischen Mobilisierung,
aber auf extrem konfliktuelle Art, hauptsächlich um zu verurteilen, zurückzu-
weisen und zu kämpfen«.[62] Verbunden ist das mit »einem allgemeineren diffusen Bedrohungsgefühl, das auf der ganzen Gesellschaft lastet, ein Misstrauen
gegenüber den demokratischen Institutionen und der EU und einer insgesamt
pessimistischen Grundeinstellung«.[63]

Das über Jahrzehnt von Sozialwissenschaftlern bevorzugt genutzte Wertewandel-Paradigma von Ronald Inglehart hatte hauptsächlich Veränderungen auf der linken Seite des gesellschaftlich-kulturellen Werte-Spektrums im Blick. Dadurch blieb eine gute Zeit lang unbemerkt, was im rechten Gegenüber geschah. Neue Formen des Konservatismus als »underground melting pot of attitudes and sentiments«[64] entwickelten sich, die in neuen, nicht faschistischen, gleichwohl extrem rechten Parteien politische Gestalt annahmen. So vollzog eine »stille Gegen-Revolution« auf der rechten Seite, begründet durch neue neokonservative kulturelle Stimmungen, Tendenzen zu Radikalisierung und Polarisierung gerade in Fragen von Sicherheit und Migration.[65]

IST DIE ZUKUNFT KONSERVATIV?

In einiger Hinsicht schnitten sich die Ausführungen von René Cuperus mit den Überlegungen einer gleichsam revisionistischen Gruppe im englischen Sozialismus, die als »Blue Labour« firmierte und sich um Maurice Glasman, Professor für Political Theory und seit 2011 Life Peer der Labour Party im House of Lords, gesammelt hat. Als revisionistisch konnte man diesen Zusammenhang deshalb bezeichnen, weil er die Ära von Tony Blair und New Labour überwinden und hinter sich lassen wollte, nicht um abermals zu modernisieren, sondern um Traditionen und Identitäten, die während der »Blair-Revolution« auf der Strecke geblieben sind, zu revitalisieren. Besonders stringent verfolgte der Historiker Jonathan Rutherford dieses Ziel. Im Anschluss an die Begrifflichkeit des marxistischen Kulturtheoretikers Raymond Williams vermisste er an New Labour ein Bewusstsein für die »structure of feeling«, für eine Stimmung im Volk, die zwar schon existierte, aber ihre Artikulation und ihre Stoßkraft in der Politik erst finden muss.[66] Doch hat die neue Labour-Generation, so Rutherford, längst verlernt, die Sprache der Arbeiter, deren spezifischen Sitten und Gebräuche noch zu verstehen: »Die Labour-Partei muss nun mit sich selbst ins Gericht gehen. Sie hat aufgehört etablierte Lebensentwürfe zu wertschätzen. Sie hat Identifikation und Freude durch Ortsansässigkeit und Zugehörigkeit nicht thematisiert. Sie hat weder den Wunsch nach Heimat und Verwurzelung thematisiert, noch die Kontinuität von Beziehungen am Arbeitsplatz und in den Nachbarschaften verteidigt. Sie hat die Menschen im Namen falscher unternehmerischer Aktivitäten einem volatilen Markt ausgesetzt.«

Für Rutherford war es nur verständlich, dass »nach drei Dekaden der Deindustrialisierung, Globalisierung und marktgesteuerter Reformen« auf der britischen Insel das Bedürfnis sich vermehrt und vertieft habe, fundamentale Bestandteile des sozialen Lebens – Beziehungen, Zugehörigkeitsgefühle, lokale Vertrautheit, soziale Sicherheit, Geschichte, kulturelle Gewissheit – zu sichern, auch politisch geschützt und verteidigt wissen zu wollen. Labour hingegen habe

diese Grundbedürfnisse gerade bei ihren lange treuesten Aktivitas einfach ad
acta gelegt, habe nur noch von Staat und Wirtschaft, nicht aber von Gesellschaft
gesprochen. Die Erkenntnis des Werts von Kultur, als Narrativ von dem, was die
Menschen sind und was ihnen im Leben wichtig ist, sei den arrivierten Sozialisten verloren gegangen. Doch wenn gemeinsames *Erleben* durch den totalen
Zugriff der Märkte und Warenbeziehungen vereitelt werde, büße Kultur den
orientierenden Kern ein – und das *Er*leben reduziere sich auf pures Leben, ohne
Verständnis für Herkunft, ohne emotional unterfütterte Bindungskräfte, ohne
einen vergemeinschaftenden Sinn des Ganzen im kommunalen Wurzelbereich.

Dann aber, so isoliert und atomisiert, werde der Kosmopolitismus der Poli-
tikeliten erst recht als umfassender Kontrollverlust erfahren und erlitten. Denn
erst stabile Gemeinschaften, sekundierte ihn Maurice Glasman, machen Integration von Neu-Bürgern möglich.[67] Ähnlich wie Glasman zweifelte in Frankreich auch der Professor für Philosophie und dezidierte Liberalismuskritiker
Jean-Claude Michéa daran, dass stark mobile Gesellschaften bei hohen Mi-
grationszahlen lokal basisdemokratisch organisiert werden können, da hierfür die Klammern von Kontinuitäten, kultureller Konsens, ein Kanon von ver-
bindlichen Werten vonnöten sei.[68] Die Zukunft müsse daher konservativ sein,
propagierte Rutherford provozierend.[69] Andernfalls würde der Niedergang der
Sozialdemokraten in Europa weiter fortschreiten, komplementär begleitet vom
Aufstieg der nationalistischen Rechten, die den Fremdenfeindlichkeiten und
dem Rassismus Auftrieb zu geben vermögen, weil die Landschaften von Old
Labour durch die Ignoranz von New Labour geistig und kulturell verödet sind.

ENTWARNUNG FÜR DEUTSCHLAND?

In Deutschland kennen wir solche Debatten kaum. Hierzulande wirken Ansichten wie die gerade referierten, regelrecht fremd, fast abseitig. In vielen westeuro-
päischen Ländern, in Frankreich, in Großbritannien, in den Niederlanden, in Belgien, in der Schweiz, in Skandinavien, ist der Problemdruck, der von kräftigen,
agitationsfähigen und parlamentarisch mit einer großen Anzahl von Mandats-
trägern vertretenen rechtspopulistischen Parteien nun seit Jahren, überwiegend
gar seit Jahrzehnten, weit höher als hierzulande. Zwar ist der Entfremdungspro-
zess zwischen Arbeitern und Sozialdemokratie auch in Deutschland kaum weniger gravierend, aber die tiefe Frustration der Unterschichten über die Partei der
linken Mitte äußert sich in Wahlenthaltung, nicht in einer durch Wählervoten
sichtbaren Konversion in Richtung rechtspopulistisches Parteienspektrum. Das
mindert offenkundig die sozialdemokratischen Schmerzen, da eine dynamische
neue Parteiformation, die ihren Aufstieg aus dem Potenzial der Sozialdemokratie schöpft, die Partei von Sigmar Gabriel nicht in aller Öffentlichkeit vor sich
hertreibt. Und das, was zuletzt als Rechtspopulismus die Aufmerksamkeit des

Publikums fand, eben Pegida oder die AfD, basiert sozial auf mittelständischen Lebenswelten, ganz überwiegend ohne frühere Sympathien für die SPD. Aber eine Entwarnung bedeutet das für diese Partei nicht, wenn man erneut den Blick auf die Parteientwicklung in Westeuropa wirft. Dort hatte sich der neue Rechtspopulismus stets als Interessenmaschine des um seinen Wohlstand besorgten, den sozialen Abstieg fürchtenden Mittelstandes begründet. Erst im zweiten oder dritten Schritt kamen die Verlorenen und Zurückgelassenen der Industriegesellschaft hinzu, fundamentierten dann das Gros der Wählerschaft des rechten Populismus – und veränderten diesen in der Folge auch ideologisch.

Aktuell scheint das alles für Deutschland schwer vorstellbar. Die wirtschaftliche Lage wird, gerade durch den – letztlich für subjektive Bewertungen des eigenen Wohlergehens stets entscheidenden – Vergleich mit den benachbarten europäischen Nationen als gut und beruhigend angesehen. Die Mittelschicht in der bundesdeutschen Republik steht nicht vor einem massenhaften tiefen Fall in die sozialen Souterrains. Blockierte junge Akademiker – die seit einiger Zeit in Frankreich ihr Interesse für den Front National, der im März 2014 auch einen eigenen studentischen Think-Tank namens »Marianne«[70] gründete, entdeckt haben[71] – stellen hierzulande alles in allem keine beachtliche, daher auch nicht bedrohliche Größe dar. Das bundesdeutsche Modell des Sozialstaats ist weniger durchlöchert aus der Finanzkrise der letzten Jahre herausgekommen als deren strukturell abweichend konstruierte Pendants in anderen Ländern. Und schließlich hat die exportorientierte deutsche Wirtschaft keinen Bedarf an national-protektionistischen Bewegungen. Ein Bündnis aus verängstigtem, das Fremde fürchtenden Kleinbürgertum mit den global agierenden Wirtschaftseliten steht nicht an. Das ist gewiss eine zentrale Differenz zur ersten großen Ära expansiver rechts-nationalistischer Bewegungen vor neun Jahrzehnten. Die Eliten in Politik, Wirtschaft und Medien, in Wissenschaft, Kirchen und Gewerkschaften haben 2015 vielmehr eine Einheitsfront gegen Rechts, die in den frühen 1930er Jahren nicht zustande kam, gebildet.

Aber eben diese Einheitsfront ist es, die Unruhe stiftet, Argwohn erzeugt, Zweifel an der demokratischen Offenheit und der legitimen Vielfalt von Ansichten weckt. Schließlich spricht einiges für die These, dass die apodiktisch dekretierte Alternativlosigkeit von Schröder bis Merkel erst der »Alternative für Deutschland« die Gründungslegitimation verschafft hatte. Die Einheitsfront im schwarz-rot-grünen Parteienestablishment, die sich in vielen politischen Fragen nicht weiter erklärt und grundsätzliche Opposition gerne delegitimiert, dürfte den Stoff für die Proteste der Misstrauischen liefern. Denn Probleme, über die mit guten Gründen auch leidenschaftlich zu streiten wäre, sind reichlich vorhanden. Bleibt die Debatte aber im parlamentarischen Raum aus, dann transferieren sich die kontroversen Positionen eben in Bewegungen, Demonstrationen, Protesten – organisiert auch von Milieus (weit) rechts der Mitte.

ANMERKUNGEN

1 | Rezzo Schlauch, Empört Euch richtig!, in: Süddeutsche Zeitung, 31.01.2015.

2 | Auch Jan-Werner Müller, Wir ohne die anderen, in: Süddeutsche Zeitung, 28.01.2015.

3 | Ähnlich stellte es auch Elliker für die Schweizer Einwanderungsdebatte fest, vgl. Florian Elliker, Demokratie in Grenzen. Zur diskursiven Strukturierung gesellschaftlicher Zugehörigkeit, Wiesbaden 2013, S. 266.

4 | Zur Unterscheidung zwischen identitären und pluralistischen Demokratiebegriff im rechtsextremen Zusammenhang vgl. Armin Pfahl-Traughber, Das identitäre Demokratieverständnis und gegenwärtige Erscheinungsformen, in: ders. (Hg.), Jahrbuch für Extremismus- und Terrorismusforschung, Brühl 2013, S. 56–76.

5 | Andreas Zick, Das Potenzial in Deutschland. Islamfeindliche Einstellungen in der Bevölkerung, in: Wolfgang Benz u. Thomas Pfeiffer (Hg.), »WIR oder Scharia«? Islamfeindliche Kampagnen im Rechtsextremismus, Schwalbach/Ts. 2011, S. 31–47, hier S. 33; vgl. zum Überblick über die Auseinandersetzung um die Begrifflichkeiten: Schneider, Thorsten Gerald: Islamfeindlichkeit. Wenn die Grenzen der Kritik verschwimmen, Wiesbaden 2009; Armin Pfahl-Traughber, Feindschaft gegenüber den Muslimen? Kritik des Islam? Begriffe und ihre Unterschiede aus menschenrechtlicher Perspektive, in: Wolfgang Benz, u. Thomas Pfeiffer (Hg.), »WIR oder Scharia«? Islamfeindliche Kampagnen im Rechtsextremismus, Schwalbach 2011, S. 59–69.

6 | Mehr zur Verschiebung in rechtsextremen Diskursen von »Rasse« und »Kultur« bei Lars Rensmann, Steffen Hagemann u. Hajo Funke, Autoritarismus und Demokratie. Politische Theorie und Kultur in der globalen Moderne, Schwalbach 2011, S. 175 ff.

7 | Wolfgang Benz, Die Feinde aus dem Morgenland. Wie die Angst vor den Muslimen unsere Demokratie gefährdet, München 2012, S. 31.

8 | Andreas Zick, Das Potenzial in Deutschland. Islamfeindliche Einstellungen in der Bevölkerung, S. 40 f.; als weitere Ursachen werden in der Forschung autoritäre Positionen, die »Wahrnehmung, dass die Dominanz der Bezugsgruppe gefährdert«, also »Anerkennungsverluste« befürchtet werden, sowie religiöse Orientierungen benannt. Vgl. dazu auch: Jürgen Leibold, Fremdenfeindlichkeit und Islamophobie. Fakten zum gegenwärtigen Verhältnis genereller und spezifischer Vorurteile, in: Thorsten Gerald Schneider, Islamfeindlichkeit. Wenn die Grenzen der Kritik verschwimmen, Wiesbaden 2009, S. 145–154; sowie im selben Band: Heiner Bielefeldt, Das Islambild in Deutschland. Zum öffentlichen Umgang mit der Angst vor dem Islam, S. 167–200, hier S. 169 f.

9 | Auch Luzie H. Kahlweiß, Luzie H. u. Samuel Salzborn, »Islamophobie« als politischer Kampfbegriff. Zur konzeptionellen und empirischen Kritik des Islamophobiebegriffs, in: Armin Pfahl-Traughber (Hg.), Jahrbuch für Extremismus- und Terrorismusforschung 2011/2012 (II), Brühl, 2012, S. 248–263.

10 | Alle Zahlen nach Wilhelm Heitmeyer, Gruppenbezogene Menschenfeindlichkeit (GMF) in einem entsicherten Jahrzehnt, in: Deutsche Zustände. Folge 10, Berlin 2012, S. 15–41, hier S. 38 f.; vgl. darüber hinaus auch Jürgen Leibold, Stefan Thörner u. Stefanie

Gosen, Mehr oder weniger erwunscht? Entwicklung und Akzeptanz von Vorurteilen gegenüber Muslimen und Juden, in: Deutsche Zustände. Folge 10, Berlin 2012, S. 177–198.

11 | Oliver Decker, Johannes Kiess u. Elmar Brähler, Die Mitte im Umbruch. Rechtsextreme Einstellungen in Deutschland 2012, Bonn 2012, S. 93.

12 | Hierzu und zum Populismus generell Frank Decker, Wenn die Populisten kommen. Beiträge zum Zustand der Demokratie und des Parteiensystems, Wiesbaden 2013; ders., Warum der parteiförmige Rechtspopulismus in Deutschland so erfolglos ist, in: Vorgänge 51 (2012) H. 1, S. 21–28.

13 | Thomas Nipperdey, Religion im Umbruch: Deutschland 1870–1918, München 1988, S. 9 ff.

14 | Vgl. Hans-Ulrich Wehler, Deutsche Gesellschaftsgeschichte. 1849–1915, München 1995, S. 1060–1067 u. S. 1045–1050.

15 | Vgl. Franz Walter, Die Linkspartei zwischen Populismus und Konservatismus. Ein Essay über»Vergreisung als Chance«, in: Tim Spier u.a. (Hg.), Die Linkspartei, Wiesbaden 2007, S. 339–343.

16 | Alexander Hensel u.a., Meutereien auf der Deutschland. Ziele und Chancen der Piratenpartei, Berlin 2012, S. 67 ff.

17 | Armin Nassehi, Die großen Vereinfacher, in: Süddeutsche Zeitung, 28.04.2011.

18 | Siehe etwa Karin Priester, Der populistische Moment, in: Blätter für deutsche und internationale Politik 3/2005, S. 301–310.

19 | Vgl. Margaret Canovan, Taking politics to the people: populism as the ideology of democracy, in: Mény, Yves, Ives Surel (Hg.), Democracies and the populist challenge, Basingstoke u.a. 2002, S. 25–44.

20 | Hierzu Christóbal Rovira Kaltwasser, Populismus: Jenseits von Dämonisierung und Vergötterung, in: Berliner Debatte Initial 20/2009, H. 1, S. 69–77.

21 | Vgl. Marcus Knoll, Blocher als Rhetoriker und Volkstribun, online abrufbar unter: www.rhetorik.ch/Blocheranalyse/Blocheranalyse.html [zuletzt eingesehen am 18.02.2015].

22 | Matthias Micus, Das Gespenst des Populismus. Ein Annäherungsversuch, in: Göttinger Themenhefte zu Zeitfragen von Politik, Gesellschaft und Sozialkultur. Rechtspopulismus in Europa, hg. von Alexander Hensel, Daniela Kallinich und Robert Lorenz, Göttingen 2014, S. 16–18.

23 | Online abrufbar unter: www.bundespraesident.de/SharedDocs/Reden/DE/Roman-Herzog/Reden/1997/04/19970426_Rede.html [zuletzt eingesehen am 18.02.2015].

24 | Jan Ross, Die verlorene Zeit. Ein kurzer Rückblick auf die langen neunziger Jahre, in: Merkur, H. 7. (2002). Jg. 56 S. 555–565.

25 | Patrik Schwarz, Stolz und Vorurteil, in: Die Zeit, 11.12.2014.

26 | Ulrich Herbert, Geschichte Deutschlands im 20. Jahrhundert, München 2014, S. 1147–1153.

27 | Vgl. anschaulich: Parallelgesellschaft (aufgezeichnet von Carolin Würfel), in: Frankfurter Allgemeine Sonntagszeitung, 25.01.2015.

28 | Ulrich Wolf, Alexander Schneider und Tobias Wolf, Pegida – wie alles begann, in: Sächsische Zeitung, 22.12.2014.

29 | Franz Walter, Das »Rote Sachsen«. Der gebrochene Mythos, in: ders.u. Felix Butzlaff (Hg.), Mythen, Ikonen, Märtyrer. Sozialdemokratische Geschichten, Berlin 2013, S. 118–126.

30 | Franz Walter, Freital wechselt die Farbe. Wie eine alte Arbeiterhochburg Rituale und Identität verliert, in: Universitas 1/2006, S. 58 ff.

31 | Franz Walter u. Michael Schlieben, Von der roten zur toten Stadt? Das Beispiel Freital, in: Tanja Busse u. Tobias Dürr (Hg.), Das neue Deutschland, Berlin 2003, S. 219–239, hier: S. 227 ff.

32 | Zur Bedeutung dieses Faktors vgl. Tim Spier, Modernisierungsverlierer? Die Wählerschaft rechtspopulistischer Parteien in Westeuropa, Wiesbaden 2010, S. 109 ff.

33 | Vgl. Lev Gudkov, Russlands Systemkrise. Negative Mobilisierung und kollektiver Zynismus, in: Osteuropa 57/2007, H. 1, S. 3–13.

34 | Lev Gudkov, Staat ohne Gesellschaft. Zur autoritären Herrschaftstechnologie in Russland, online einsehbar unter: www.eurozine.com/articles/2008-02-27-gudkov-de. html [zuletzt eingesehen am 18.02.2015].

35 | Boris Dubin, Macht, Masse, Manipulation, in: Osteuropa 64/2014, H. 7, S. 3–12, online einsehbar unter: www.eurozine.com/articles/article_2014-09-10-dubin-de.html [zuletzt eingesehen am 18.02.2015].

36 | Boris Dubin, Simulierte Macht und zeremonielle Politik, in: Osteuropa 56/2006, H. 3., S. 19–32, hier S. 27.

37 | Ders., Macht, online einsehbar unter www.eurozine.com/articles/article_2014-09-10-dubin-de.html [zuletzt eingesehen am 18.02.2015].

38 | Etwa Simon Teune, Im Pegida-Fieber, in: Süddeutsche Zeitung, 28.01.2015.

39 | Markus Miessen, Albtraum Partizipation, Berlin 2012, S. 7.

40 | Peter Fritzsche, Wie aus Deutschen Nazis wurde, Zürich/München 1999, S. 46.

41 | Hierzu sehr überzeugend Gian Enrico Rusconi, Berlusconismus ohne Ende?, in: ders., Thomas Schlemmer u. Hans Woller (Hg.), Berlusconi an der Macht, München 2010, S. 151–161, hier S. 160.

42 | Manfred Gailus, Was macht eigentlich die historische Protestforschung?, in: Mitteilungsblatt für soziale Bewegungen, H. 34/2005, S. 124–154, hier S. 139 u. S. 152.

43 | Dieter Rucht u.a., Occupy Frieden. Eine Befragung von Teilnehmer/innen der »Montagsmahnwachen für den Frieden«, Forschungsbericht, S. 28f., online abrufbar unter: https://protestinstitut.files.wordpress.com/2014/06/occupy-frieden_befragung-montagsmahnwachen_protestinstitut-eu1.pdf [zuletzt eingesehen am 25.02.2015].

44 | Vgl. hierzu: Werner J. Patzelt, Warum verachten die Deutschen ihr Parlament und lieben ihr Verfassungsgericht? Ergebnisse einer vergleichenden demoskopischen Studie, in: Zeitschrift für Parlamentsfragen 36/2005, H. 3, S. 517–538.

45 | Vgl. Hans Vorländer, André Brodocz, Das Vertrauen in das Bundesverfassungsgericht. Ergebnisse einer repräsentativen Bevölkerungsumfrage, in: Vorländer, Hans (Hg.), Die Deutungsmacht der Verfassungsgerichtsbarkeit, Wiesbaden 2006, S. 259–295, hier S. 262.

46 | Thomas Assheuer, Die nationale Querfront, in: Die Zeit, 02.01.2015.

47 | Oliver Nachtwey zit. bei Angela Schweitzer, Pegida und Co. Neue Konstellationen und alte Ideologien: die populistische Propaganda rassistischer Wutbürger, in Uni.de, 07.01.2015, online einsehbar unter: http://uni.de/redaktion/pegida-alte-ideologien-populistische-propaganda [zuletzt eingesehen am 18.02.2015].

48 | Zitiert nach Françoise Fressoz, ›Le FN n'est plus à la marge du politique, il en devient le centre‹, in: Le Monde, 18.09.2013 (Interview mit Alain Mergier).

49 | Françoise Fressoz, Le coup de semonce de ›la France des invisibles‹, in: Le Monde, 24.04.2012. Stéphane Beaud Joseph Confavreux, Jade Lindgaard, La France invisible, Paris 2006.

50 | Vgl. hierzu auch: Michel Noblecourt, Quand le FN compose son menu avec le discours syndical, in: Le Monde, 20./21.07.2014; Jean-Baptiste Chastand, Les syndicats s'alarment d'un discours qui porte, in: Le Monde, 14.09.2013.

51 | Luc Bronner, Eric Zemmour, révélateur des angoisses françaises, in: Le Monde, 19./20.10.2014. Zum Inhalt des Buches vgl. auch Nicolas Truong, Contre le marketing de la Réaction, in: Le Monde, 19./20.10.2014. Zu Zemmour, d.h. zu seiner Biographie und seinem »Werk«, vgl. ausführlich Ariane Chemin, Et Zemmour devint Zemmour, a.a.O.

52 | Vgl. Stefan Brändle, Der Mann, der Vichy rehabilitieren will, in: Der Standard, 25.10.2014. Nur das mit François Hollande abrechnende Buch von Valérie Trierweilers »Merci pour ce moment« verkaufte sich 2014 mehr.

53 | Zit. bei Jens Bisky, Was bleibt, in: Süddeutsche Zeitung, 23.01.2015.

54 | Sehr interessant hierzu Owen Jones, Ukip, Eine Partei zum Fürchten, in: Le Monde diplomatique, 14.11.2014, online abrufbar unter: www.monde-diplomatique.de/pm/2 014/11/14.mondeText.artikel.a0041.idx,9 [zuletzt eingesehen am 18.02.2015].

55 | Vgl. John Harris, What if Ukip's rise is more than a blip?, in: the guardian, 14.05.2013.

56 | Ernst Hillebrand, Das Denken der Anderen, online abrufbar unter: www.ipg-journal. de/rubriken/soziale-demokratie/artikel/das-denken-der-anderen-625/ [zuletzt eingesehen am 18.02.2015].

57 | Hierzu Michael Bröning, Der Triumph des Nationalen, in: Süddeutsche Zeitung, 02.01.2015; auch Danny Michelsen, Franz Walter. Populismus: eine »Ideologe der Demokratie«?, in: Zeitschrift für Politikwissenschaft 24. 2014, H. 1-2, S. 161–174.

58 | Frans Becker u. René Cuperus, Die Sozialdemokratie in den Niederlanden, Friedrich-Ebert-Stiftung, Internationale Politikanalyse, 2011, S. 6, online abrufbar unter: http:// library.fes.de/pdf-files/id/ipa/08256.pdf [zuletzt eingesehen am 18.02.2015].

59 | René Cuperus, Das Versagen der selbstgerechten Eliten, in: Berliner Republik 6/2014, online einsehbar unter www.b-republik.de/archiv/das-versagen-der-selbstgerechten-eta blierten?aut=291 [zuletzt eingesehen am 16.02.2014].

60 | Perrineau, Pascal: Le choix de Marianne. Pourquoi et pour qui votons nous? Paris 2012, hier S. 171.

61 | Vgl. Van Hamme, Gilles, La géographie de l'Extrême droite peut-elle s'expliquer par l'»éthnocentrsime« des territoires? Une analyse multiscalaire en Europe occidentale, in: Espace populations sociétés (online), 2008/3.

62 | Perrineau, Pascal: Le choix de Marianne. Pourquoi et pour qui votons nous? Paris 2012, S. 134.

63 | Roux, Guillaume, Des immigrés mieux acceptés mais qui divisent toujours la société française, in: Bréchon, Pierre, Tchernia, Jean-François: La France à travers ses valeurs, Paris 2009, S. 310–313, hier S. 313.

64 | Vgl. Piero Ignazi, the silent counter-revolution. Hypotheses on the emergence of extreme right-wing parties in Europe, in: European Journal of Political Research 22/1994, S. 3–34, hier S. 6.

65 | Vgl. ebd., hier S. 16–19.

66 | Rutherford, Jonathan, Blue Labour is over but the debate has just begun, in: New Statesman, 29.07.2011, online einsehbar unter: www.newstatesman.com/blogs/the-stag gers/2011/07/blue-labour-conservative-mood [zuletzt eingesehen am 18.02.2015].

67 | Riddell, Mary, Labour's anti-immigration guru, in: The Telegraph, 18.07.2011, online einsehbar unter www.telegraph.co.uk/comment/columnists/maryriddell/8644334/La bours-anti-immigration-guru.html [zuletzt eingesehen am 02.08.2011].

68 | Sehr interessant hierzu: blog-proleter, Jean-Claude Michéa und der Orpheuskomplex, online einsehbar unter: http://blog-proleter.myblog.de/blog-proleter/art/7258354/Je an-Claude-Michea-und-der-Orpheuskomplex [zuletzt eingesehen am 18.02.2015].

69 | Jonathan Rutherford, The Future is Conservative, in: The Labour Tradition and the Politics of Paradox: The Oxford London Seminars 2010-11, edited by Maurice Glasman, Jonathan Rutherford, Marc Stears, Stuart White, S. 88–105, online einsehbar unter: www.lwbooks.co.uk/journals/soundings/Labour_tradition_and_the_politics_of_ paradox.pdf [zuletzt eingesehen am 18.02.2015]. auch: Is the future Conservative?, edited by Jon Cruddas and Jonathan Rutherford, online einsehbar unter: www.lwbooks. co.uk/conservative.pdf [zuletzt eingesehen am 18.02.2015].

70 | Vgl. Nathalie Brafman, Le FN lance ›Marianne‹, son collectif étudiant, in: Le Monde, 11.03.2014.

71 | Lange konnte man bei dem FN bis jetzt eine Überrepräsentation von jungen Leuten feststellen, die keinen Hochschulabschluss besaßen. Heute hingegen lässt sich eine wachsende Präsenz der Partei bei jungen Akademikern konstatieren, die das Gefühl haben, sozial abgehängt zu sein. »In einem Land, das sich den neuen Generationen und den neu in das System eintretenden Personen nicht öffnet, können die Ideen der FN ihren Platz in den Universitäten finden«, so Dominique Reynié, Professor für Politische Studien, zitiert nach Nathalie Brafman, Isabelle Rey-Lefebvre, Les étudiants qui votent FN de plus en plus nombreux et décomplexés, in: Le Monde, 22./23.06.2014; auch Nathalie Brafman, Isabelle Rey-Lefebvr: Les étudiants qui votent FN de plus en plus nombreux et décomplexés, in: Le Monde, 22./23.06.2014; vgl. Abel Mestre, Une jeunesse frontiste ›malléable‹, in: Le Monde, 04.11.2014.